www.sdedu.co.kr

제1회
은행FP 자산관리사 2부
실제유형 모의고사

문항 및 시험시간

평가영역	문항 수	시험시간	비 고
자산관리사(FP) 2부	100문항	100분	

제1회 실제유형 모의고사

문 항 수 : 100문항
응시시간 : 100분

제1과목 금융자산 투자설계(70문항)

01 다음 중 입출금이 자유로운 상품에 대한 설명으로 옳지 않은 것은?
★★★
① 입출금이 자유로운 상품은 유동성은 높은 반면 수익성은 낮은 것을 특징으로 한다.

② 저축예금이 일반 보통예금에 비해 상대적으로 높은 금리가 적용되지만 동일한 요구불성 예금인 MMDA에 비해서는 낮은 금리가 적용된다.

③ MMDA의 최저 가입금액은 보통 1백만원 이상으로, 통장 신규 개설 시에만 입금액의 제한을 두고 있으며, 개설 이후에는 금액에 제한 없이 거래가 가능하다.

④ CMA는 예금액의 제한 없이 수시 입·출금이 허용되면서도 실세금리 수준의 수익을 올릴 수 있다.

⑤ 당좌예금의 지급은 원칙적으로 예금주가 발행한 어음이나 수표를 결제하는 방식으로 처리되지만 당좌거래 통장으로도 입·출금이 가능하다.

02 다음 중 별단예금에 대한 설명으로 옳지 않은 것은?
★★☆
① 별단예금은 과도기적 예금성격을 가진 것으로, 금융기관이 인정한 일부 항목에 대해서 예치증 또는 확인증 등을 발행한다.

② 일반적으로 별단예금의 대부분을 차지하는 것은 자기앞수표 발행대전이다.

③ 일정 금액 이하의 소액 일반자기앞수표는 금융사기 등의 사고가 발생할 우려가 높아 특별한 경우를 제외하고는 금융기관에서 잘 발행하지 않고 있다.

④ 사고신고된 자기앞수표에 대하여 수표의 선의취득자가 해당 수표를 수표의 지급제시기간 내에 지급 제시하는 경우 은행은 수표대금을 지급할 수도 있다.

⑤ 자기앞수표의 사고신고는 원칙적으로 전화 등 유선을 통하여 접수받을 수 있도록 하고 있다.

03 다음 중 사고신고된 수표대금의 지급사유에 대한 설명으로 옳지 않은 것은?
★★☆

① 사고신고 수표에 대하여는 공시최고 및 제권판결을 받은 경우 수표대금을 지급할 수 있다.

② 사고신고된 수표가 선의취득자로부터 수표의 지급제시 기간 내에 제시되고 사고신고인이 동 수표와 관련하여 법적절차가 진행 중임을 증명할 수 있는 서류를 사고신고일로부터 7영업일 이내에 제출하지 아니한 경우 수표의 소지인에게 수표대금을 지급할 수 있다.

③ 제권판결에 의한 수표대금 지급 시 제권판결을 선언한 날로부터 1개월이 경과한 경우에 수표대금을 지급하며, 제권판결이 있는 경우라고 하더라도 사고수표의 소지인이 선의취득자로서 그 권리를 다투고자 할 경우에는 수표대금의 지급을 보류한다.

④ 수표의 소지인이 수표와 관련한 소송에서 승소하여 승소판결문과 함께 판결확정증명원을 제시하면 수표의 소지인에게 수표대금을 지급할 수 있다.

⑤ 사고신고된 수표에 대하여는 사고신고인과 수표의 소지인 간에 합의가 있는 경우에는 사고신고의 철회절차를 밟아 수표대금을 지급할 수 있다.

04 다음 중 당좌예금에 대한 설명으로 옳지 않은 것은?
★★☆

① 당좌예금은 일반예금과 달리 은행과 예금주 등 당사자 간 일종의 지급위탁계약이라고 할 수 있다.

② 당좌예금을 개설하기 위해서는 금융기관이 정한 신용조사 예외 대상자를 포함하여 당좌개설을 위한 신용조사를 받아야 하며, 개설 이후에도 연 1회 이상 계속거래를 위한 신용조사를 받아야 한다.

③ 당좌예금은 당좌대월을 설정할 수 있다.

④ 당좌예금의 임의해지사유란 당좌거래가 6개월 이상 중지되거나 당좌거래처의 당좌거래약관 위배, 거래불량 등으로 인하여 수표·어음의 유통질서를 해칠 우려가 있다고 인정되는 경우에는 금융기관에서 임의로 당좌거래를 해지하는 것을 말한다.

⑤ 당좌예금은 어음·수표를 지급수단으로 하기 때문에 예금부족이나 위·변조 등 관련 법률에서 정한 일정한 사유에 해당하면 부도처리를 하게 된다.

05 다음 〈보기〉에서 어음·수표의 부도반환 사유로 옳은 항목을 모두 고른 것은?
★☆☆

─────〈보 기〉─────

㉠ 예금부족
㉡ 분실사고신고서접수
㉢ 수표의 제시기간 미도래
㉣ 지급지 상이
㉤ 무거래

① ㉠, ㉡, ㉢   ② ㉠, ㉡, ㉢, ㉣
③ ㉠, ㉡, ㉣, ㉤   ④ ㉡, ㉢, ㉤
⑤ ㉡, ㉣, ㉤

06 다음 중 목돈운용을 위한 거치식 상품에 대한 설명으로 옳지 않은 것은?
★★☆

① 정기예금은 가입원금의 일정범위 내에서 예금담보대출이 가능하고, 비과세종합저축으로도 가입이 가능하다.
② 정기예탁금은 신용협동기구에서 취급하는 거치식 상품으로, 예금자보호법에 의해 보호받을 수 있다.
③ 양도성예금증서를 실물로 발행하는 경우에는 증서인도만으로 양도가 가능하여 양도가 자유롭다.
④ 환매조건부채권의 대상 채권들은 대부분 국채, 지방채, 금융채 등 우량 채권을 대상으로 하므로 안전성이 매우 높다.
⑤ 기업어음은 원칙적으로 매출 금융기관에서 원리금상환에 대한 책임을 지지 않는다.

07 다음 중 주택청약종합저축에 대한 설명으로 옳지 않은 것은?
★★★

① 가입자격은 국내에 거주하는 재외동포 및 외국인 거주자를 포함한 실명의 개인이다.
② 계약기간은 별도의 만기가 없고 가입한 날로부터 입주자로 선정된 날까지로 한다.
③ 매월 신규가입일 해당일을 약정 납입일로 하여 2만원 이상 50만원 범위 내에서 자유롭게 납입이 가능하다.
④ 가입일부터 1년 이내에 해지하는 경우에는 이자를 지급하지 아니한다.
⑤ 예금자보호법에 의해 보호받지 않는 상품이다.

08 다음 중 개인종합자산관리계좌(ISA)에 대한 설명으로 옳지 않은 것은?
★★★

① 가입자격에 따라 일정한도까지의 운용기간 손익을 통산하여 비과세혜택을 부여하며 한도 초과분에 대하여는 우대세율로 분리과세한다.
② 총 납입한도는 1억원 이하로서 연간 2천만원 한도 중 미납입분에 대한 이월 납입이 가능하다.
③ 신탁형은 사전 투자자의 위험성향별로 모델포트폴리오를 구성하여 제시해야 하고, 분기 1회 이상 포트폴리오 재배분을 실시해야 한다.
④ 직전 3개년도 중에서 1회 이상 금융소득종합과세대상자에 해당하는 경우에는 가입이 불가하다.
⑤ 의무 가입기간은 3년이며, 가입자격에 따라 일반형, 서민형, 농·어민형으로 구분된다.

09 다음 중 집합투자의 정의 및 특징에 대한 설명으로 옳지 않은 것은?
★★☆

① 기본적으로 간접투자에 따른 실적배당원칙을 기초로 하며 투자손익은 투자자에게 귀속된다.
② 집합투자는 2인 이상의 투자자로부터 소액의 투자자금을 모아서 펀드를 구성하고, 소액으로는 투자가 불가능한 곳에 투자하여 수익을 올릴 수 있는 공동투자의 특징을 가지고 있다.
③ 펀드 투자자는 펀드 손익과 의결권 등에 있어 투자지분에 따라 동등한 권리를 가진다.
④ 집합투자는 투자전문가들이 다양한 유가증권에 분산투자하여 투자위험을 최소화하며 재산의 운영과 관련하여 투자자로부터 일상적인 운용지시를 받는다.
⑤ 집합투자재산은 자산운용회사의 고유재산과 분리하여 은행과 같이 공신력 높은 수탁회사가 별도로 보관하도록 한다.

10 다음 중 판매보수와 판매수수료에 대한 설명으로 옳은 것은?
★☆☆

① 판매보수의 경우 집합투자재산 연평균가액의 2%를 한도로 하고 있다.

② 판매수수료의 경우 납입금액 또는 환매금액의 1%를 한도로 하고 있다.

③ 판매수수료는 단기투자 시 유리하고, 판매보수는 장기투자 시 유리하다.

④ 판매보수는 투자자로부터 직접 취득하고, 판매수수료는 집합투자기구로부터 취득한다.

⑤ 판매수수료는 집합투자규약에서 정하는 바에 따라 판매방법, 투자매매업자·투자중개업자, 판매금액, 투자기간 등을 기준으로 차등하여 받을 수 있다.

11 다음 중 증권집합투자기구에 대한 설명으로 옳지 않은 것은?
★★☆

① 집합투자재산의 100분의 50을 초과하여 증권에 투자하는 집합투자기구를 말한다.

② 액티브형 펀드는 펀드의 운용성과에 있어서 펀드매니저의 능력에 대한 의존도가 높고 보수가 높은 편이다.

③ 패시브형 펀드는 지수추적을 목표로 운용되기 때문에 매매회전율이 낮고 각종 비용이 저렴한 것이 특징이다.

④ 가치주 펀드는 성장주 펀드에 비해 상대적으로 낮은 시장민감도를 가진다.

⑤ 성장주 펀드는 주로 Bottom-Up 방식으로 투자의사를 결정한다.

12 다음 중 구조화 상품의 손익구조에 대한 설명으로 옳지 않은 것은?
★★★

① 상승수익추구형은 주가지수 상승 시 원본을 보존하고, 주가지수 하락 시 참여율을 적용하여 수익률이 정해진다.

② 범위형의 경우 주가지수가 일정 범위 내에서 박스권의 움직임을 보인다고 전망되는 경우 유효한 투자전략이다.

③ 디지털형은 미리 정한 조건이 충족되면 수익을 지급하고, 그렇지 않으면 수익을 지급하지 않는 형태의 수익구조이다.

④ 원금부분보장형의 수익구조가 2Star 스탭다운형인 경우에는 투자자에게 지급하는 쿠폰수익률을 낮추는 대신 원금 최대손실률을 제한하는 형태로 설계하는 경우가 가장 일반적인 형태이다.

⑤ 스탭다운형은 상환조건을 만족하지 못하는 경우 다음 평가기간 또는 만기까지 투자기간이 연장되면서 상환조건이 조금씩 낮아지는 구조로 설계된 상품이다.

13 다음 중 연금신탁의 연금 수령요건으로 옳은 것은?
★★☆

① 최소 납입기간 5년 이상, 만 55세 이상, 수령기간 10년 이상

② 최소 납입기간 5년 이상, 만 65세 이상, 수령기간 10년 이상

③ 최소 납입기간 10년 이상, 만 55세 이상, 수령기간 20년 이상

④ 최소 납입기간 10년 이상, 만 65세 이상, 수령기간 10년 이상

⑤ 최소 납입기간 5년 이상, 만 55세 이상, 수령기간 20년 이상

14 다음 〈보기〉에서 설명하는 것은?

★☆☆

───────── 〈보 기〉 ─────────
주택을 소유하고 있으나 다른 소득이 없는 고령자의 노후생활안정자금을 지원하고자 하는 공적목적의 대출로, 국내에서는 한국주택금융공사에서 공적보증을 제공하여 주택연금이라는 명칭으로 취급하고 있다.

① 주택담보대출
② 보증서담보대출
③ 모기지론
④ 역모기지론
⑤ 신용대출

15 다음 중 외화예금에 대한 설명으로 옳지 않은 것은?

★★☆

① 외화예금과 관련하여 적용되는 대고객 환율은 전신환매매율이라고 할 수 있다.
② 외화보통예금은 예치한도에는 제한이 없고, 예치통화의 매일 고시되는 보통예금 이율을 적용한다.
③ 외화정기예금은 일정 금액의 외국통화를 일정 기간까지 예치하고 그 기한이 만료될 때 환급해주는 기한부 예금으로, 이자율이 가장 높은 외화예금에 속한다.
④ 외화당좌예금은 수표·어음의 발행에 의하여 지급되며 원칙적으로 이자를 지급하지 않는다.
⑤ 외화적립식예금은 금융기관에 따라 예치 건별로 일부 인출이 가능하며, 이 경우 예치 건별로 예치기간에 해당하는 외화정기예금의 이율을 적용하게 된다.

16 다음 중 신용카드에 대한 설명으로 옳지 않은 것은?

★★★

① 본인회원은 만 18세 이상으로서 결제능력 심사기준에 의하여 결제능력이 있는 실명의 개인이며, 미성년자는 발급이 불가하다.
② 1인이 다수의 카드를 보유하고 있는 경우에는 소지한 카드 중에서 가장 높은 등급의 카드등급을 기준으로 하여 연회비가 부과된다.
③ 가족회원의 한도는 본인회원의 한도에 포함하여 관리한다.
④ 초과한도란 일시적으로 잔여한도를 초과하여 물품을 구매하는 경우 1회에 한하여 승인하는 한도를 말한다.
⑤ 카드대금을 이용대금 결제일 이전에 선결제하면 이용일부터 선납일까지의 수수료만 부담하게 되어 잔여일에 대한 수수료를 절감할 수 있다.

17 ★★☆ 다음 중 주식투자접근방법에 대한 설명으로 옳지 않은 것은?

① 포트폴리오 분석법은 두 개 이상의 복수증권과 결합관계에서 투자가치를 평가하고 선택하는 방법이다.

② 기술적 분석은 과거의 증권가격 및 거래량의 추세와 변동 패턴에 관한 역사적 정보를 이용하여 미래 증권가격의 움직임을 예측하는 분석기법이다.

③ 기본적 분석에서는 내재가치가 시장가치에 비해 낮게 형성되어 있으면 매수를, 내재가치가 시장가치에 비해 높게 형성되어 있으면 매도를 고려한다.

④ 기술적 분석에서 오랜 기간의 각종 차트를 통해 얻고자 하는 것은 패턴과 추세로, 이를 분석함으로써 매매시점을 포착하는 것을 목적으로 한다.

⑤ 포트폴리오 분석법은 포트폴리오의 기대수익과 위험에 대한 분석을 기초로 일정한 기대수익에서 투자위험을 최소화할 수 있는 효율적 분산투자의 방법을 찾는 데 주력한다.

18 ★★☆ 다음 중 경제변수와 주가에 대한 설명으로 옳지 않은 것은?

① 단기적으로 통화량이 증가할 경우 주가가 상승할 확률이 높아지고, 장기적으로 통화량이 증가할 경우 주가가 하락할 확률이 높아진다.

② 물가가 급격하게 상승할 경우 주가에 부정적으로 작용하여 주가가 하락한다.

③ 이자율이 상승하면 주가가 하락하고, 이자율이 하락하면 주가가 상승한다.

④ 환율이 상승하면 주가가 하락하고, 환율이 하락하면 주가가 상승한다.

⑤ 국제 원자재 가격이 상승하면 주가가 하락한다.

19 ★★★ 다음 중 발행시장의 주요 기능에 해당하지 않는 것은?

① 가격결정의 지표   ② 자금조달 기능

③ 금융정책의 수단   ④ 투자수단 제공

⑤ 자본의 효율성 제고

20 ★★☆ 다음 중 경기변동에 대한 설명으로 옳지 않은 것은?

① 경기변동은 확장기와 수축기의 길이가 동일하게 나타나는 것이 일반적이다.

② 개별 경제활동은 동시에 동일방향으로 변동하는 것이 아니라 상당한 시차를 두고 그 영향이 다음 단계로 파급된다.

③ 단순히 확장과 수축을 교차하면서 반복되는 것이 아니라 각 순환과정의 주기와 진폭이 서로 다르게 나타난다.

④ 경기종합지수는 경기선행지수, 경기동행지수, 경기후행지수로 구분하며 일반적으로 경기선행지수가 주가에 가장 민감하게 반응한다.

⑤ 경기변동은 주요 경제변수들이 일정 기간을 주기로 경제변수의 장기추세선을 중심으로 상하운동을 하면서 변화하는 현상이다.

21 다음 중 포터(M.E. Porter)의 산업경쟁구조 분석에 대한 설명으로 옳지 않은 것은?
★★★

① 기존 기업들의 입장에서 가장 매력적인 산업은 진입장벽이 높고, 철수장벽이 낮은 시장이다.

② 시장 내에 다수의 강력한 경쟁기업이 진출해 있는 경우는 매력이 적은 시장이다.

③ 특정 시장의 제품에 대한 실질적인 또는 잠재적인 대체품이 많을 경우는 매력이 적은 시장이다.

④ 제품이 비차별적일 때 구매자의 교섭력은 약해진다.

⑤ 공급자가 전방통합할 가능성이 높을 때 공급자의 교섭력은 강해진다.

22 다음 〈보기〉에서 설명하는 제품수명주기로 옳은 것은?
★★★

───────〈보 기〉───────

• 광고 등 판매촉진비와 생산비가 크기 때문에 손실이 발생한다.

• 제품에 대한 평가가 좋을 경우 성장을 거듭하면서 해당 산업에서 주목을 받는다.

• 수익성은 낮은 반면 위험이 상대적으로 큰 시기이다.

① 도입기   ② 성장기

③ 성숙기   ④ 쇠퇴기

⑤ 회복기

23 다음 중 안정성 관련 재무비율에 해당하지 않는 것은?
★★★

① 유동비율   ② 매출채권회수기간

③ 부채비율   ④ 고정비율

⑤ 이자보상비율

24 다음 〈보기〉에 제시된 정보를 이용하여 ROE를 계산한 값으로 옳은 것은?
★★☆

───────〈보 기〉───────

• 매출액 : 100억원

• 순이익 : 30억원

• 총자산 : 500억원

• 자기자본비율 : 60%

① 6%   ② 10%

③ 12%   ④ 20%

⑤ 30%

25 ★★★　다음 중 시장가치비율분석에 대한 설명으로 옳지 않은 것은?

① 주가순자산비율은 분모는 시장가치를, 분자는 장부가치를 사용하여 계산한다.

② 주가현금흐름비율은 기업의 영업성과와 자금조달 능력을 나타낸다.

③ 주가매출액비율은 영업성과에 대한 객관적인 자료를 제공하기 때문에 주가수익비율의 단점을 보완해주는 역할을 한다.

④ 토빈의 q는 기업자산의 시장가치와 현시점에서 자산을 재구입할 경우 소요되는 대체원가와의 관계를 나타낸다.

⑤ 주가수익비율은 주당이익의 창출능력에 비해 주가가 높은지 낮은지를 판단하는 기준이 될 수 있다.

26 ★★★　다음 중 배당평가모형에 대한 설명으로 옳지 않은 것은?

① 기업주가의 이론적 가치는 미래에 받게 될 배당금과 주식매각대금을 적절한 요구수익률로 할인한 금액의 합이라 할 수 있다.

② 배당평가모형은 증권의 내재가치는 영속적인 미래배당흐름을 요구수익률로 각각 할인한 현재가치로 표시되는 것이다.

③ 제로성장 배당모형은 배당평가모형에서 가장 단순한 모형으로 기업이 성장 없이 현상유지만 하는 경우를 말한다.

④ 정률성장 배당모형은 미래 배당흐름이 매년 일정하게 증가한다고 가정한 모형으로, 필요자금은 외부자금으로만 조달된다는 것을 전제로 한다.

⑤ 기업이 처음 수년간 매우 높은 성장률을 보이다가 투자유망기회를 찾기 힘들어지면서 둔화되는 경향을 보이는 배당평가모형을 고속성장 배당모형이라고 한다.

27 ★★☆　㈜시대교육의 재무정보가 다음 〈보기〉와 같을 때 정률성장 배당모형으로 측정한 적정 주가로 옳은 것은?

〈보기〉
- 배당성향 : 20%
- 자기자본이익률 : 10%
- 무위험이자율 : 2%
- 시장포트폴리오의 기대수익률 : 12%
- 베타계수 : 0.8
- 당기의 주당배당액 : 1,000원

① 10,080원　　② 38,000원
③ 50,000원　　④ 54,000원
⑤ 58,000원

28 요구수익률이 10%, 자기자본이익률(ROE)이 10%일 경우 정상적 PER을 구한 값으로 옳은 것은?
★★☆

   ① 2배   ② 4배

   ③ 5배   ④ 8배

   ⑤ 10배

29 다음 중 EV/EBITDA 평가모형에 대한 설명으로 옳지 않은 것은?
★★☆

   ① EV/EBITDA 비율은 기업가치를 이자·세금·감가상각비 차감전 이익으로 나눈 것이다.

   ② EV/EBITDA 평가모형은 경제상황이 극도로 악화되어 기업들의 부도 가능성이 높아지면서 주가가 극도로 낮아져 주당이익이나 주당순자산 또는 주당매출액에 의거한 상대가치평가가 힘을 발휘하지 못하는 상황에서 유용한 모형 이다.

   ③ EV/EBITDA 비율이 낮다면 회사의 주가가 기업가치에 비해 고평가되었다고 평가할 수 있다.

   ④ EV/EBITDA 평가모형은 감가상각방법 등의 회계처리방법과 영업외적 요인에 의해 별로 영향을 받지 않는다는 강점 이 있다.

   ⑤ EV/EBITDA 평가모형은 운전자본이 증가할 경우 실제와는 다르게 현금흐름이 과대 계상될 수 있다는 단점이 있다.

30 다음 중 투자위험을 고려한 포트폴리오의 성과평가에 대한 설명으로 옳지 않은 것은?
★★★

   ① 샤프지수가 높은 포트폴리오는 포트폴리오 성과 또한 높게 나타날 가능성이 커진다.

   ② 젠센지수는 포트폴리오의 실제수익률이 시장균형을 가정한 경우의 수익률보다 얼마나 높은지를 나타내는 지표이다.

   ③ 샤프지수는 시장 민감도를 나타내는 베타지수로 초과수익률을 나눈 것이다.

   ④ 트레이너지수는 포트폴리오가 잘 분산되어 있는 펀드를 평가할 때 적합하다.

   ⑤ 정보비율은 펀드매니저의 능력을 측정할 수 있는 지표로 초과수익률을 비체계적 위험이 측정된 잔차표준편차로 나눈 값이다.

31 다음 〈보기〉에서 적극적 투자전략을 모두 고른 것은?
★★★

〈보 기〉	
㉠ 시장투자적기포착	㉡ 인덱스 펀드 투자전략
㉢ 단순 매수·보유전략	㉣ 포뮬라 플랜
㉤ 평균투자법	

   ① ㉠, ㉡   ② ㉠, ㉡, ㉢

   ③ ㉡, ㉣   ④ ㉠, ㉣

   ⑤ ㉠, ㉡, ㉣

32 다음 중 금리의 종류에 대한 설명으로 옳지 않은 것은?
★★☆

① 실질이자율은 물가상승률을 고려하여 이자의 실질적인 가치를 반영하는 이자율이다.

② 미래에 지급되는 금액을 기준으로 한 경우의 금리를 할인율이라고 한다.

③ 복리는 일정 기간 경과하여 발생한 이자가 원금과 함께 재투자되어 추가적인 수익이 창출되는 방식이다.

④ 실제 정확한 기준으로 평가하여 부담하게 되는 금리를 표면금리라고 한다.

⑤ 단리는 일정 기간이 지나는 동안 원금에 대해서만 일정비율만큼 수익이 더해지는 방식이다.

33 자금시장에서 자금의 수요와 공급에 따라 결정되는 금리로 다음 중 옳은 것은?
★☆☆

① 시장금리　　　　　　　　② 정책금리

③ 명목이자율　　　　　　　④ 실효금리

⑤ 표면금리

34 다음 중 시장금리의 하락 요인으로 옳은 것은?
★★☆

① 물가 상승　　　　　　　　② 국채발행 감소

③ 주요 선진국 금리수준 상승　　④ 시중자금 부족

⑤ 경기 호전

35 다음 중 주식과 채권을 비교한 설명으로 옳지 않은 것은?
★★★

구 분	주 식	채 권
① 발행주체	주식회사	정부, 공공기관, 특수법인, 주식회사
② 소유자 위치	주 주	채권자
③ 자본형태	타인자본	자기자본
④ 의결권	있 음	없 음
⑤ 주요권리	경영참가권, 이익배당권 등	원리금상환청구권

36 다음 중 발행주체에 따른 채권의 종류로 옳지 않은 것은?
★★☆

① 지방채　　　　　　　　　② 이표채

③ 금융채　　　　　　　　　④ 회사채

⑤ 특수채

37
★★☆

다음 〈보기〉에서 설명하는 채권으로 옳은 것은?

─────── 〈보 기〉 ───────

한국은행이 시중의 통화량을 조절하기 위해 발행하는 채권으로, 금융채에 포함되지만 국채와 함께 신용등급이 부여되지 않는 무위험채권으로 분류된다.

① 통안채
② 특수채
③ 지방채
④ 보증채
⑤ 무보증채

38
★☆☆

정부나 공공단체가 발행하고 국채, 지방채, 특수채 및 국책은행 채권을 포함하여 신용리스크가 거의 없는 채권으로 다음 중 옳은 것은?

① 회사채
② 국공채
③ 복리채
④ 고정금리부채권
⑤ 공모발행채권

39
★★☆

발행이율이 5%인 2년 만기 할인채 10,000원의 발행 시 가격을 계산한 값으로 옳은 것은?

① 9,010원
② 9,030원
③ 9,050원
④ 9,070원
⑤ 9,090원

40
★★☆

다음 중 전환사채와 이익참가부채권에 대한 설명으로 옳지 않은 것은?

① 전환사채는 회사채로 발행되어 소정의 이자가 지급되고, 발행 시 정해진 일정 기간이 지난 후에 투자자가 청구할 경우 주식으로 전환할 수 있는 채권을 말한다.
② 이익참가부채권은 일정한 이자가 지급되면서도 발행기업의 이익분배에도 참가할 수 있는 권리가 부여된 채권이다.
③ 전환사채는 주가가 약정된 가격 이상으로 상승하면 권리를 행사함으로써 높은 수익률을 향유할 수 있다.
④ 전환사채는 주가가 하락하여 회사가 부도나더라도 보유한 채권의 원리금을 상환받을 수 있다.
⑤ 전환사채는 주로 일반적인 회사채시장을 통한 자금조달이 어려운 기업들에 의해 발행되기 때문에 회사의 제반여건을 보다 면밀히 살펴봐야 한다.

41
★★★

다음 중 채권가격과 채권수익률의 관계에 대한 설명으로 옳지 않은 것은?

① 채권가격과 채권수익률은 반대방향으로 움직인다.

② 같은 금리의 변동이라도 금리가 상승할 때의 가격하락폭보다 금리가 하락할 때의 가격상승폭이 더 커진다.

③ 금리가 상승할 때의 가격하락폭은 체감하며 금리가 하락할 때의 가격상승폭은 체증한다.

④ 금리변동에 따른 채권가격 변동폭은 만기가 길수록 증가하나 그 증가율은 체감한다.

⑤ 표면이자율이 높은 채권이 표면이자율이 낮은 채권보다 금리변동에 따른 가격 변동폭이 크다.

42
★★☆

이표율 8%, 3개월 단위로 이자를 지급하는 만기 15년 채권의 만기수익률이 10%일 때 맥컬레이듀레이션이 8.16이라고 한다면, 수정듀레이션을 계산한 값으로 옳은 것은?

① 6.53   ② 7.43

③ 7.96   ④ 8.13

⑤ 8.56

43
★★☆

장기금리가 단기금리보다 빠르게 하락하여 장기적으로 경제전망이 좋지 않을 때 발생하는 것으로 아래 그래프와 같이 나타나는 현상으로 옳은 것은?

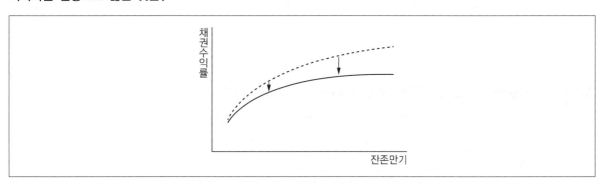

① 불 플래트닝   ② 불 스티프닝

③ 베어 플래트닝   ④ 베어 스티프닝

⑤ 텀 스프레드

44
★★★

다음 〈보기〉에서 설명하는 채권등급으로 옳은 것은?

〈보 기〉

원리금 지급능력이 양호하나, 경제여건 및 환경 악화 시 지급능력의 저하 가능성이 있다.

① A   ② BBB

③ BB   ④ B

⑤ CCC

45 복리채에 투자한 결과가 다음 〈보기〉와 같을 때 채권 투자수익률을 구한 값으로 옳은 것은?
★★☆

───〈보 기〉───

- 채권 매입가격 : 10,000원
- 채권 매도가격 : 10,500원
- 표면이자수입 : 400원

① 4%   ② 5%

③ 9%   ④ 10%

⑤ 15%

46 다음 중 채권의 평가에 대한 설명으로 옳지 않은 것은?
★☆☆

① 장부가평가방식은 시장금리의 변화를 평가에 반영하지 않는다.

② 만기까지 보유해야 하는 채권들에는 장부가평가방식을 허용하지 않고 있다.

③ 채권의 시가평가방식은 현재의 장부가평가액에서 금리변동에 의해 발생한 자본손익이 반영된 금액이라고 할 수 있다.

④ 일반적으로 채권의 평가는 시가평가방식이 원칙이다.

⑤ MMF와 같이 초단기물 위주의 채권을 편입하는 펀드의 경우에는 장부가평가방식의 사용을 허용하고 있다.

47 다음 중 선물과 선도의 차이점에 대한 설명으로 옳지 않은 것은?
★★★

① 선물의 거래장소는 거래소이지만, 선도는 특정한 거래장소가 없다.

② 선물은 공개호가방식 또는 전자거래시스템 방식으로 거래하고, 선도는 거래당사자 간의 계약으로 거래한다.

③ 선물의 거래금액은 표준단위이지만, 선도는 거래금액에 제한이 없다.

④ 선물은 가격이 시장에서 형성되고, 선도의 가격은 거래당사자 간의 협의로 형성된다.

⑤ 선물은 NDF를 제외한 대부분이 실물인수도이지만, 선도의 실물인수도비율은 매우 낮다.

48 다음 중 스프레드거래전략에 대한 설명으로 옳지 않은 것은?
★☆☆

① 스프레드는 예상했던 것과 다른 방향으로 변하면 손실이 발생하지만, 가격예측에 의한 방향성 매매보다는 손실위험이 작다.

② 원월물가격과 근월물가격의 차이인 결제월 간 스프레드는 순보유비용의 차이에 의해 결정된다.

③ 결제월 간 스프레드거래는 거래대상이 동일하며, 만기가 다른 두 개의 선물을 동시에 매수·매도하는 전략이다.

④ 주가지수선물의 경우 약세 스프레드전략은 스프레드가 축소될 것으로 예상하는 경우 원월물을 매수하고 근월물을 매도한다.

⑤ 채권선물의 경우에는 순보유비용이 음(-)이므로 주식관련 선물의 스프레드거래 포지션과 반대로 설정해야 한다.

49 ★★☆ 펀드운용자는 주식시장이 강세가 될 것으로 예상하여 KOSPI200 지수선물(현재가격은 400포인트)을 이용하여 주식 포트폴리오(현재가치 100억원)의 베타를 현재 0.9에서 1.5로 증가시키기를 원한다. 이 경우 주식 포트폴리오의 베타를 조정하기 위해 매도 또는 매수해야 할 지수선물의 계약 수(N)를 계산한 것으로 옳은 것은? (단, 1포인트 = 25만원)

① KOSPI200 선물 50계약을 매도　　　② KOSPI200 선물 60계약을 매수

③ KOSPI200 선물 70계약을 매도　　　④ KOSPI200 선물 80계약을 매수

⑤ KOSPI200 선물 90계약을 매수

50 ★★☆ 현재 포트폴리오의 베타가 0.9인 500억원의 주식 포트폴리오를 보유하고 있는 펀드운용자가 향후 주가상승을 예상하여 KOSPI200 지수선물 200계약을 400포인트에 매수하였다면, 이는 주식 포트폴리오의 베타를 얼마로 조정한 효과를 갖는가? (단, 1포인트 = 25만원)

① 1.0　　　　　　　　　　　　　② 1.3

③ 1.5　　　　　　　　　　　　　④ 1.7

⑤ 1.9

51 ★★☆ 한국의 B기업은 미국에 제품을 수출하고 그 대금으로 6개월 후에 $1,000,000를 받을 예정이다. 현재 원-달러 현물환율은 $1 = ₩1,000이고, 6개월 선물환의 선물환율은 $1 = ₩1,100이라고 한다면, 다음 설명 중 옳지 않은 것은?

① 6개월 후 달러화 수취 시 달러가치가 하락한다면, 즉 원-달러 환율이 달러당 1,000원 이하로 하락할 경우 B기업은 손실을 입게 된다.

② B기업은 원-달러 환율이 상승하면 이익을 보게 된다.

③ B기업의 환포지션은 매수포지션에 해당되므로, 환율 하락 위험을 헤지하기 위해 선물환 매도포지션을 가질 필요가 있다.

④ 환율 하락으로 인한 손실을 피하기 위해 6개월 원-달러 선물환을 달러당 1,100원에 $1,000,000만큼 매수하는 헤지 전략이 필요하다.

⑤ 매도헤지 결과 B기업은 6개월 후의 환율변동에 관계없이 11억원을 확보할 수 있게 된다.

52 ★★☆ A기업은 미국에 제품을 수출하고 3개월 후에 $5,000,000를 받을 예정이다. 달러자금 수취 시 달러가치 변동으로 인한 손실을 피하기 위하여 한국거래소에 상장된 미국 달러선물을 활용하기로 했다면, 다음 중 적절한 선물포지션으로 옳은 것은?

① 달러선물 50계약 매도　　　　　② 달러선물 100계약 매수

③ 달러선물 100계약 매도　　　　　④ 달러선물 500계약 매수

⑤ 달러선물 500계약 매도

53 다음 중 해외투자와 환리스크관리에 대한 설명으로 옳지 않은 것은?

★★☆

① 글로벌 투자 시 주식투자에서의 환리스크 헤지비율이 채권투자보다 상대적으로 낮은 것이 일반적이다.

② 선물환 매도로 환리스크를 헤지한 후 주가가 상승하는 경우에도 환리스크에 노출된다.

③ 해외 주식투자의 경우 미래의 주식가치를 예측할 수 없고, 펀드를 통해 고객자산을 운용하는 경우 고객의 환매시기와 액수를 미리 알 수 없기 때문에 환리스크 헤지가 쉽지 않다.

④ 주가와 환율이 반대방향으로 움직이는 경우에는 주가와 환율 간의 공분산이 음(−)이 되어 포트폴리오의 리스크가 증가한다.

⑤ 해외 주식투자에 수반되는 환리스크를 헤지한 이후 원화가치가 지속적으로 상승한다면 환차익을, 원화가치가 하락한다면 환차손이 발생하게 된다.

54 다음 중 옵션의 개념과 유형에 대한 설명으로 옳지 않은 것은?

★☆☆

① 기초자산을 매수할 수 있는 권리를 콜옵션, 매도할 수 있는 권리를 풋옵션이라고 한다.

② 유럽형 옵션은 만기일 이전에도 행사가 가능한 반면, 미국형 옵션은 만기일에만 행사가 가능하다.

③ 선물콜옵션의 매수자가 권리를 행사하면 선물가격이 행사가격을 초과한 만큼의 이익이 발생하며 선물의 매수포지션을 취하게 된다.

④ 선물풋옵션의 매수자가 권리를 행사하면 행사가격이 선물가격을 초과한 만큼의 이익이 발생하며 선물의 매도포지션을 취하게 된다.

⑤ 옵션의 매수자는 기초자산의 가격과 행사가격을 비교하여 유리한 경우에 옵션을 행사할 권리를 갖지만, 불리할 경우에는 옵션을 행사하지 않아도 된다.

55 KOSPI200 지수가 250포인트일 때 행사가격이 250포인트인 풋옵션을 1.5포인트에 1계약 매입하여 만기까지 보유하

★★☆ 였다. 만기 시 KOSPI200 지수가 252포인트가 되었다면 이 투자자의 손익으로 옳은 것은? (단, 1포인트 = 25만원)

① 375,000원 손실   ② 375,000원 이익

③ 1,000,000원 손실   ④ 1,000,000원 이익

⑤ 손익 없음

56 다음 중 변동성 매매전략에 대한 설명으로 옳지 않은 것은?

★★☆

① 스트래들 매수전략에서 콜옵션의 양(+)의 델타는 풋옵션의 음(−)의 델타에 의해 상쇄되고, 감마와 베가는 양(+)의 값을 가지므로 기초자산이 크게 움직이면 이익이 발생한다.

② 스트랭글 매수는 외가격 콜옵션과 풋옵션을 매수하므로 프리미엄 지출이 발생하나, 스트래들 매수의 경우보다는 프리미엄 지출이 작다.

③ 스트래들 매도전략에서 쎄타는 양(+)의 값을 갖게 되므로 포지션을 장기 보유할수록 시간가치소멸효과가 커서 이익이 발생한다.

④ 버터플라이 매도는 3개의 옵션을 이용하는데, 중간 행사가격 콜옵션 2개를 매수하고, 양쪽 행사가격 콜옵션 1개씩을 매수한다.

⑤ 버터플라이 매수는 주가의 변동성이 커질 가능성이 높지만, 이익과 손실을 제한시키고자 하는 전략이다.

57
★★☆
우리나라의 수출업자는 3개월 후 100만 달러의 수출대금을 수취할 예정이다. 이 수출업자는 환율이 하락하여 결제 받을 원화대금이 적어질 것을 걱정하여 달러화에 대한 풋옵션을 매수하기로 결정했다. 현재 달러/원 현물환율이 $1 = ₩1,200원이고, 3개월 만기 달러 풋옵션(행사가격 : 1,200원)의 프리미엄이 10원일 때, 현물 포지션과 행사가격 1,200원 풋옵션 매수 포지션의 손익을 합한 헤지포지션의 결과에 대한 설명으로 다음 중 옳지 않은 것은?

① 거래소에서 거래되는 달러 풋옵션은 계약당 $10,000이므로 총 100계약을 매수해야 한다.

② 3개월 후 현물환율이 1,200원을 유지할 경우 달러당 10원의 손실이 발생한다.

③ 환율이 1,200원 이하로 하락하는 경우에는 달러당 10원의 이익이 발생한다.

④ 환율이 1,210원 이상으로 상승하게 되면 옵션에서의 손실은 옵션프리미엄 10원으로 고정된다.

⑤ 환율이 1,210원 이상으로 상승하게 되면 현물포지션에서 이익이 증가하므로 전체적으로는 이익을 얻을 수 있다.

58
★★☆
우리나라의 K기업은 향후 3년간 120억원에 대한 투자수입을 기대하고 있는 반면, 1,000만달러의 차관 원리금을 3년간 상환해야 한다. 현재 환율은 ₩1,200/$이나 향후 3년간 환율이 안정될지는 불투명하다. 다음 중 K기업에게 향후 3년간의 위험관리를 위해 가장 적절한 대안으로 옳은 것은?

① 달러 고정금리를 수취하고, Libor를 지급하는 달러 이자율스왑 거래를 한다.

② 달러 고정금리를 지급하고, Libor를 수취하는 달러 이자율스왑 거래를 한다.

③ 달러 변동금리를 수취하고, Libor를 지급하는 달러 이자율스왑 거래를 한다.

④ 만기에 원화 원금을 지급하고, 달러 원금을 수취하는 통화스왑 거래를 한다.

⑤ 만기에 달러 원금을 지급하고, 원화 원금을 수취하는 통화스왑 거래를 한다.

59
★★☆
다음 중 투자수익률의 종류에 대한 설명으로 옳지 않은 것은?

① 보유기간수익률은 (기말의 투자자산가격 − 기초의 투자자산가격 + 배당금)을 기초의 투자자산가격으로 나누어 계산한다.

② 산술평균은 각 기간별 수익률을 단순 평균한 것으로 복리계산을 무시하기 때문에 기하평균보다 낮다.

③ 기하평균은 과거의 평균적인 수익률 내지 투자성과를 측정하는 데 적절하다.

④ 포트폴리오의 수익률은 개별자산의 보유기간별 수익률에 총 포트폴리오에서 차지하는 개별자산의 비율을 곱한 후 가중하여 합한 값인 가중평균수익률을 사용한다.

⑤ 기대수익률은 어떤 사건이 발생할 확률에 그 사건이 발생할 경우의 수익률을 곱한 기댓값으로 산출한다.

60 ★★☆ 주식 A의 시장상황별 자료가 다음과 같을 때 주식 A의 분산과 표준편차를 계산한 값으로 옳은 것은?

시장상황	확률	수익률
호 황	40%	60%
정 상	20%	10%
불 황	40%	−40%

① 분산 : 10%, 표준편차 : 44.72%

② 분산 : 10%, 표준편차 : 47.72%

③ 분산 : 20%, 표준편차 : 44.72%

④ 분산 : 20%, 표준편차 : 47.72%

⑤ 분산 : 25%, 표준편차 : 47.72%

61 ★★★ 주식 A와 B의 수익률의 표준편차가 각각 0.2와 0.1이다. 두 주식의 수익률의 공분산이 0.014라면 상관계수는 얼마인가?

① 0

② 0.14

③ 0.5

④ 0.7

⑤ 0.77

62 ★★★ 다음 중 무차별곡선에 대한 설명으로 옳지 않은 것은?

① 동일한 무차별곡선상에 있는 모든 기대수익과 위험의 조합은 투자자에게 동일한 만족을 준다.

② 무차별곡선이 양의 기울기를 갖는다는 것은 위험이 증가할 때 기대수익도 함께 증가해야 동일한 효용을 유지할 수 있다는 의미이다.

③ 무차별곡선은 위쪽에 위치할수록 더 큰 효용을 갖는다.

④ 위험회피자는 모두 동일한 무차별곡선을 갖는다.

⑤ 무차별곡선이 원점에 대해 볼록한 것은 한계효용체감의 법칙에 의한 것이다.

63 ★★☆ 다음 중 효율적 프런티어에 대한 설명으로 옳지 않은 것은?

① 효율적 프런티어보다 왼쪽이나 위쪽에 위치한 수익률과 위험의 조합은 선택 불가능한 대안이다.

② 효율적 프런티어와 무차별곡선이 접하는 점에서 투자자의 효용이 최대가 된다.

③ 효율적 프런티어상의 포트폴리오들은 동일한 표준편차에 대해 가장 높은 기대수익률을 제공하거나 동일한 기대수익률에 대해 표준편차가 가장 낮은 포트폴리오이다.

④ 효율적 프런티어의 아래에 위치한 포트폴리오들은 효율적 프런티어에 의해 지배되므로 선택될 수 없다.

⑤ 공격적인 투자자일수록 최적 포트폴리오는 최소분산 포트폴리오에 근접하게 된다.

64 시장포트폴리오 수익률이 10%, 무위험수익률이 4%, 주식 A의 베타가 1.5라고 할 때 증권시장선(SML)상 주식 A의
★★★ 기대수익률을 예측한 값으로 옳은 것은?

① 4%

② 6%

③ 10%

④ 13%

⑤ 15%

65 다음 중 차익거래가격결정이론(APT)에 대한 설명으로 옳지 않은 것은?
★☆☆
① 차익거래란 동일한 자산이 서로 다른 가격으로 거래될 경우 싼 것을 매입하고 비싼 것을 공매함으로써 투자자금과
위험부담 없이 수익을 얻는 것을 말한다.

② 차익거래 기회는 동일한 자산에 대해서는 적용될 수 있지만 상대적 가격 오류가 존재하는 둘 이상의 자산에 대해서는
적용될 수 없다.

③ 위험이 잘 분산된 포트폴리오들 간에도 위험 한 단위를 부담함으로써 얻을 수 있는 위험프리미엄이 동일하지 않으면
차익거래 기회가 존재하게 되므로 시장균형 상태에서는 위험 1단위당 보상이 동일해야 한다.

④ 단일요인 APT에서는 차익거래 기회가 존재하지 않는 한 시장 균형상태에서 잘 분산투자된 포트폴리오의 기대수익률
은 체계적 위험에 대하여 선형관계를 갖는다는 것을 보여준다.

⑤ 다요인 APT는 차익거래가 발생하지 않는 균형상태에서 자산수익률이 다요인모형에 따라 형성된다고 가정하였을
때 시장 균형상태에서 자산 또는 포트폴리오의 기대수익률은 공통요인에 대한 베타계수의 선형함수로 표시된다.

66 다음 〈보기〉는 FP의 질문에 대해 고객이 대답한 내용이다. 해당 고객이 선택한 투자전략 매트릭스로 옳은 것은?
★★☆

─── 〈보 기〉 ───

㉠ 시장예측에 의한 선제적인 자산배분은 성공할 수 있는가? 아니오
㉡ 증권분석에 의해 수익은 높고 위험은 낮은 우수한 증권선택이 가능한가? 예

① 제1사분면 투자관

② 제2사분면 투자관

③ 제3사분면 투자관

④ 제4사분면 투자관

⑤ 선택사항 없음

67 다음 중 벤치마크의 설정 시 고려사항에 대한 설명으로 옳지 않은 것은?
★★★
① 벤치마크는 평가기간 중에 정해져야 한다.

② 벤치마크가 매니저의 운용 스타일이나 성향과 일치해야 한다.

③ 적극적인 운용을 하지 않을 경우에 벤치마크의 구성종목에 투자하여 보유할 수 있어야 한다.

④ 원하는 기간마다 벤치마크 자체의 수익률을 계산할 수 있어야 한다.

⑤ 벤치마크를 구성하고 있는 종목명과 비중이 명확하게 표시되어야 한다.

68 다음 〈보기〉의 자료에서 젠센의 알파 값이 가장 큰 펀드로 옳은 것은? (단, 무위험수익률 = 3%, 시장포트폴리오 수익
★★★ 률 = 5%)

〈보 기〉

구 분	A	B	C	D	E
펀드수익률	9%	10%	11%	12%	13%
총위험	5%	10%	15%	20%	25%
베 타	0.4	1.0	1.5	2.0	2.5

① A   ② B

③ C   ④ D

⑤ E

69 포트폴리오의 평균수익률 = 12%, 무위험수익률 = 4%, 총위험 = 8%, 포트폴리오 수익률의 베타 = 2.0일 때 샤프지수와
★★★ 트레이너지수를 계산한 값으로 옳게 짝지어진 것은?

① 샤프지수 : 1.0, 트레이너지수 : 1.0

② 샤프지수 : 2.0, 트레이너지수 : 2.0

③ 샤프지수 : 2.5, 트레이너지수 : 4.0

④ 샤프지수 : 1.0, 트레이너지수 : 4.0

⑤ 샤프지수 : 2.0, 트레이너지수 : 4.0

70 다음 중 투자성과에 대한 평가와 피드백에 대한 설명으로 옳지 않은 것은?
★☆☆
① 전략적 자산배분은 장기적인 투자전략이므로 한 번 자산배분을 하면 변화를 주지 않고 그대로 유지해야 한다.

② 전술적 자산배분은 일반적으로 시장예측 부분에 해당하므로 FP는 단기적인 전망에 따른 투자의 성과를 제대로 측정
해서 고객에게 제시하여 잘못된 선택이 수익률에 미치는 영향을 알려주는 것이 중요하다.

③ FP는 투자 포트폴리오 전체의 증권선택 효과를 자산군별로 나누어 평가한 후 각 자산군별 세부 금융상품별로 설정된
벤치마크와 비교 평가하여 상품 교체 여부를 결정해야 한다.

④ 성과 평가 후에는 재설계되는 전술 포트폴리오의 구성비율을 결정해야 한다.

⑤ 고객의 심리적 오류에 기인한 전술 포트폴리오 변경에 실패한 경우에는 적절한 피드백이 필요하다.

제2과목 비금융자산 투자설계(30문항)

71
★★☆
다음 중 부동산과 동산의 법률적 차이로 옳지 않은 것은?

① 부동산의 공시방법은 등기이고, 동산의 공시방법은 점유이다.

② 부동산은 공신력을 불인정하지만, 동산은 인정(선의취득)한다.

③ 부동산은 용익물권의 설정이 가능하지만, 동산은 불가능하다.

④ 부동산과 동산 모두 유치권 설정이 가능하다.

⑤ 부동산은 질권을 설정할 수 있으나, 동산은 질권을 설정할 수 없다.

72
★★☆
다음 중 용도지역에 대한 설명으로 옳지 않은 것은?

① 용도지역은 도시지역, 관리지역, 농림지역, 자연환경보전지역으로 구분된다.

② 용도지역은 토지의 이용, 건축물의 용도, 건폐율, 용적률, 높이 등을 제한한다.

③ 도시지역은 인구와 산업이 밀집되어 있거나 밀집이 예상되어 그 지역에 대해 체계적인 개발·정비·관리·보전 등이 필요한 지역을 말한다.

④ 용도지역은 모든 토지에 지정해야 하며, 중복 지정이 가능하다.

⑤ 자연환경보전지역은 자연환경·수자원·해안·생태계 및 문화재의 보전과 수산자원의 보호·육성 등을 위해 필요한 지역이다.

73
★★☆
주택의 분류 중 단독주택에 해당하는 것은?

① 아파트

② 연립주택

③ 다세대주택

④ 다가구주택

⑤ 기숙사

74
★★★
다음 중 부동산 관련 용어에 대한 설명으로 옳지 않은 것은?

① 필지란 등기법상 등기단위로서 토지소유자의 권리를 구분하기 위한 법적 개념이다.

② 획지란 인위적, 자연적, 행정적 조건에 의해 다른 토지와 구별되는 가격수준이 비슷한 일단의 토지이다.

③ 재축이란 기존 건축물의 전부 또는 일부를 철거하고 그 대지에 종전과 같은 규모의 범위에서 건축을 다시 축조하는 것을 말한다.

④ 용적률이란 대지면적에 대한 건축물의 연면적 비율이다.

⑤ 건폐율이란 대지면적에 대한 건축면적의 비율이다.

75 다음 중 개인이 받은 모든 대출의 연간 원리금을 연소득으로 나눈 비율은 무엇인가?
★★★
① LTV   ② DTI
③ DSR   ④ RTI
⑤ 신DTI

76 다음 중 등기사항증명서의 갑구에 포함되지 않는 것은?
★★★
① 압 류   ② 가압류
③ 저당권   ④ 가등기
⑤ 경매신청

77 다음 중 집합건물에 대한 건축물대장의 표제부에서 확인할 수 없는 내용은?
★☆☆
① 용적률
② 층별 용도 및 면적
③ 건폐율
④ 공동주택공시가격
⑤ 건축물의 면적

78 다음 중 주택임대차보호법에 대한 설명으로 옳지 않은 것은?
★★★
① 임차인이 주택의 인도와 전입신고를 마친 때에는 그 익일 0시부터 제3자에 대한 효력인 대항력이 발생한다.
② 우선변제권은 임차인이 대항력과 확정일자를 부여받은 경우 성립한다.
③ 미등기 건물도 적용대상이다.
④ 최우선적으로 보호되는 소액임차보증금액의 합계액이 경매낙찰대금의 2분의 1을 초과할 수 없다.
⑤ 임대인이 임대차기간 만료 전 6월부터 1월까지 임차인에게 갱신거절의 통지를 하지 않은 경우에는 이전과 동일한 조건의 계약이 2년을 기간으로 하여 갱신된 것으로 본다.

79
★★★

다음 중 상가건물임대차보호법에 대한 설명으로 옳지 않은 것은?

① 상가건물임대차 존속기간은 1년이다.

② 임차인은 임대차기간이 만료되기 6개월 전부터 1개월 전까지 사이에 계약의 갱신을 요구할 수 있다.

③ 대항력을 갖추었으며 임차보증금이 지역별 소액임차보증금 이하인 경우에는 최우선변제권을 인정받을 수 있다.

④ 상가건물임대차에서 대항력이 성립되려면 임차인이 임차 대상 건물을 인도받아 점유해야 하고, 상가건물을 주소지로 하는 사업자등록을 구비해야 한다.

⑤ 임대인에게 손해배상을 청구할 권리는 임대차가 종료한 날부터 1년 이내에 행사하지 아니하면 시효의 완성으로 소멸한다.

80
★★☆

다음 중 부동산시장의 활성화에 영향을 주는 요인에 해당하는 것은?

① 구매력 위축　　　　　　　　② 금리 상승

③ 대출규제 강화　　　　　　　④ 유동성의 풍부

⑤ 경제 불황

81
★★★

다음 중 해외 부동산 투자에 대한 설명으로 옳지 않은 것은?

① 해외 부동산 투자는 실수요자와 투자자의 송금액 제한이 없다.

② 해외 부동산 취득 시 3개월 이내에 지정거래외국환은행에 취득보고서를 제출해야 한다.

③ 신고 시 징구서류에는 관할 세무서장이 발행한 납세증명서 1부도 포함된다.

④ 해외 부동산 처분 시 3개월 이내에 지정거래외국환은행에 처분보고서를 제출해야 한다.

⑤ 신고대상 부동산은 거주자 본인 또는 거주자의 배우자가 해외에서 1년 이상 체재할 목적의 주거용 주택이다.

82
★★★

다음 중 인구구조 변화와 부동산시장에 대한 설명으로 옳지 않은 것은?

① 인구의 감소는 단기적으로 부동산시장에 큰 영향을 미친다.

② 주택을 기준으로 수요를 분석할 때에는 주거의 단위인 가구 변화를 먼저 검토해야 한다.

③ 1~2인 가구는 가파르게 증가하고 있다.

④ 주택의 다운사이징 현상은 지속될 것이다.

⑤ 베이비부머 세대는 은퇴 후 현재의 주택에서 그대로 거주하고자 한다.

83 부동산정책이 필요한 이유에 대한 설명이다. 다음 〈보기〉가 설명하는 것은?
★★★

> ───〈보 기〉───
>
> 부동산 이용에 있어 가장 바람직하게 이용하도록 하는 것이 최선의 가치라는 것을 강조한다. 따라서 정부가 부동산 소유자들의 자유이용을 방임해서는 안 되며, 사회적 관점에서 공적 개입이 필요하다.

① 경제적 논리   ② 정치적 논리
③ 사회적 논리   ④ 최유효이용론
⑤ 강력한 복지론

84 다음 중 부동산 조세 및 토지정책에 대한 설명으로 옳지 않은 것은?
★★☆
① 부동산 세금은 관리 주체에 따라 국세와 지방세로 나뉜다.
② 국가의 재정수입차원에서 취득세가 차지하는 비중이 크다.
③ 부동산 조세는 재정수입 외에도 부동산 경기의 조절 및 분배 문제의 개선, 규제의 완급조절 등의 목적으로 활용된다.
④ 토지정책에서는 토지활동을 원활히 하기 위해서 합리적인 토지관리체계를 구축해야 한다.
⑤ 토지정책은 소유권을 기반으로 이뤄지므로 소유권 규제정책을 통해 정책 목표를 달성한다.

85 다음 중 금융정책에 대한 설명으로 옳지 않은 것은?
★★☆
① 금융은 부동산과 밀접한 관계에 있다.
② 금리가 높으면 부동산가격이 하향 조정된다.
③ 대출정책은 주택이나 토지정책 등에 비해 효과가 적고 느리다.
④ 부동산시장을 활성화하기 위해 대출규모와 대상을 확대하는 정책을 쓰기도 한다.
⑤ 금리정책은 중앙은행에서 기준금리를 통한 통화조절 기능 목적으로 활용한다.

86 다음 중 투기지역의 주택거래신고제를 도입한 정부는?
★★☆
① 김영삼 정부   ② 김대중 정부
③ 노무현 정부   ④ 이명박 정부
⑤ 박근혜 정부

87 ★★★ 다음 중 시대별 부동산정책을 옳게 짝지은 것을 모두 고르면?

> ㉠ 김영삼 정부 – 부동산실명제 도입
> ㉡ 김대중 정부 – 분양권전매제도 폐지
> ㉢ 노무현 정부 – 종합부동산세 도입
> ㉣ 문재인 정부 – 다주택자 양도세 중과 폐지

① ㉠, ㉡

② ㉡, ㉣

③ ㉠, ㉡, ㉢

④ ㉠, ㉡, ㉣

⑤ ㉡, ㉢, ㉣

88 ★★★ 다음 중 정부 발표자료인 실거래가격, 주택거래량, 미분양주택, 지가변동률에 대한 설명으로 옳지 않은 것은?

① 실거래가격은 거래를 하는 데 중요한 후행자료가 된다.

② 주택거래량은 시장동향을 나타내는 중요한 지표이다.

③ 미분양주택의 주택시장에 대한 영향력을 파악하기 위해서는 해당지역별 수급동향을 중심으로 한 세분화된 분석과 대응이 필요하다.

④ 전국의 지가변동률은 해당 지역의 토지시장 추이를 나타내는 지표이다.

⑤ 종전 거래사례 금액을 파악함으로써 현재 매매가격과 종전 실거래가의 고저를 비교분석할 수 있다.

89 ★★★ 다음 중 부동산 투자의 특징과 장단점에 대한 설명으로 옳지 않은 것은?

① 다른 투자수단에 비해 투자기간이 비교적 장기이다.

② 투자 수익창출은 투자자의 능력에 의존하는 측면이 크다.

③ 일반적인 투자수단에 비해 비교적 자본이 적게 든다.

④ 부동산은 즉시 현금화가 어렵다.

⑤ 건물과 토지는 부가물에 의해 손해가 발생할 수 있다.

90 ★★☆ A씨가 부동산을 현재 10억에 매입해서 1년 후 12억에 팔 수 있을 것이라 예상했지만, 실제로는 13억원에 팔았다면 기대수익률과 실현수익률은 각각 얼마인가?

① 기대수익률 : 10%, 실현수익률 : 20%

② 기대수익률 : 20%, 실현수익률 : 30%

③ 기대수익률 : 30%, 실현수익률 : 40%

④ 기대수익률 : 40%, 실현수익률 : 50%

⑤ 기대수익률 : 50%, 실현수익률 : 60%

91 다음 중 부동산의 가치평가에 대한 설명으로 옳은 것은?
★★☆

① 원가방식은 원가비용 측면에서 접근하여 평가하는 방식으로서, 현재의 가격을 참고하여 파악하는 방식이다.

② 원가방식에는 가격을 구하는 적산법과 부동산의 임료를 구하는 원가법이 있다.

③ 수익방식에는 부동산의 가격을 구하는 수익환원법과 임료를 구하는 수익분석법이 있다.

④ 비교방식은 시장성 측면에서 접근하는 평가방식으로, 과거의 가격을 참고하여 파악하는 평가기법이다.

⑤ 비교방식 접근방법에는 직접환원법과 할인현금흐름분석법이 있다.

92 다음 중 부동산의 재무성 분석 및 경제성 분석에 대한 설명으로 옳지 않은 것은?
★★★

① 순현가법은 투자로 인해 발생할 미래의 모든 현금흐름을 적절한 할인율로 할인하여 현가로 나타내는 방법이다.

② 순현가법에서 미래가치를 현재가치로 환원할 때 사용하는 수익률은 내부수익률이다.

③ 연금의 미래가치는 연금 × 연금의 내가계수이다.

④ 상호배타적 투자안일 경우 내부수익률이 요구수익률보다 큰 투자안 중에서 내부수익률이 가장 큰 투자안을 선택한다.

⑤ 감채기금계수는 n년 후에 1원을 만들기 위해 매년 불입할 액수이다.

93 다음 중 일반 아파트 투자전략에 대한 설명으로 옳지 않은 것은?
★★☆

① 교육환경은 우리나라뿐만 아니라 전 세계에서 주거선택의 중요한 기준이 된다.

② 신혼부부부터 고령층까지 교통의 접근성은 중요하게 여겨진다.

③ 자연환경은 주거를 선택하는 데 고려하지 않아도 된다.

④ 대단지 위주의 새 아파트여야 한다.

⑤ 대형마트, 백화점 등 편의시설이 잘 갖춰져 있어야 한다.

94 다음 중 분양투자 전략에 대한 설명으로 옳지 않은 것은?
★★☆

① 청약통장은 청약저축, 청약부금, 청약예금, 주택청약종합저축으로 구성되어 있다.

② 청약저축에 가입하는 경우에는 국민주택에만 청약할 수 있다.

③ 청약가점제란 민영주택 청약 시 동일순위 내에서 경쟁이 있을 경우, 무주택기간, 부양가족수, 청약통장 가입기간을 기준으로 산정하여 가점점수가 높은 순으로 당첨자를 선정하는 제도이다.

④ 투기과열지구에서는 전용면적 $60\sim85m^2$ 이하인 민영주택의 경우 청약가점제는 70%로 운영된다.

⑤ 분양권의 경우 분양계약일로부터 2주 이내에 신고해야 하며, 주택공급자 및 수분양자 모두 신고의무가 존재한다.

95 ★★☆ 단독주택과 도시형생활주택, 전원주택의 투자전략에 대한 설명으로 옳지 않은 것은?

① 고급 단독주택으로는 서울의 성북동, 한남동, 평창동, 삼성동 등이 대표적이며, 전통적인 부자들의 상징적인 주거유형이다.

② 최근에는 다가구주택의 선호가 높아지고 있는데 그 이유는 본인의 주거도 해결되고 월세도 받을 수 있기 때문이다.

③ 도시형생활주택은 부대 복리시설을 의무적으로 설치해야 한다.

④ 도시형생활주택은 일반 주택과 비교하여 주차장 설치 기준이 낮다.

⑤ 전원주택은 보안 등의 문제가 있으므로 건축할 때 이를 위한 대비가 필요하다.

96 ★★☆ 다음 중 토지 관련 용어에 대한 설명으로 옳지 않은 것은?

① 농업인에는 1년 중 120일 이상 축산에 종사하는 자도 포함된다.

② 지적법상 도로란 지적도상에는 도로가 표시되어 있으나 현재는 논・밭・임야상태로 되어 있는 경우를 말한다.

③ 자경이란 농업인이 농작업의 2분의 1 이상을 자기의 노동력으로 경작 또는 재배하는 것을 말한다.

④ 연접제한개발제도란 도시계획의 목적에 위반될 우려가 있는 개발행위를 하는 경우 계획의 적정성, 기반시설의 확보 여부 등을 고려하여 허가 여부를 결정하는 제도이다.

⑤ 산지전용부담금이란 보존임지에 대한 전용허가를 받거나 산림의 형질변경 허가를 받은 자 등에 대해 전용면적을 기준으로 부과・징수하는 것을 말한다.

97 ★★☆ 다음 중 경매 및 공매에 대한 설명으로 옳지 않은 것은?

① 경매는 인도명령절차가 가능하며 명도가 용이하다.

② 공매는 국세징수법상 체납세액을 강제징수하는 행정처분이다.

③ 경매는 채권자 평등원칙이 적용된다.

④ 경매는 재입찰 참여가 가능하다.

⑤ 경매와 공매 모두 매수자에게 명도책임이 있다.

98 ★★☆ 다음 중 부동산 자산관리시장 트렌드의 변화로 옳지 않은 것은?

① 과거에는 부동산금융이 고정화되었다면, 현재는 부동산금융이 유동화되었다.

② 과거에는 부동산 공급자 중심시장이었다면, 현재는 부동산 수요자 중심시장이다.

③ 과거에는 부동산이 거주이용 목적이었다면, 현재는 소유투자 목적이다.

④ 과거에는 시설관리 중심이었다면, 현재는 자산관리 중심이다.

⑤ 과거에는 주로 부동산 유지보존관리가 목적이었다면, 현재는 주로 부동산 수익운영관리가 목적이다.

99 ★★★ 다음 중 부동산금융과 주택금융에 대한 설명으로 옳지 않은 것은?

① 부동산금융이란 부동산의 개발 및 취득을 목적으로 부동산자금을 조달하는 것이다.

② 부동산금융은 일반금융과는 달리 감가상각과 세금감면 혜택이 있다.

③ 부동산금융은 부동산의 특성을 고려하여 저당채권 유동화 제도가 필요하다.

④ 주택금융은 단기의 저리대출을 특성으로 한다.

⑤ 주택금융은 주택을 융자대상자산으로 하기 때문에 채무불이행의 위험이 있다.

100 ★★★ 다음 중 부동산개발금융(FP)에 대한 설명으로 옳지 않은 것은?

① 차주의 신용이나 일반재산이 아닌 프로젝트의 사업성 자체가 대출 채무의 담보가 되는 자금조달 방식이다.

② 법 규정에 따라 다양한 형태의 대출채권 담보장치를 확보하고 있다.

③ 엄격한 대출채권 담보장치를 확보한 대출형부동산펀드의 대출이자는 상대적으로 높다.

④ 시공사의 신용평가등급과 건설도급순위를 점검해야 한다.

⑤ 프로젝트 수행에서 금융기관의 관여가 상대적으로 강화되고, 시행사의 결정권한은 약화된다.

제2회
은행FP 자산관리사 2부
실제유형 모의고사

문항 및 시험시간

평가영역	문항 수	시험시간	비 고
자산관리사(FP) 2부	100문항	100분	

제1과목 금융자산 투자설계(70문항)

01 다음 중 투자의 3요소에 대한 설명으로 옳지 않은 것은?
★★☆

① 투자의 3요소에는 안전성, 수익성, 유동성이 있다.

② 투자의 3요소는 서로 보완관계에 있다.

③ 금융상품을 선택함에 있어서 고려해야 할 수익성의 기준은 실효수익률이다.

④ 유동성을 고려함에 있어서는 기회비용 측면도 반드시 동시에 고려해야 한다.

⑤ 안전성은 금융상품의 원금 또는 원리금이 보호·보전될 수 있는 정도를 의미한다.

02 다음 중 입출금이 자유로운 상품에 대한 설명으로 옳지 않은 것은?
★★★

① 보통예금은 가입대상이나 예치금액에 제한을 두지 않는 가장 전통적인 요구불예금으로 적용금리가 매우 낮다.

② 저축예금은 보통예금 대비 고금리를 지급하는 가계우대성 요구불예금이다.

③ 당좌예금의 지급은 원칙적으로 예금주가 발행한 어음이나 수표를 결제하는 방식으로 처리되지만 당좌거래 통장으로도 입·출금이 가능하다.

④ MMDA는 시장 실세금리를 적용하는 단기 고금리 예금상품으로 기간별 예치금액에 따라 차등금리가 적용되며, 1개월마다 이자를 계산하여 원금에 가산한다.

⑤ 종합금융회사의 CMA는 예금자보호법에 따라 보호받을 수 있으나 증권회사의 CMA는 보호받지 못한다.

03 다음 〈보기〉의 괄호 안에 들어갈 숫자로 옳은 것은?
★★☆

〈보 기〉

- 제권판결에 의한 수표대금 지급 시 제권판결을 선언한 날로부터 (㉠)개월이 경과한 경우에 수표대금을 지급한다.
- 사고신고된 수표가 선의취득자로부터 수표의 지급제시 기간 내에 제시되고 사고신고인이 동 수표와 관련하여 법적절차가 진행 중임을 증명할 수 있는 서류를 사고신고일로부터 (㉡)영업일 이내에 제출하지 아니한 경우 수표의 소지인에게 수표대금을 지급할 수 있다.

---

① ㉠ : 1, ㉡ : 5 ② ㉠ : 1, ㉡ : 7

③ ㉠ : 2, ㉡ : 5 ④ ㉠ : 2, ㉡ : 7

⑤ ㉠ : 3, ㉡ : 7

04 다음 중 금융상품의 종류에 대한 설명으로 옳지 않은 것은?
★★☆

① 정기적금은 저축한도에 제한이 없고, 예금자보호법에 의한 보호대상이다.

② 정기예금은 가입원금의 일정범위 내에서 예금담보대출이 가능할 뿐만 아니라 비과세종합저축으로도 가입이 가능하다.

③ 환매조건부채권은 시장 실세금리를 반영하는 금융상품으로 우량 채권을 대상으로 하고, 예금자보호법에 의해 보호되기 때문에 안전성이 매우 높다.

④ 양도성예금증서는 일반적으로 정기예금에 비해 약간의 고금리를 적용받게 되므로 3개월에서 1년 이내의 목돈운용에 적합한 상품이다.

⑤ 신용부금은 일 또는 월 단위로 납부할 수 있으며 일정 회차를 납입하지 않더라도 신규 가입 즉시 계약금액 범위 내에서 대출을 받을 수 있다.

05 다음은 FP가 고객에게 상품을 설명하는 내용으로 옳지 않은 것은?
★★☆

① 별단예금은 원칙적으로는 예금이자를 지급하지 않으나, 금융기관이 정한 일부 범위 내에서는 예금이자를 지급할 수도 있습니다.

② 종합금융회사의 CMA는 예금자보호법에 의해 보호받지 못하는 상품인데 괜찮으신지요?

③ 재형저축은 2015년 말 기준으로 비과세 재형저축의 일몰시한이 도래함에 따라 기존 가입자의 추가납입은 가능하지만 신규가입은 불가한 상품입니다.

④ 신용부금은 일정 회차를 납입하지 않더라도 신규가입 즉시 계약금액 범위 내에서 대출을 받으실 수 있습니다.

⑤ 정기적금의 저축방법에는 정기적립식과 자유적립식이 있는데, 자유적립식의 경우에는 월 최고 납입에 한도가 있습니다.

06 다음 중 주택청약종합저축에 대한 설명으로 옳지 않은 것은?
★★★

① 주택청약종합저축은 국민주택과 민영주택에 모두 청약할 수 있는 적립식형태의 저축이다.

② 주택청약종합저축의 가입자 명의변경은 가입자가 사망하여 그 상속인 명의로 변경하는 경우를 제외하고는 변경할 수 없다.

③ 가입자가 다른 주택건설지역으로 주소지를 이전함에 따라 그 예치금액의 차액을 추가로 예치할 경우 그 차액의 예치는 주택공급 신청 후에 해야 한다.

④ 입주자저축의 가입자가 청약하는 주택의 면적을 변경하고자 하는 경우에는 청약신청일까지 변경하여야 한다.

⑤ 적용이율은 한국은행이 발표하는 예금은행 정기예금 가중평균 수신금리 등을 고려하여 주택청약종합저축의 가입일부터 해지일까지의 기간에 따라 국토교통부장관이 정하여 고시하는 이자율을 적용하여 산정한다.

07 다음 중 집합투자기구에 대한 설명으로 옳지 않은 것은?
★★☆

① 단기금융집합투자기구를 제외한 모든 집합투자기구는 증권, 파생상품, 부동산, 실물자산, 특별자산 등에 투자할 수 있도록 하고 있다.

② 국내에서 설정되어 판매되는 대부분의 증권집합투자기구는 투자신탁의 형태로 공모형이며 개방형의 형태를 가지고 있다.

③ 부동산집합투자기구에서 펀드재산을 부동산에 투자함에 있어서 단순히 부동산을 취득하는 방법으로 투자하는 경우뿐만 아니라 대출 등 다양한 방법에 의한 부동산 투자를 허용하고 있다.

④ 특별자산집합투자기구는 개방형으로 설정되기 때문에 유동성이 높고, 다른 펀드에 비하여 투자기간이 장기적이라는 특징이 있다.

⑤ 혼합자산집합투자기구는 모든 자산에 투자할 수 있으면서 시장상황에 따라 투자비율을 유연하게 조절할 수 있는 새로운 형태의 집합투자기구이다.

08 다음 중 주식형 펀드에 대한 설명으로 옳지 않은 것은?
★★☆

① 집합투자재산의 60% 이상을 주식 및 주식관련파생상품에 투자하는 증권 펀드로, 전통적인 고위험·고수익형 투자상품이다.

② Top-Down 방식이란 거시경제분석 – 경기분석 – 산업분석 – 개별기업 가치분석 순으로 종목을 선정하는 방식이다.

③ 패시브형 펀드는 비교대상지수 수준의 수익을 목표로 운용되는 펀드로, 인덱스 펀드가 가장 대표적이다.

④ 기업의 내재가치에 주목하여 고평가된 주식에 투자하는 주식형 펀드를 가치주 펀드라고 한다.

⑤ 성장주 펀드는 주로 Top-Down 및 Bottom-Up 방식을 병행하여 투자의사를 결정하며, 가치주 펀드에 비해 상대적으로 높은 변동성과 매매회전율 및 높은 시장민감도를 특징으로 한다.

09 다음 중 종류형 집합투자기구에 대한 설명으로 옳지 않은 것은?
★★★

① 각 클래스별로 판매보수 및 판매수수료 체계가 달라야 한다.

② 클래스의 수에는 제한이 없다.

③ 특정 클래스에서 다른 클래스로의 전환은 허용되지 않는다.

④ 펀드의 기준가격은 각 클래스별로 산정·공고하여야 한다.

⑤ 각 클래스별로 자산의 운용 및 평가방법을 다르게 할 수 없다.

10 다음 중 특수한 형태의 집합투자기구에 대한 설명으로 옳지 않은 것은?
★★☆

① 환매금지형 펀드는 집합투자증권을 최초로 발행한 날부터 90일 이내에 집합투자증권을 거래소시장에 상장해야 한다.

② 전환형 펀드는 투자자에게 펀드 전환권을 부여함으로써 투자자의 시장상황 판단 및 전망에 따라서 다른 펀드로의 선택이 자유롭고, 전환 시에 수수료 절감효과가 발생한다.

③ 종류형 펀드는 각 클래스별로 집합투자증권을 발행해야 하고, 기준가격도 각 클래스별로 산정해야 한다.

④ 모자형 펀드는 모펀드와 자펀드의 자산운용회사가 동일해야 한다.

⑤ 상장지수 펀드는 특정 지수와 연동되는 수익률을 얻을 수 있도록 설계된 집합투자기구로, 개별 종목에 대한 별도의 분석이 필요하다.

11 ★★★ 다음 중 구조화 상품에 대한 설명으로 옳지 않은 것은?

① 구조화 상품은 수익구조나 원금보장 범위 등을 일정한 형태로 구조화하여 만든 금융상품으로 ELS, ELT, ELF 등이 있다.

② 주가연계증권(ELS)은 주가지수 또는 개별주식 가격 움직임과 연계하여 손익이 결정되는 수익구조를 가진 금융투자상품이다.

③ 주가연계신탁(ELT)은 은행이 별도로 신탁상품을 구조화하거나 운용하는 특정금전신탁을 말한다.

④ 주가연계펀드(ELF)는 단일 발행사가 발행한 파생결합증권의 편입비율 제한을 받고 있기 때문에 최소 3개 이상 증권사가 발행한 파생결합증권을 편입하여 펀드를 구성해야 한다.

⑤ 주가연계파생결합사채(ELB)는 원금이 보장되는 구조로 설계되어 있지만 예금자보호법에 의해 보호받을 수 없다는 특징을 가지고 있다.

12 ★★☆ 다음 중 원금비보장형 2Star/3Star(스텝다운형)투자 시 유의사항으로 옳지 않은 것은?

① 일반적으로 투자기간이 길수록 낙인 발생 시 원금회복 가능성이 높다.

② 조기상환 조건 평가가격이 높을수록, 평가 주기는 길수록 유리하다.

③ 낙인 베리어는 원금 손실 가능성과 직결되므로 베리어가 낮을수록 유리하다.

④ 다른 조건이 동일하다면 기간 중 이자를 지급하는 방식이 유리하다.

⑤ 상관관계는 높을수록 유리하다.

13 ★★★ 다음에 제시된 상품의 수익구조에 대한 설명으로 옳지 않은 것은?

(기초자산 : KOSPI200 지수)

지수변동범위	쿠폰수익률	수익구조
15% 초과	연 0.0%	
−15% ~ 15%	연 6.5%	
−15% 미만	연 0.0%	

① 만기수익률 결정일에 기초자산인 KOSPI200의 지수가 최초기준지수보다 20% 높은 경우 원금은 보장받고 수익률은 0.0%이다.

② 만기수익률 결정일에 기초자산인 KOSPI200의 지수가 최초기준지수보다 −20% 높은 경우 원금은 보장받고 수익률은 0.0%이다.

③ 만기수익률 결정일에 기초자산인 KOSPI200의 지수가 최초기준지수보다 15% 높은 경우 원금은 보장받고 수익률은 6.5%이다.

④ 만기수익률 결정일에 기초자산인 KOSPI200의 지수가 최초기준지수보다 −15% 높은 경우 원금은 보장받고 수익률은 6.5%이다.

⑤ 만기수익률 결정일에 기초자산인 KOSPI200의 지수가 최초기준지수와 동일한 경우 원금은 보장받지 못하고 수익률은 6.5%이다.

14 다음 〈보기〉에서 설명하는 담보권의 종류로 옳은 것은?
★☆☆

> ─────── 〈보 기〉 ───────
>
> 담보 약정 시 지정된 대출종류에 대하여 현재부터 미래에 완납할 때까지 지속적으로 책임을 부담하는 담보권의 종류로
> 기한연장이나 재대출 등이 가능하다.

① 포괄근담보   ② 특정채무담보
③ 한정근담보   ④ 양도담보
⑤ 특정근담보

15 다음 중 대고객매매율에 대한 설명으로 옳지 않은 것은?
★★☆

① 대고객매매율이란 외국환은행이 고객과 외국환거래를 함에 있어서 적용되는 환율로 기준 환율에 대고객매매율차를
   반영하여 외국환은행장이 결정 고시한다.
② 일반적으로 대고객매매율에서 현찰매도율은 최고환율이 되고, 현찰매입율은 최저환율이 된다.
③ 전신환매입률은 당발송금환의 취결과 타발추심의 결제, 외화예금의 입금 등에 사용된다.
④ 여행자수표매도율은 외화표시 여행자수표를 원화대가로 판매하는 경우에 적용하는 환율로, 기준환율에 여행자수표
   판매에 따른 수수료율을 가산하여 정해지는 환율이다.
⑤ 외화예금과 관련하여 적용되는 대고객환율은 전신환매매율이라고 할 수 있다.

16 다음 중 신용카드의 부정사용대금을 보상해줄 수 있는 경우로 옳은 것은?
★★★

① 신변위협에 의한 비밀번호 누설로 인해 발생한 손해
② 분실·도난 신고 후 보상신청의 지연으로 인하여 카드사의 피해조사 및 부도 반환이 불가능하게 된 경우
③ 회원의 가족, 동거인에 의한 부정사용의 경우
④ 카드의 분실·도난 사실을 인지하고도 즉시 신고하지 않은 경우
⑤ 부정사용 피해조사에 대하여 허위진술을 하거나 조사에 협조하지 아니한 경우

17 다음 중 주식과 투자의 개념에 대한 설명으로 옳지 않은 것은?
★☆☆

① 증권은 유가증권을 지칭하며 주식보다 훨씬 포괄적인 의미를 내포한다.
② 주식이 갖는 가치는 회사의 가치와 일치한다.
③ 투자란 미래에 보다 큰 수익을 얻을 목적으로 현재의 경제적 희생을 감수하여 각종 자산을 취득하는 행위를 말한다.
④ 주식은 회사의 가치를 증서라는 가시적인 유가증권을 통해 매매할 수 있도록 만들어놓은 것이다.
⑤ 투자로부터 발생되는 이익은 구입한 자산의 가치상승을 통해 발생하는 것으로 기업의 이익창출과는 구별된다.

18 다음 중 유통시장과 발행시장에 대한 설명으로 옳지 않은 것은?
★★★

① 발행시장은 새로운 증권이 최초로 발행되고 증권의 발행자와 수요자 사이에 증권과 자금이 최초로 교환된다는 점에서 1차 시장 혹은 본원적 시장이라 한다.

② 발행시장은 1인이나 소수의 집단인 증권 발행자와 다수 매수자의 결합인 데 반해 유통시장은 증권의 매수자와 매도자가 다수인 집단 경쟁체제라는 차이가 있다.

③ 투자자는 유통시장에서 모집 또는 매출에 응해 최종적으로 유가증권을 취득함으로써 발행자에게 자금을 공급하는 역할을 한다.

④ 유통시장에서의 거래는 실제로 거래소시장을 중심으로 이루어진다.

⑤ 유통시장의 주요 기능에는 환금성 제공, 공정가격의 제공, 가격결정의 지표, 유가증권 담보력 제고 등이 있다.

19 다음 중 경제변수와 주가의 관계에 대한 설명으로 옳지 않은 것은?
★★☆

① 일반적으로 이자율과 주가는 정의 상관관계를 갖는다.

② 장기적으로 통화량이 증가할 경우 실질소득이 감소하면서 주가 하락요인으로 작용한다.

③ 물가가 완만하게 장기적으로 상승하는 경우 주가에 긍정적으로 작용한다.

④ 일반적으로 자원의 대부분을 수입해야 하는 나라는 원자재 가격과 주가가 역의 관계에 있다.

⑤ 환율의 상승은 주식시장에 긍정적, 환율의 하락은 주식시장에 부정적으로 작용한다.

20 포터(M.E. Porter)의 산업 경쟁구조 분석에서 이미 진입한 기업에게 가장 유리한 조건은?
★★★

① 진입장벽이 높고, 철수장벽이 낮은 경우

② 시장 내에 다수의 강력한 경쟁기업이 진출해 있는 경우

③ 잠재적인 대체품이 많을 경우

④ 구매자가 점차 강력한 교섭력을 가지게 되는 경우

⑤ 공급자의 교섭력을 강화시키는 경우

21 다음 중 재무비율 분석의 구분으로 바르게 짝지어진 것은?
★★★

① 수익성 – 매출액증가율

② 안정성 – 고정비율

③ 활동성 – 당좌비율

④ 성장성 – 자기자본이익률

⑤ 유동성 – 고정자산회전율

22 다음 〈보기〉에서 설명하는 제품수명주기로 옳은 것은?
★★★

────────────── 〈보 기〉 ──────────────

매출성장이 둔화되는 시기로, 제품단위당 이익은 아직 증가하지만 가격경쟁 역시 체감적으로 증가하고 위험도 점차 증가한다.

① 도입기   ② 성장기
③ 성숙기   ④ 쇠퇴기
⑤ 회복기

23 다음 괄호 안에 들어갈 말로 옳은 것은?
★★☆

────────────── 〈보 기〉 ──────────────

적정 PER이 15배인 A기업의 현재 주가는 100,000원, 주당순이익은 5,000원이라고 할 때, 실제 PER은 (㉠)배이고 A기업의 주가는 (㉡)평가되어 있다고 할 수 있다.

① ㉠ : 10, ㉡ : 저   ② ㉠ : 10, ㉡ : 고
③ ㉠ : 20, ㉡ : 저   ④ ㉠ : 20, ㉡ : 고
⑤ ㉠ : 25, ㉡ : 고

24 다음 〈보기〉의 계산방법에 해당하는 재무비율로 옳은 것은?
★★☆

────────────── 〈보 기〉 ──────────────

$$\frac{매출액}{고정자산}$$

① 총자산증가율   ② 총자산회전율
③ 고정비율   ④ 재고자산회전율
⑤ 고정자산회전율

25 다음 중 배당평가모형에 대한 설명으로 옳지 않은 것은?
★★★

① 증권의 내재가치가 영속적인 미래배당흐름을 요구수익률로 각각 할인한 현재가치로 표시되는 것을 배당평가모형이라고 한다.
② 정률성장 배당모형은 요구수익률이 일정하고, 성장률은 요구수익률보다 크다는 것을 전제로 한다.
③ 배당평가모형에 몇 단계 성장률 변화를 반영한다면 평가의 정확성이 높아진다.
④ 정률성장 배당모형에 의하면 요구수익률이 클수록 주가는 하락하고, 배당성장률이 클수록 주가는 상승한다.
⑤ 기업은 매년 성장률이 다르고 해마다 배당금액이 다를 수 있기 때문에 미래 배당흐름의 성장률이 매년 일정하게 성장한다는 가정은 비현실적이다.

26 ★★☆ ㈜시대기업의 주요 재무비율이 다음과 같을 때 ROE와 PBR을 계산한 값으로 옳은 것은?

• 자기자본 1,000억원	• 당기순이익 200억원
• 발행주식수 100만주	• 주가 120,000원

① ROE : 5%, PBR : 0.2배
② ROE : 10%, PBR : 0.5배
③ ROE : 15%, PBR : 1배
④ ROE : 20%, PBR : 1.2배
⑤ ROE : 25%, PBR : 1.5배

27 ★★★ 다음 중 포트폴리오 수익률에서 무위험이자율을 차감한 후에 펀드수익률의 민감성(베타)으로 나누어 산출하는 것은?

① 샤프지수
② 트레이너지수
③ 젠센지수
④ 정보비율
⑤ 벤치마크

28 ★★★ 다음 중 위험조정 성과평가 척도에 대한 설명으로 옳지 않은 것은?

① 샤프지수는 전체 위험을 고려하는 표준편차를 사용하고, 분산투자가 잘 되어 있는 펀드를 평가할 때 유용한 방법이다.
② 정보비율은 펀드매니저의 능력을 측정할 수 있는 지표로 초과수익률을 추적 오차로 나눈 값을 말한다.
③ 젠센지수는 포트폴리오의 실제 수익률이 시장균형을 가정한 경우의 수익률보다 얼마나 높은지를 나타내는 지표이다.
④ 트레이너지수는 시장 민감도를 나타내는 베타지수로 초과수익률을 나눈 것이다.
⑤ 정보비율은 무위험자산과 소수의 주식포트폴리오에 분산투자하고 있는 경우의 운용성과평가에 적절한 면이 있다.

29 ★☆☆ 다음 중 PBR 평가모형에 대한 설명으로 옳지 않은 것은?

① PBR은 보통주의 한 주당 가치를 시장가격과 장부가치로 대비하여 본 지표이다.
② 재무상태표상에 보통주 한 주가 주당순자산 가치의 실질적 가치를 정확히 반영하면 PBR은 1이 된다.
③ PBR은 기업의 마진, 활동성, 부채 레버리지, 기업수익력의 질적 측면이 반영된 지표로, 자산가치에 대한 평가뿐만 아니라 수익가치에 대한 포괄적인 정보가 반영된다.
④ PBR 계산을 위한 회계정보는 재무상태표에서 쉽게 구할 수 있고, 부(-)의 EPS기업에도 적용이 가능하다는 장점이 있다.
⑤ PBR 평가모형은 미래의 수익발생능력을 반영할 수 있기 때문에 계속기업을 전제로 한 평가기준이 될 수 있다.

30 주식투자전략에서 적극적 투자전략과 소극적 투자전략에 대한 설명으로 옳지 않은 것은?
★★★

① 평균투자법은 소극적 투자전략의 하나로 매 기간에 일정금액을 투자하므로 주가가 하락할 경우 이전보다 많은 수의 주식을 매수할 수 있다는 장점이 있다.

② 포뮬라 플랜은 적극적 투자운용방법으로 최소한의 위험부담과 함께 경기변동에 탄력적으로 대응하는 방법이다.

③ 가장 적극적인 의미에서의 소극적인 투자관리는 인덱스 펀드에 투자하는 것으로 완벽하게 시장의 성과에 맡기는 것이다.

④ 단순 매수·보유전략은 무작위로 선택한 주식을 매입해 보유하는 소극적 투자전략으로 포트폴리오를 구성하는 종목 수가 많아지면 체계적인 위험만을 부담하게 되는 장점이 있다.

⑤ 적극적인 투자운용 방법은 소수 정예종목에 집중 투자하는 경향이 있기 때문에 정보비용이 적게 드는 장점이 있다.

31 다음 중 가치투자 스타일에 대한 설명으로 옳지 않은 것은?
★☆☆

① 가치투자 스타일에 의한 투자전략에서는 해당 종목의 현재 시장가치보다는 미래 성장성을 중요하게 생각한다.

② 현재의 수익이나 자산의 가치가 상대적으로 싼 주식을 포착해 포트폴리오를 구성하는 전략이다.

③ 가치투자 스타일 전략을 구사하는 근거는 기업의 수익은 과거 평균치에 회귀하는 성향을 보인다는 것이다.

④ 최근 수익이 과거 평균보다 낮았다면 향후 평균치로의 복귀로 수익이 개선될 것이라는 기대를 갖고 포트폴리오에 편입한다.

⑤ 가치투자는 시장에서 투자자들이 가격의 저평가를 충분히 인정해주지 않으면 자신이 기대하는 기간 내에 주가가 회복되지 않을 위험도 가지고 있다.

32 다음 중 금리에 대한 용어의 설명으로 옳지 않은 것은?
★★☆

① 단리는 일정 기간이 지나는 동안 원금에 대해서만 일정비율만큼 수익이 더해지는 방식이다.

② 복리는 일정 기간 경과하며 발생한 이자가 원금과 함께 재투자되어 추가적인 수익이 창출되는 방식이다.

③ 실질이자율은 물가상승률을 고려하여 이자의 실질적인 가치를 반영하는 이자율이다.

④ 현재에 투자되는 금액을 기준으로 한 경우의 금리를 할인율이라 표현하고, 미래에 지급되는 금액을 기준으로 한 경우의 금리를 수익률이라 표현한다.

⑤ 자금을 빌려주거나 빌린 기간 동안 발생한 이자의 단순합계와 원금의 비율을 기간수익률이라 표현한다.

33 다음 〈보기〉 중 채권의 특성에 해당하는 것만을 모두 고르면?
★★★

─────〈 보 기 〉─────
㉠ 채무증서의 성격을 지닌 유가증권   ㉡ 정해진 만기 시 상환
㉢ 자본형태는 자기자본   ㉣ 의결권 있음

① ㉠, ㉡

② ㉠, ㉡, ㉢

③ ㉡, ㉢

④ ㉡, ㉢, ㉣

⑤ ㉠, ㉡, ㉢, ㉣

34 ★★☆ 다음 중 전환사채(CB)에 대한 설명으로 옳지 않은 것은?

① 주가가 약정된 가격 이상으로 상승하면 권리를 행사함으로써 높은 수익률을 향유할 수 있다.

② 발행 시 정해진 일정 기간이 지난 후에 투자자가 청구할 경우 주식으로 전환할 수 있는 채권이다.

③ 일반채권에 비해 보장금리가 높다는 장점이 있다.

④ 회사채로 발행되어 소정의 이자가 지급된다.

⑤ 주가가 하락한다 하더라도 회사가 부도나지 않는다면 보유한 채권의 원리금을 상환받을 수 있다.

35 ★★☆ 다음 중 채권투자에 대한 설명으로 옳지 않은 것은?

① 일반적으로 BB- 등급 이상을 투자등급 채권이라 하고, 그 미만을 투기등급 채권이라 한다.

② 어떤 개인이 현재 투자자금을 5년 만에 2배로 만드는 데 필요한 연 수익률을 72법칙에 따라 구하고자 한다면 약 14.4%가 된다.

③ 이표채는 3개월 또는 6개월 등으로 정해진 일정시기에 표면금리만큼의 이자를 정기적으로 지급받게 되는 채권을 말한다.

④ 콜옵션부채권의 경우 발행자는 발행 후 채권금리수준이 크게 하락했을 경우 채권해지옵션을 행사 후, 낮아진 금리로 다시 발행을 시도할 것이다.

⑤ 단기적인 투자관점에서 채권금리가 상승하는 경우에는 듀레이션이 짧은 채권의 보유가 듀레이션이 긴 채권의 보유보다 유리하다.

36 ★★★ 다음 중 말킬의 채권가격정리에 대한 설명으로 옳지 않은 것은?

① 채권수익률과 채권가격은 반대로 움직인다.

② 같은 금리폭의 움직임이라도 금리가 하락할 때의 가격상승폭이 금리가 상승할 때의 가격하락폭보다 크다.

③ 만기가 긴 채권일수록 금리변동에 대한 가격 변동폭이 작다.

④ 표면이자율이 낮은 채권이 표면이자율이 높은 채권보다 금리변동에 따른 가격 변동폭이 크다.

⑤ 금리변동에 따른 채권가격 변동폭은 만기가 길수록 증가하나 그 증가율은 체감한다.

37 ★★★ 다음 중 채권의 신용등급 A에 해당하는 설명으로 옳은 것은?

① 원리금 지급능력이 최고 수준이다.

② 원리금 지급능력이 우수하다.

③ 원리금 지급능력이 우수하나 장래의 경제여건 및 환경변화에 영향을 받을 수 있다.

④ 원리금 지급능력이 양호하나 경제여건 및 환경 악화 시 지급능력의 저하 가능성이 있다.

⑤ 원리금 지급능력에 당면 문제가 없지만 장래 안전을 단언하기 어렵다.

38
★★☆

수정듀레이션이 3, 컨벡시티가 60인 회사채의 채권수익률이 1% 상승할 때, 채권가격의 변동률을 계산한 값으로 옳은 것은?

① 0.27% 상승   ② 0.27% 하락

③ 2.7% 상승   ④ 2.7% 하락

⑤ 변동 없음

39
★★★

다음 중 회사채 A등급 수준에 해당하는 기업어음의 등급으로 옳은 것은?

① A1   ② A2

③ A3   ④ B

⑤ C

40
★☆☆

다음 〈보기〉에서 설명하는 채권의 종류로 옳은 것은?

────────── 〈보 기〉 ──────────

예금보험공사, 주택공사, 토지공사, 한전, 도로공사 등 특별법에 의해 설립된 법인들이 발행하는 채권으로, 대부분이 공사에서 발행하기 때문에 공사채라고도 한다.

① 국 채   ② 지방채

③ 특수채   ④ 금융채

⑤ 통안채

41
★☆☆

다음 〈보기〉는 3년 만기 회사채와 국채의 신용스프레드를 나타낸 내용이다. 〈보기〉의 신용스프레드로 추정해 보았을 때, 일반적으로 가장 경기가 좋은 국면(㉠)과 가장 경기가 좋지 않은 국면(㉡)으로 옳게 짝지어진 것은?

────────── 〈보 기〉 ──────────

가. 3년만기 회사채 9.0% - 3년만기 국채 4.0%
나. 3년만기 회사채 8.0% - 3년만기 국채 3.8%
다. 3년만기 회사채 7.5% - 3년만기 국채 3.5%
라. 3년만기 회사채 7.0% - 3년만기 국채 3.3%

① ㉠ : 가, ㉡ : 라   ② ㉠ : 가, ㉡ : 나

③ ㉠ : 라, ㉡ : 다   ④ ㉠ : 라, ㉡ : 가

⑤ ㉠ : 나, ㉡ : 다

42
★★☆

5년 만기 신한은행 복리채권 100억원을 5%에 매입하였다. 2년 후 이 채권을 3%에 매도한 경우, 자본손익률을 구한 값으로 옳은 것은?

① 1%   ② 2%

③ 3%   ④ 4%

⑤ 5%

43
★★☆

다음 중 채권의 위험에 대한 설명으로 옳지 않은 것은?

① 채권의 위험은 그 채권의 금리와 직결되며, 채권수익률에는 크레딧 프리미엄과 듀레이션 프리미엄 등 그 채권이 가지고 있는 위험만큼 이자율로 보상된다.

② 투자자산의 현금흐름이 투자자의 상황과 맞지 않아 생기는 듀레이션위험을 미스매칭위험이라고 한다.

③ 채권발행자의 신용도 하락으로 채권의 가격이 절대적 또는 상대적으로 하락할 가능성을 신용위험이라고 한다.

④ 장기투자를 지향하는 가치투자자들은 유동성이 떨어져 위험 대비 수익률이 높을 때 적극 투자하여 수익률을 제고하는 전략을 사용하기도 한다.

⑤ 통상 콜옵션부채권은 만기일 도래 전 시장금리가 급락하면 발행자가 중도상환을 회피한다.

44
★☆☆

다음 〈보기〉의 괄호 안에 들어갈 말로 옳은 것은?

─────── 〈보 기〉 ───────

• (㉠)은 매입 후 일정 기간 보유 후 어느 시점에서 롤링효과를 누리며 매각하는 전략이다.
• (㉡)은 매각 직후 향후 많은 수익이 기대되는 채권을 재매입하는 방식이다.

① ㉠ : 만기보유전략, ㉡ : 교체매매전략
② ㉠ : 중도매각전략, ㉡ : 단기매매전략
③ ㉠ : 교체매매전략, ㉡ : 중도매각전략
④ ㉠ : 중도매각전략, ㉡ : 교체매매전략
⑤ ㉠ : 만기보유전략, ㉡ : 단기매매전략

45
★★☆

다음 중 채권투자전략에 대한 설명으로 옳지 않은 것은?

① 필요한 현금흐름의 스케줄에 맞추어 채권만기나 듀레이션을 결정, 투자기간 동안 금리변동으로 인한 손실의 가능성을 제거하여 투자하는 전략을 매칭전략이라고 한다.

② 현금흐름 일치전략은 특정 만기에 꼭 알맞은 채권을 구해야 하는 경우에 사용한다.

③ 사다리형 만기전략은 보유채권에서 나오는 이자와 만기금액 등의 현금흐름들을 각 기간별로 분산시켜 유지하는 전략을 말한다.

④ 바벨형과 불렛형 만기전략은 매칭전략이나 사다리형 만기전략에 비해 평균적인 기대수익률은 높은 편이나 그만큼의 위험도 큰 편이다.

⑤ 바벨형 만기전략은 중기채 위주로 채권의 보유를 지속하는 전략으로, 기대수익률이 우수한 특정 만기구간에 집중하여 투자하는 경우에 많이 사용된다.

46 현재 국채의 수익률은 4%, 회사채의 수익률은 8%이다. 향후 스프레드가 더 확대될 것으로 예상할 때 취할 수 있는
★★☆ 적절한 전략으로 다음 중 옳은 것은?

① 국채 매수, 회사채 매도　　　　　　　　② 국채 매도, 회사채 매수

③ 국채 매수, 회사채 매수　　　　　　　　④ 국채 매도, 회사채 매도

⑤ 적절한 전략 없음

47 다음 중 결제안정화제도에 대한 설명으로 옳지 않은 것은?
★★☆

① 장내파생상품거래에서는 최종거래일 이전에 거래당사자가 원할 경우 언제든지 계약에서 벗어날 수 있도록 하기
위해 반대매매를 제도적으로 허용하고 있다.

② 선물시장에는 전일의 선물가격과 당일의 선물가격과의 차이에 해당하는 금액을 익일에 결제하도록 하는 일일정산제
도가 있다.

③ 파생상품거래에서 증거금은 미래의 일정 시점에 계약을 반드시 이행하겠다는 이행보증금의 성격을 가진다.

④ 일일 정산 결과 계좌의 잔액이 개시증거금 수준 이하로 떨어져 선물회사가 마진콜을 통보하면, 고객은 다음 날 12시
까지 선물회사에 추가증거금을 현금으로 납부해야 한다.

⑤ 개시증거금은 최초 계약체결 시 1계약당 선물회사에 납부하는 증거금을 말한다.

48 다음에 제시된 선물과 선도를 비교한 표의 내용 중 옳지 않은 것은?
★★★

구 분		선 물	선 도
①	거래장소	거래소	특정한 장소 없음
②	거래금액	표준단위	제한 없음
③	가격형성	시장에서 형성	거래당사자 간에 협의
④	신용위험	계약불이행위험 존재	거래소가 계약이행을 보증
⑤	인수도	실물인수도 비율 매우 낮음	대부분 실물인수도

49 다음 중 파생상품 투자전략에 대한 설명으로 옳지 않은 것은?
★☆☆

① 방향성 거래전략은 향후 가격전망에 근거한 투자전략으로, 투자자는 선물, 선도, 스왑 등과 같은 선도형 파생상품을
활용하여 방향성 투자전략을 실행할 수 있다.

② 선물스프레드거래는 스프레드의 변화를 예상하여 한 선물계약을 매수하고 다른 선물계약을 매도하는 전략이다.

③ 옵션스프레드거래는 만기는 다르나 행사가격이 같은 콜옵션 또는 풋옵션을 동시에 매수・매도하는 전략이다.

④ 변동성 매매전략은 기초자산 가격의 방향성보다는 변동성에 근거한 투자전략이다.

⑤ 선물시장에서의 차익거래는 선물의 시장가격과 이론가격 간에 괴리가 발생할 때 이를 이용하여 무위험 수익을 얻는
거래이다.

50
★☆☆ 현재 만기가 3개월 남은 주가지수 선물가격은 203이고 현물지수는 200이다. 금리가 연 4%, 주가지수의 배당수익률이 연 2%라고 할 때, 다음 중 확실한 수익을 얻을 수 있는 거래전략으로 옳은 것은?

① 선물매수거래   ② 선물매도거래

③ 매수차익거래   ④ 매도차익거래

⑤ 스프레드거래

51
★☆☆ 현재 코스피200 주가지수는 410.35포인트이다. 코스피200 선물지수는 410.95포인트이고, 이론선물지수가 411.35포인트라고 할 때, 시장베이시스와 순보유비용을 합산한 값으로 옳은 것은?

① 0.60   ② 1.20

③ 1.60   ④ 2.00

⑤ 2.10

52
★★☆ 코스피200 지수선물을 207.05포인트에 20계약을 매수한 후, 201.10포인트에 모두 반대매매로 청산하였다면, 이 거래의 손익을 계산한 값으로 옳은 것은? (단, 1포인트 = 25만원)

① 2,975만원 이익   ② 2,975만원 손실

③ 3,000만원 손실   ④ 3,150만원 이익

⑤ 3,150만원 손실

53
★★☆ 2022년 3월 10일 현재 코스피200 지수는 247.50포인트이고, 코스피200 지수선물 6월물은 250.00포인트에 거래되고 있다. 3월 10일 현재 코스피200 지수를 완전 복제하는 인덱스 펀드에 625억원을 투자하고 있는 펀드운용자가 향후 주식시장의 불리한 변동에 대해 인덱스 펀드를 3개월 동안 헤지하기 위해 코스피200 지수선물 6월물을 이용하고자 한다면, 다음 중 가장 적절한 전략으로 옳은 것은? (단, 1포인트 = 25만원)

① 코스피200 선물 1,000계약 매수

② 코스피200 선물 1,000계약 매도

③ 코스피200 선물 625계약 매수

④ 코스피200 선물 625계약 매도

⑤ 코스피200 선물 900계약 매수

54 다음 중 주식 관련 옵션의 투자전략에 대한 설명으로 옳지 않은 것은?
★★☆

① 옵션을 이용한 스프레드거래는 만기는 같으나 행사가격이 다른 콜옵션 또는 풋옵션을 매수/매도하는 전략을 말한다.

② 약세 콜옵션 스프레드전략은 프리미엄이 높은 콜옵션을 매수하고 프리미엄이 낮은 콜옵션을 매도하므로 초기에 프리미엄 순지출이 발생한다.

③ 약세 풋옵션 매수전략은 만기 시 주식가격이 손익분기점보다 낮으면 주식가격의 하락에 비례하여 이익이 발생한다.

④ 약세 콜옵션 스프레드전략은 약세가 예상되나 확신이 서지 않을 때 이용하는 보수적인 투자전략이다.

⑤ 강세 콜옵션 매수전략은 주가와 가격변동성의 상승에 따른 이익을 원하되, 예상이 틀릴 경우 제한된 손실만을 감수하는 전략이다.

55 다음 〈보기〉와 같은 포지션을 취했을 때 전체 포지션의 델타는 얼마인가?
★★☆

――――――――――――――― 〈보 기〉 ―――――――――――――――

• 선물 2계약 매수
• 델타가 0.4인 콜옵션 5계약 매도
• 델타가 -0.5인 풋옵션 6계약 매수

① +1.5   ② -1.5

③ 0   ④ +3.0

⑤ -3.0

56 다음 중 스왑에 대한 설명으로 옳지 않은 것은?
★☆☆

① 스왑은 두 당사자가 각자 가지고 있는 미래의 서로 다른 현금흐름을 일정 기간 동안 서로 교환하기로 계약하는 것이다.

② 일반적으로 스왑은 특정한 기초자산을 거래상대방과 한 번 이상 교환하는 구조를 갖는다.

③ 스왑을 할 때 교환하는 원금은 반드시 같은 자산이어야 한다.

④ 스왑에서 계약의 대상이 되는 기초자산의 원금이 실제로 교환될 수도 있고, 그렇지 않을 수도 있다.

⑤ 금리스왑은 두 거래당사자가 미래의 일정한 계약기간 동안 동일 통화의 일정한 명목원금에 대해 서로 다른 이자기준에 따라 정해지는 이자지급을 주기적으로 교환하는 계약이다.

57 ★★☆ 다음 중 구조화 상품에 대한 설명으로 옳지 않은 것은?

① 구조화 상품은 일반적인 금융상품과 다양한 파생상품의 구조를 결합하여 발행자와 투자자의 니즈를 동시에 충족시키고자 설계되는 상품을 말한다.

② 주식 및 채권시장에 관한 투자자의 견해를 구조화 상품에 반영할 수 있으나 시장수익률보다 높은 수익률을 얻을 수는 없다.

③ 구조화 상품의 리스크와 손익구조는 투자자의 요구사항을 적절히 충족시킬 수 있도록 설계된다.

④ 투자자의 니즈를 고려한 구조화가 가능하기 때문에 일반 금융상품에서는 얻을 수 없는 특이한 형태로 손익구조를 설계할 수 있다.

⑤ 접근이 용이하지 않은 시장의 경우 또는 운용상의 제약이 있는 경우 구조화 상품의 투자를 통해 대체투자가 가능하다.

58 ★☆☆ 다음 중 금리연계 구조화 상품에 대한 설명으로 옳지 않은 것은?

① 역변동금리채권은 전반적인 금리상승기 또는 경사가 완만한 수익률곡선 상황 하에서 주로 발행된다.

② 이중변동금리채권은 장단기 금리 스프레드에 의해 이표가 결정되는 변동금리채권이다.

③ 금리상하한 변동금리채권은 전형적인 변동금리채권에 최대표면금리 조건을 덧붙인 채권이다.

④ 레인지 채권은 매 이표지급 시점 직전일에 기준 충족 여부에 따라 상이한 이표를 지급하는 것으로, 디지털 옵션이 내재되어 있는 대표적인 구조화채권이다.

⑤ 레인지 어크루얼 채권은 조건을 충족시키는 일수를 매일 관측하여 일할계산 방식으로 이자를 지급함으로써 이자수취의 안정성을 강조하는 채권이다.

59 ★★★ 다음 중 상관계수에 대한 설명으로 옳지 않은 것은?

① 상관계수는 +1에서 −1의 범위를 가진다.

② 두 자산의 상관계수가 1에 가깝다는 것은 두 자산이 매우 밀접한 양의 상관관계를 가진다고 해석할 수 있다.

③ 상관계수가 −1이면 두 개의 자산은 아무런 관계가 없다는 뜻이다.

④ 상관계수는 두 자산의 공분산을 각 자산의 수익률의 표준편차로 나누어 계산할 수 있다.

⑤ 상관계수가 1보다 작은 경우라면 투자 포트폴리오를 구성하여 투자위험을 줄일 수 있다.

60 ★★☆ 투자자가 2기간 동안에 거둔 투자수익률이 1기간에 10%, 2기간에 4.9%라면, 2기간의 산술평균수익률과 기하평균수익률을 구한 값으로 옳은 것은?

① 산술평균수익률 : 7.22%, 기하평균수익률 : 7.25%

② 산술평균수익률 : 7.25%, 기하평균수익률 : 7.22%

③ 산술평균수익률 : 7.42%, 기하평균수익률 : 7.45%

④ 산술평균수익률 : 7.45%, 기하평균수익률 : 7.42%

⑤ 산술평균수익률 : 7.55%, 기하평균수익률 : 7.52%

61 ★★☆ 다음 중 위험분산포트폴리오에 대한 설명으로 옳지 않은 것은?

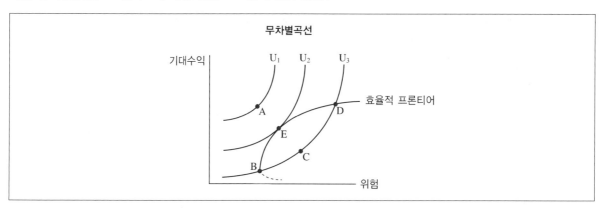

① 점 A는 가장 높은 효용을 주는 점이다.

② 효율적 프런티어보다 왼쪽이나 위쪽에 위치한 수익률-위험 조합은 선택 불가능한 대안이다.

③ 점 D에서 투자자의 효용이 최대가 된다.

④ 점 B와 D의 효용은 같다.

⑤ 점 A와 같은 수익률-위험 구조를 갖는 포트폴리오는 존재하지 않는다.

62 ★★★ 다음 중 무차별곡선과 효율적 프런티어에 대한 설명으로 옳지 않은 것은?

① 기대수익과 위험의 조합 중에서 투자자에게 동일한 효용을 주는 점들을 연결하여 그은 선을 무차별곡선이라 한다.

② 위험회피자의 무차별곡선은 양(+)의 기울기를 가지며, 원점에 대해 볼록한 형태를 갖는다.

③ 분산투자를 하면 개별 자산의 기대수익률은 포트폴리오 수익률보다 더 커지지만, 위험은 개별 자산의 가중평균보다 작아진다.

④ 최소분산 포트폴리오는 포트폴리오 투자기회 집합에서 위험이 최소가 되는 포트폴리오를 의미한다.

⑤ 위험회피 성향이 클수록 무차별곡선의 기울기는 더 가파른 형태를 띠게 된다.

63 ★★☆ 다음 중 단일지표모형에 대한 설명으로 옳지 않은 것은?

① 마코위츠의 기술적인 문제점을 해결하고 현실적으로 쉽게 적용할 수 있는 효율적인 분산투자 방법을 강구하기 위해 등장한 모형이다.

② 모든 개별 자산들 간의 공분산을 계산하는 대신에 개별 자산과 시장의 움직임을 대표하는 단일시장지표와의 공분산만을 고려한 단순한 모형이다.

③ 개별 주식의 수익률은 시장 수익률과 선형관계에 있어 개별 주식의 수익률 변동을 시장지표의 변동으로 설명할 수 있다고 한다.

④ 포트폴리오의 체계적 위험을 통제하고자 하는 경우 베타는 상관없으며, 주식 수를 조정해야 한다.

⑤ 잘 분산된 포트폴리오를 구성하는 경우 기업고유위험은 제거되고 체계적 위험만 남게 된다.

64 다음 중 자본시장선(CML)에 대한 설명으로 옳지 않은 것은?
★★★

① 자본시장선은 시장 포트폴리오를 위험자산으로 사용한 자본배분선을 말한다.
② 무위험자산이 존재할 때 포트폴리오의 기대수익률과 위험 간의 선형관계를 나타내는 효율적 투자기회선이다.
③ 자본시장선의 기울기는 위험 1단위에 대한 위험보상의 정도를 나타낸다.
④ 균형시장에서 자본시장선의 위험보상비율 값은 투자자의 위험성향에 따라 상이하다.
⑤ 자본시장선은 비체계적 위험이 완전히 제거된 프토폴리오이다.

65 다음 증권시장선상 주식(i)의 기대수익률은 얼마인가?
★★★

• 무위험수익률 4%	• 시장포트폴리오 수익률 8%
• 주식(i)의 표준편차 10%	• 주식(i)의 베타 1.2

① 6.8% ② 8%
③ 8.8% ④ 11.2%
⑤ 13%

66 다음 중 포트폴리오 전략에 대한 설명으로 옳지 않은 것은?
★★☆

① 단순 매입보유전략을 통해 부담하게 되는 위험은 보유 종목 수에 따라 달라지지만 종목 수를 많이 늘릴수록 기업고유위험이 점차 감소하고, 투자자는 시장위험만을 부담하게 된다.
② 인덱스 전략은 상대적으로 투자하는 데 드는 비용이 비싸다는 단점이 있다.
③ 시장예측전략은 시장예측을 통해 우월한 수익을 줄 수 있다고 판단되는 자산군은 선제적으로 포트폴리오 내 비중을 높이고, 그렇지 않은 자산군의 비중은 낮추거나 시장 방향성을 예측하여 자산별로 적절한 매수·매도시점을 찾아내고자 한다.
④ 증권선택전략은 시장예측에 의한 자산배분 조정보다 저평가된 종목을 발굴하여 시장 평균 이상의 초과수익을 얻고자 하는 전략이다.
⑤ 포트폴리오 전략은 장기 재무목표 및 투자관리 정책 하에 경기를 예측하여 수익률을 극대화하고 위험을 최소화할 수 있도록 가장 우수한 증권을 선정하여 투자하는 활동이다.

67 다음 중 위험을 고려한 투자성과의 평가지표에 대한 설명으로 옳지 않은 것은?
★★★

① 샤프지수는 실무상 좋은 펀드를 찾는 데 매우 유용하게 활용되는 것으로, 여러 개의 상이한 유형의 펀드 간에 샤프지수를 비교할 수 있다.
② 트레이너지수는 상품선택 시 광범위하게 활용되지만 투자 규모가 크고 광범위한 분산투자를 하는 연기금에 보다 적합하다.
③ 샤프지수가 높을수록 위험 대비 초과수익이 높으므로 투자성과가 좋다고 평가할 수 있다.
④ 트레이너지수는 체계적 위험인 베타 1단위를 부담할 때 초과수익이 얼마인지를 구하는 지표이다.
⑤ 젠센의 알파는 뮤추얼펀드를 맡아서 운용하는 개별 펀드매니저의 증권선택 능력을 측정할 때 유용하게 활용된다.

68 다음 〈보기〉에서 적극적 투자전략을 모두 고른 것은?
★★★

―――――――――――――――――――― 〈보 기〉 ――――――――――――――――――――

㉠ 단순 매입보유전략   ㉡ 인덱스 전략
㉢ 시장예측전략   ㉣ 증권선택전략

① ㉠, ㉡   ② ㉡, ㉢, ㉣
③ ㉢, ㉣   ④ ㉡, ㉣
⑤ ㉠, ㉡, ㉢, ㉣

69 다음 중 전략적 자산배분에 대한 설명으로 옳지 않은 것은?
★★☆

① 전략적 자산배분은 고객의 재무목표를 달성하기 위해 이루어진 장기적인 관점에서의 최적 자산배분을 말한다.

② 전략적 자산배분에서는 시장 상황 변화에 따른 일시적인 위험회피 성향 변화를 주기적으로 반영한다.

③ 전략적 자산배분은 장기적으로 투자자가 유지할 자산배분 비중을 결정하는 것뿐만 아니라 중단기적으로 실행할 수 있는 투자비중의 전술적인 변화폭을 결정하는 것까지를 포함한다.

④ 전술적 변화폭은 전략적 자산배분을 훼손하지 않는 범위 내에서 제한적으로 설정되어야 한다.

⑤ 전략적 자산배분은 최초 자산배분 시 실행한 포트폴리오를 목표 기간까지 그대로 유지하는 것이 아니라 편입자산의 가격 변화에 따른 투자비중 변화를 반영하여 주기적으로 자산배분 비중을 조정해주어야 한다.

70 다음 펀드의 샤프지수와 트레이너지수를 계산한 값으로 옳은 것은?
★★★

• 펀드 수익률 16%
• 무위험수익률 1%
• 펀드의 표준편차 5%
• 펀드의 베타계수 0.8

① 샤프지수 : 3, 트레이너지수 : 18.75
② 샤프지수 : 3, 트레이너지수 : 15
③ 샤프지수 : 3.5, 트레이너지수 : 15
④ 샤프지수 : 3.5, 트레이너지수 : 18.75
⑤ 샤프지수 : 5, 트레이너지수 : 15

제2과목 비금융자산 투자설계(30문항)

71 다음 중 부동산의 개념에 대한 설명으로 옳지 않은 것은?
★★☆

① 좁은 의미의 부동산은 '토지 및 그 정착물'이다.

② 부동산의 개념은 물리적, 경제적, 법률적 정의로 나뉜다.

③ 법률적 정의에 따르면 부동산은 협의의 부동산과 준부동산으로 나뉜다.

④ 준부동산은 감정평가의 대상이 되지만, 저당권의 목적은 될 수 없다.

⑤ 공장재단, 광업재단, 어업권 등은 준부동산에 속한다.

72 다음 중 지목의 설정원칙에 대한 설명으로 옳지 않은 것은?
★★☆

① 지목이란 토지의 주된 사용목적에 따라 토지의 종류를 구분·표시하는 명칭을 말한다.

② 하나의 필지에는 한 개의 지목만을 설정할 수 있다.

③ 지목은 영속적인 사용목적에 의해 설정한다.

④ 임시적이고 일시적인 다른 용도에 사용되는 경우에는 지목을 변경할 수 있다.

⑤ 도시개발사업, 택지개발사업, 산업단지조성사업 등의 지역에서 조성된 토지는 미리 그 사용목적에 따라 지목을 설정해야 한다.

73 다음 중 부동산 용어에 대한 설명 중 옳지 않은 것은?
★★★

① 필지 : 등기법상 등기단위로서 토지소유자의 권리를 구분하기 위한 법적 개념

② 획지 : 인위적·자연적·행정적 조건에 따라 다른 토지와 구별되는 가격수준이 비슷한 토지

③ 신축 : 기존 건축물이 철거되거나 멸실된 대지 등 건축물이 없는 대지에 새로 건축물을 축조하는 것

④ 개축 : 기존 건축물의 전부 혹은 일부를 철거하고, 그 대지 안에 종전과 동일한 규모의 범위 안에서 건축물을 다시 짓는 것

⑤ 재축 : 기존 건축물이 있는 대지에서 건축물의 건축면적, 연면적, 층수 또는 높이의 규모를 늘리는 것

74 다음 중 부동산시장의 규제 완화를 가져오는 정책은?
★☆☆

① LTV 비율 하향 조정

② DSR 비율 하향 조정

③ DTI 비율 하향 조정

④ RTI 비율 하향 조정

⑤ 대출 이자율 상향 조정

75 다음 중 토지대장에서 확인할 수 없는 내용은?
★★☆

① 지 번
② 토지의 소재지
③ 좌 표
④ 소유자의 주민등록번호
⑤ 면 적

76 부동산 공적장부 중 지구단위계획구역, 토지거래허가구역 등 각각의 사항에 대한 해당 여부 및 관련 법규명이 기재되
★★★ 어 있는 장부는?

① 건축물대장
② 토지대장
③ 등기사항증명서
④ 토지이용계획확인서
⑤ 개별공시지가확인서

77 다음 중 개별공시지가와 개별공시지가확인서에 대한 설명으로 옳지 않은 것은?
★★☆

① 개별공시지가확인서란 각 시장·군수·구청장이 개별토지의 단위면적(㎡)당 적정가격인 개별공시지가를 결정한 내용이 기재된 공적장부이다.
② 개별공시지가확인서를 통해 필지별 개별공시지가의 변동내역을 확인할 수 있다.
③ 개별공시지가를 통해 확인되는 가격은 실제거래가능금액과 일치하여 거래에 활용된다.
④ 개별공시지가와 시세 간 격차는 급격히 좁혀지고 있다.
⑤ 개별공시지가는 매년 1월 1일 가격을 기준으로 동년 5월 31에 공시한다.

78 다음 중 주택임대차보호법의 적용대상이 아닌 것은?
★☆☆

① 미등기건물
② 무허가건물
③ 불법건축물
④ 가건물
⑤ 상가로 사용하는 공부상 주택

79 ★★☆ 다음 중 주택임대차보호법과 비교하여 상가건물임대차보호법에서만 보호되는 권리는?

① 대항력　　　　　　　　　　② 우선변제권

③ 최우선변제권　　　　　　　④ 임대차기간

⑤ 권리금의 회수기회 보호

80 ★★★ 다음 중 국내 부동산시장에 영향을 미치는 요인에 대한 설명으로 옳지 않은 것은?

① 대출규제는 국회의 동의를 받지 않고 시장에 즉시 대응할 수 있는 강력한 규제책으로 활용된다.

② 구매력은 그 시장의 매입 여력을 파악할 수 있는 변수가 되며, 유동성과 함께 매수세를 판단하는 주요 지표이다.

③ 주택보급률을 계산할 때 국지성을 적용하면 전국적인 통계 산정은 큰 의미가 없다.

④ 우리나라 부동산정책은 부동산시장에 크게 영향을 미치지 못한다.

⑤ 유동성은 금융시장과 주식시장, 부동산시장 간의 시차에 따라 일정 부분 지분을 공유한다.

81 ★★★ 다음 중 금리인상과 부동산시장의 관계에 대한 설명으로 옳지 않은 것은?

① 금리가 상승하면 시장의 유동성이 금융 부문에 흡수된다.

② 금리가 상승하면 부동산시장은 상대적으로 투자수요의 활성화가 나타난다.

③ 대출금리가 높아지면 자금 조달비용이 증가하고 사업에 대한 기대감소로 시장이 침체될 가능성이 높다.

④ 경제위기 이후 구조조정이 이루어짐에 따라 대출금리의 상승은 시장상황을 어렵게 하여 부동산가격 하락의 주요한 요인으로 작용하였다.

⑤ 금리가 하락하면 예금수익률의 저하로 부동산시장으로 자금이 유입된다.

82 ★☆☆ 2019년~2020년의 미국 부동산시장 현황에 대한 설명으로 옳지 않은 것은?

① 2019년은 금리인하로 신규 투자자가 부동산시장에 진입하면서 주택가격 상승세가 본격화되었다.

② 2020년은 코로나19 상황으로 주택가격은 보합세를 유지하였다.

③ 2020년은 코로나19로 인한 재택근무 영향으로 교외 이주수요가 늘었다.

④ 2020년 뉴욕 맨해튼 지역 등은 가격이 약세였지만 뉴저지 등의 가격은 상승세를 보였다.

⑤ 2020년은 주택 공급물량이 원활하지 않아 수급불균형에 따른 가격 상승세는 우리나라와 같은 모양새였다.

83 다음 중 인구 및 가구의 변화와 베이비부머의 영향력에 대한 설명으로 옳은 것은?
★★☆

① 주택을 매도하는 대규모 세력으로 등장
② 고향이나 전원주택 등으로 귀농
③ 주택의 다운사이징 현상 지속
④ 주택시장의 수요 감소
⑤ 은퇴 후 철저한 노후준비

84 다음 중 시대별 부동산정책에 대한 연결이 옳게 짝지어지지 않은 것은?
★★★

① 김영삼 정부 – 부동산실명제
② 노무현 정부 – 종합부동산세 도입
③ 이명박 정부 – 공공실버주택 공급
④ 박근혜 정부 – 하우스푸어 및 렌트푸어 지원
⑤ 문재인 정부 – 재건축 안전진단 기준 강화

85 다음 〈보기〉가 설명하는 정책을 실행한 정부는?
★★☆

───────── 〈보 기〉 ─────────
명의신탁이 재산 은닉이나 탈세 등 각종 규제 장치를 회피하는 수단으로 변질되고 새 정부 들어 공직자 재산 공개 등에 악용되면서 이를 규제하기 위한 정책으로 도입되었다.

① 김영삼 정부   ② 김대중 정부
③ 노무현 정부   ④ 이명박 정부
⑤ 박근혜 정부

86 다음은 문재인 정부가 추진한 재건축 안전진단 기준강화 실시(2018.3.5)에 대한 내용으로 옳지 않은 것은?
★★☆

① 현지조사 단계에 전문성 있는 공공기관이 참여할 수 있도록 하여 전문성과 객관성을 갖추게 되었다.
② 안전진단 종합판정을 위한 평가항목별 가중치가 조정되어, 구조안정성 비중이 상향 조정되었다.
③ 주거환경에서 E등급을 받으면, 다른 평가 없이 바로 재건축이 가능하다.
④ 조건부 재건축은 안전성에는 치명적인 결함이 없는 경우에 가능하며, 시·군·구청장이 재건축 시기 조정을 할 수 있다.
⑤ 재건축 안전진단은 100점 만점을 기준으로 점수에 따라 A~E등급으로 나뉘는데 25점 이하일 경우 재건축이 가능하다.

87 2018년 3월 국토교통부는 재건축 안전진단 기준 강화를 발표하였는데 변경된 구조안정성 비율은?
★★☆

① 20%

② 30%

③ 40%

④ 50%

⑤ 60%

88 문재인 정부가 도입한 계약갱신청구권에 대한 설명으로 옳지 않은 것은?
★★☆

① 임차인은 임대차 기간이 끝나기 6개월 전부터 2개월 전까지 계약갱신 요구를 할 수 있다.

② 임차인은 계약갱신청구권을 1회 행사할 수 있다.

③ 임대차 존속기간의 갱신은 2년으로 본다.

④ 임대인은 실거주를 이유로 갱신을 거절할 수 없다.

⑤ 차임과 보증금은 5% 범위 내에서 증감이 가능하다.

89 다음 중 부동산 투자의 장단점 및 특징으로 옳지 않은 것은?
★★★

① 투자에 대한 수익창출 시 투자자의 능력에 크게 의존한다.

② 투자차익으로 자본이득과 임대소득을 기대할 수 있다.

③ 미래 기대수익은 유동적이며 확정적이지 않다.

④ 원하는 시기에 매수자를 찾을 수 있어 현금화가 용이하다.

⑤ 건물 등의 감가상각에 의한 절세효과를 기대할 수 있다.

90 부동산 A에 대한 투자 여부를 고려하고 있다. A의 시가는 4억원, 예상처분가격은 4억 8천만원일 때, 다음 중 수익률에
★★☆ 대한 설명으로 옳은 것은?

① 요구수익률은 10%이다.

② 기대수익률은 10%이다.

③ 요구수익률은 20%이다.

④ 기대수익률은 20%이다.

⑤ 실현수익률은 20%이다.

91 다음 중 부동산 가치분석에 대한 설명으로 옳은 것은?
★★☆

① 가치는 특정 부동산에 대한 교환의 대가로 매수인이 매도인에게 지불하는 금액이다.

② 가격은 대상 부동산에 대한 과거의 값이고, 가치는 현재의 값이다.

③ 투자가치를 구할 때는 할인율로 내부수익률을 사용한다.

④ 원가방식에는 가격을 구하는 적산법과 부동산의 임료를 구하는 원가법이 있다.

⑤ 비교방식에는 가격을 구하는 임대사례비교법과 임료를 구하는 거래사례비교법이 있다.

92 다음 중 부동산의 경제성 및 재무적 분석기법에 대한 설명으로 옳지 않은 것은?
★★★

① 내부수익률법은 투자로 인한 현금유출액 현가와 미래에 들어올 현금유입액 현가가 일치되는 할인율이다.

② 순현가는 투자로 인해 발생할 미래의 모든 현금흐름을 적절한 할인율로 할인하여 현가를 나타내는 방법이다.

③ 내부수익률 ≤ 요구수익률일 때 투자가 채택된다.

④ 연금의 미래가치는 연금 × 연금의 내가계수로 계산한다.

⑤ 순현가법에서는 할인율로 요구수익률을 사용한다.

93 다음 중 부동산 포트폴리오 전략에 대한 설명으로 옳지 않은 것은?
★★★

① 포트폴리오 이론은 단기시장보다는 장기시장에 적합한 이론이다.

② 투자안에 따라 서로 다른 세율이 적용되기 때문에 수익률 산정이 어렵다.

③ 부동산시장의 불완전시장이라는 특성 때문에 시장 포트폴리오 수익률을 계량화하기 어렵다.

④ 부동산 투자는 분할하는 데 곤란하기 때문에 불가분성의 특징이 있다.

⑤ 체계적 위험이란 포트폴리오를 완벽하게 구성해도 피할 수 없는 위험이다.

94 다음 중 부동산 분석의 필요성에 대한 설명으로 옳지 않은 것은?
★★☆

① 부동산에 대한 수요와 공급은 시장에서 쉽게 조정 가능하다.

② 부동산은 여러 법적인 제약이 많다.

③ 부동산은 수명이 오래가는 내구재이기 때문에 한 번 투자를 잘못하면 원상회복이 어렵다.

④ 부동산시장은 불완전경쟁시장이므로 비동질성, 비이동성, 정보의 부족 등의 어려움이 있다.

⑤ 부동산은 시간이 지남에 따라 감가상각을 한다.

95 다음 중 수익형부동산 투자전략에 대한 설명으로 옳지 않은 것은?
★☆☆

① 테마상가란 특정 사업주가 주체가 되어 전체 시설을 계획·관리하는 상가의 한 형태이다.

② 근린상가는 주거지가 중심이 되는 근린생활권에 입지한 빌딩으로 대체적으로 3층 미만이다.

③ 상가는 투자 전에 리모델링을 통한 수익성 개선이 가능할지 투자 전에 반드시 검토해야 한다.

④ 오피스 빌딩은 경기에 대한 민감도가 덜한 상태이므로, 투자자 입장에서는 공실 리스크가 감소한다.

⑤ 오피스텔은 도시형생활주택의 등장으로 상호 경쟁관계에 놓여 있다.

96 다음 중 토지 관련 용어에 대한 설명으로 옳지 않은 것은?
★★☆

① 지적법상 도로란 지적도상에는 도로가 표시되어 있지만 현재는 논·밭·임야상태로 되어 있는 경우를 말한다.

② 농업인은 농업경영을 통한 농산물의 연간 판매액이 120만원 이상인 자이다.

③ 농지취득자격증명이란 비농민이 투기적으로 농지를 매입하는 것을 규제하고 경자유전의 실현을 도모하기 위해 만든 제도이다.

④ 농지보전부담금은 해당 농지 개별공시지가의 25%와 m^2당 5만원의 상한금액 중 적은 금액이다.

⑤ 준보전산지는 산업관리법상 보전산지를 제외한 산지를 의미한다.

97 다음 중 경매 진행절차 및 용어에 대한 설명으로 옳지 않은 것은?
★★☆

① 강제경매는 채권자가 채무자의 자산을 압류한 후 경매로 금전채권의 만족을 얻는 것이다.

② 임의경매란 담보권자가 전세권, 질권, 유치권 등의 담보권 실행을 위해 담보물의 경매를 진행하여 매각 대금에서 피담보채권을 변제받는 것을 의미한다.

③ 신경매란 경락인이 경락 후 경락대금을 지급하지 않은 경우에 재차 행해지는 경매이다.

④ 부동산의 재경매기일은 대금지급기일로부터 14일 이후로 정해야 한다.

⑤ 항고 시 10일 이내에 항고 이유서를 법원에 제출해야 한다.

98 다음 중 부동산 자산관리에 대한 설명으로 옳지 않은 것은?
★★☆

① 소극적 의미의 자산관리는 부동산의 시설관리에 초점을 맞춘 방법이다.

② 적극적 의미의 자산관리는 전체 자산의 운영과 총괄적인 포트폴리오를 포함한 전문적·종합적·재무적 자산관리를 의미한다.

③ 부동산 재산관리에는 수익관리, 공실관리, 시설물관리 등이 포함된다.

④ 부동산 시설관리는 부동산의 운영효율 상승과 생산성 향상 등의 서비스를 제공한다.

⑤ 부동산산업 측면에서 단순 중개업이 활성화되면서 자산관리보다는 개발의 중요성이 높아지고 있다.

99 다음 중 부동산 자산관리 운영방식에 대한 설명으로 옳지 않은 것은?
★★☆

① 가장 오래된 전통적인 관리방식은 직접관리방식이다.

② 대형빌딩, 공동주택에 적합한 관리방식은 위탁관리방식이다.

③ 관리비용이 비싼 것은 위탁관리방식의 단점이다.

④ 과도기적 관리방식은 혼합관리방식이다.

⑤ 책임소재가 불분명한 것은 혼합관리방식의 단점이다.

100 다음 중 부동산금융에 대한 설명으로 옳지 않은 것은?
★★★

① 부동산금융이 일반금융과 다른 점은 모기지 기능이 있다는 점이다.

② 부동산금융은 감가상각 및 차입금 이자에 대한 세금감면 혜택이 있다.

③ 부동산금융은 주택구입 능력제고 기능이 있다.

④ 주택금융은 장기의 저리대출이 특징이다.

⑤ 주택금융은 융자금의 상환능력이 융자대상자산의 수익성에 의존하므로 채무불이행 위험이 작다.

제3회
은행FP 자산관리사 2부
실제유형 모의고사

www.sdedu.co.kr

문항 및 시험시간

평가영역	문항 수	시험시간	비 고
자산관리사(FP) 2부	100문항	100분	

제3회 실제유형 모의고사

문 항 수 : 100문항
응시시간 : 100분

제1과목 금융자산 투자설계(70문항)

01 다음 중 금융상품의 특징에 대한 설명으로 옳지 않은 것은?
★★☆

① 안전성을 고려한 금융상품의 선택이라 함은 금융상품의 안전성뿐만 아니라 가입하는 금융기관의 안전성도 포함하는 개념이다.

② 유동성은 환금성이라고도 하며, 유동성을 고려함에 있어서는 기회비용 측면도 반드시 고려해야 한다.

③ 투자의 3요소인 안전성, 수익성, 유동성은 서로 상반되는 관계에 있다.

④ 수익성이란 실적배당형의 경우 높은 이자 수익을 지급받을 수 있는 정도를 의미한다.

⑤ 투자자는 자신의 투자목적을 달성할 수 있는 다양한 금융상품 중에서 투자기간과 투자의 3요소를 고려하여 자신에게 가장 적합한 금융상품을 선택하게 된다.

02 다음 중 목돈운용을 위한 거치식 상품에 대한 설명으로 옳지 않은 것은?
★★☆

① 정기예금은 주가지수연동정기예금과 같이 특별한 경우를 제외하고는 별다른 손해 없이 중도해지가 가능하다.

② 정기예탁금은 1인당 3천만원 가입한도 내에서 발생한 이자소득에 대하여 단계별 우대세율을 적용한다.

③ 환매조건부채권은 가입대상 및 최고 예치한도의 제한은 없고 일반적으로 정기예금에 비하여 약간의 고금리를 적용받게 되므로 30일에서 1년 이내의 목돈운용에 적합한 상품이다.

④ 기업어음은 금융기관의 다른 목돈운용을 위한 거치식예금에 비하여 상대적으로 높은 금리를 받을 수 있기 때문에 1개월에서 3개월 미만의 단기 목돈운용에 많이 이용된다.

⑤ 표지어음은 중도해지는 불가능하지만 비과세종합저축으로 가입은 가능하다.

03 다음 중 양도성예금증서(CD)에 대한 설명으로 옳지 않은 것은?
★★☆

① 양도성예금증서는 실물형태의 발행과 등록발행제도를 병행하여 실시하고 있다.

② 등록발행제도로 양도성예금증서를 발행하는 경우 고객에게는 통장을 발행한다.

③ 실물로 발행하는 경우에는 증서인도만으로 양도가 가능하다.

④ 정기예금과 마찬가지로 중도해지 및 비과세종합저축으로 가입이 가능한 예금상품이다.

⑤ 만기일이 영업일이 아닌 경우에는 만기일 이후 도래하는 최초 영업일 전일까지에 대하여는 해당 일수만큼 만기 후 이자를 지급한다.

04 다음 〈보기〉와 같은 수익구조를 가지고 있는 1년 만기 주가지수연동정기예금에 가입하였을 경우 만기 시 수익률은?
★★★

〈보 기〉

가. 수익구조
 - 상승수익추구형(낙-아웃콜형)
 - 참여율 50%
 - 낙-아웃 베리어 30%
 - 리베이트 1%
 - base coupon 1%
나. 가입 시 주가지수 2,000pt
다. 만기 시 주가지수 1,950pt
라. 가입 중 최고 주가지수 2,100pt

① 0%   ② 1%

③ 1.25%   ④ 2.5%

⑤ 3.5%

05 다음 중 주택청약종합저축에 대한 설명으로 옳지 않은 것은?
★★★

① 가입자가 다른 주택건설지역으로 주소지를 이전함에 따라 그 예치금액의 차액을 추가로 예치할 경우 그 차액의 예치는 주택공급 신청 후에 해야 한다.

② 저축총액을 산정하는 경우에는 월납입금이 10만원을 초과한 경우에 해당 월납입금을 10만원까지 인정하여 산정하고, 미성년자로서 납입한 저축총액이 24회 월납입금 합계를 초과하는 경우에는 24회의 월납입금 합계만 인정한다.

③ 국민주택 또는 민영주택에 청약하려는 자는 입주자 모집공고일 현재 주택청약종합저축(입주자저축)에 가입되어 있어야 하며, 입주자저축의 가입자가 청약하는 주택의 면적을 변경하고자 하는 경우에는 청약신청일까지 변경하여야 한다.

④ 무주택세대주로서 총 급여액이 세법에서 정한 일정 금액 이하인 근로자의 경우 연간 납입액 300만원 한도의 40% 범위 내에서 소득공제가 가능하다.

⑤ 납입누계액이 민영주택 청약 예치금액 기준에 따른 최대금액 1,500만원 미만인 경우에는 1,500만원에 이르는 시점까지는 월 50만원을 초과하여 납입이 가능하다.

06 다음 중 개인종합자산관리계좌(ISA)에 대한 설명으로 옳지 않은 것은?
★★★

① ISA는 다양한 금융상품으로 포트폴리오를 구성한 후 운용기간 중 발생한 손익을 통산하여 순소득 중 일정한도까지 세제혜택을 부여하는 종합자산관리형 상품이다.

② 금융투자업자는 투자자 유형에 적합한 2개 이상의 포트폴리오를 제시해야 하며, 펀드와는 달리 투자자에게 고객의 투자 성향보다 높은 위험등급의 모델포트폴리오를 제시하는 것이 가능하다.

③ ISA에 편입된 펀드의 경우에는 손익에 대하여 매년 과세하지 않고 보유기간 동안 손익을 합산하여 펀드를 환매할 때 일괄과세를 한다.

④ 연금계좌 전환 입금액에 대해서는 당초 연금계좌의 자기부담금 한도와 별도로 입금할 수 있을 뿐만 아니라 세액공제 혜택도 부여하고 있다.

⑤ 연간 납입한도는 2,000만원 이하이지만, 조세특례제한법에 따라 재형저축 또는 장기집합투자증권저축에 가입한 경우에는 연간 계약금액 총액을 차감한다.

07 다음 중 자본시장법의 특징에 해당하는 설명으로 옳지 않은 것은?

★☆☆

① 판매회사 등의 설명 및 위험 고지의무를 강화하고 부당권유행위 및 불건전영업행위에 대한 규제를 강화하였다.

② 6개 금융투자업 상호 간 겸영을 엄격하게 제한하였다.

③ 금융기관별 규율체계에서 금융기능별 규율체계로 전환하였다.

④ 금융상품의 포괄주의를 도입하여 더욱 다양하고 획기적인 금융투자상품의 개발과 판매가 가능하게 되었다.

⑤ 일반투자자에 대한 보호업무를 대폭 강화하였다.

08 다음 중 증권집합투자기구에 대한 설명으로 옳지 않은 것은?

★★☆

① 국내에서 설정되어 판매되는 대부분의 증권집합투자기구는 투자신탁의 형태로 공모형이며 개방형의 형태를 가지고 있다.

② 주식형 펀드란 집합투자규약상 집합투자재산의 60% 이상을 주식 및 주식관련파생상품에 투자하는 증권 펀드를 말한다.

③ 액티브형 펀드는 주식의 매매회전율이 높고, 운용에 따른 리스크가 비교적 높은 것이 특징이다.

④ 패시브형 펀드는 비교대상지수 수준의 수익을 목표로 운용되는 펀드이다.

⑤ 혼합형 펀드는 수익성 측면에서 보면 일반적으로 주식형 펀드보다 높다.

09 다음 중 주식형 펀드에 대한 설명으로 옳지 않은 것은?

★★☆

① 집합투자재산의 60% 이상을 주식 및 주식관련파생상품에 투자하는 펀드로, 고위험 고수익형 투자상품이다.

② 액티브형 펀드는 적극적인 자산운용 전략을 통하여 시장수익률 대비 초과수익을 추구하는 펀드이다.

③ 패시브형 펀드는 소극적인 자산운용 전략을 통하여 시장수익률을 추구하는 펀드로, 인덱스 펀드가 대표적이다.

④ Top-Down 방식은 거시경제분석 - 경기분석 - 산업분석 - 개별기업 가치분석 순으로 종목을 선정하는 방식이고, Bottom-Up 방식은 개별기업 가치분석 - 산업분석 - 경기분석 - 거시경제분석의 순으로 종목을 선정하는 방식이다.

⑤ 실무적으로는 Top-Down 방식과 Bottom-Up 방식 중 한 가지 방식을 사용하는 것이 일반적이다.

10 다음 〈보기〉에서 제시된 채권형 펀드 중 소극적 전략을 사용하는 펀드로 옳게 짝지어진 것은?

★★☆

───〈보 기〉───
가. 금리예측전략 나. 스프레드운용전략 다. 사다리형전략 라. 바벨형전략 마. 수익률곡선타기전략

① 가, 나 ② 가, 나, 라

③ 다, 라 ④ 다, 라, 마

⑤ 가, 나, 다, 라

11 다음 중 단기금융집합투자기구(MMF)에 대한 설명으로 옳지 않은 것은?
★★☆

① MMF의 특징에는 취득가평가, 안정성 강화, 유동성 강화 등 세 가지가 있다.

② 다른 펀드상품과 달리 수시 입·출금이 가능한 상품이다.

③ CP, 콜, 우량채권 등에 투자하여 안정적인 단기 고수익을 추구한다.

④ 투자자가 개인으로만 이루어진 집합투자재산의 가중평균만기가 75일 이내로 운용된다.

⑤ 남은 만기가 6개월 이내인 양도성예금증서, 남은 만기가 5년 이내인 국채증권, 기업어음증권을 제외한 남은 만기가 1년 이내인 어음 등은 단기금융상품의 종류에 해당한다.

12 다음 중 구조화 상품의 유형에 대한 설명으로 옳지 않은 것은?
★★★

① 주가연계증권(ELS)은 자본시장법상의 분류기준으로는 파생결합증권에 해당한다.

② 주가연계신탁(ELT)은 투자자 입장에서 위험요인이나 상품의 특성상 ELS와 동일한 상품이라고 할 수 있다.

③ 주가연계펀드(ELF)는 집합투자재산의 대부분을 증권사에서 발행하는 ELS 또는 DLS(기타파생결합증권)에 투자하는 펀드상품이다.

④ 주가연계파생결합사채(ELB)는 원금이 보장되는 구조로 설계되어 예금자보호법에 의하여 보호받을 수 있다.

⑤ 주가지수 또는 개별주가와 연계되어 수익이 결정되는 상품이 ELS이고, 그 이외의 금리, 통화, 원자재, 부동산 가격지수 등의 기초자산과 연계되어 수익이 결정되는 상품을 DLS라 한다.

13 원금보장형 구조화 상품 중 제시된 수익구조는 무엇인가?
★★★

지수변동률	쿠폰수익률	수익구조
+15% 초과인 경우	연 0.0%	
−15% ~ 15% 범위인 경우	연 6.5%	
−15% 미만인 경우	연 0.0%	

① 디지털형

② 범위형

③ 상승수익추구형

④ 하락수익추구형

⑤ 양방향수익추구형

14 다음 〈보기〉 중 금전신탁에 해당하는 것으로 올바르게 짝지어진 것은?

★☆☆

> ──────────── 〈보 기〉 ────────────
>
> 가. 연금신탁   나. 금전채권신탁
> 다. 유가증권신탁   라. 특정금전신탁
> 마. 부동산신탁

① 가, 나   ② 나, 다, 마
③ 나, 라   ④ 가, 라
⑤ 나, 라, 마

15 다음 중 특정근담보에 대한 설명으로 옳은 것은?

★★☆

① 대출종류가 아니라 채무자를 기준으로 채무자와 금융기관 간 모든 거래를 담보한다.
② 특별히 지정된 대출에 한하여 담보를 제공하며, 대출의 기한연장이나 갱신 등이 허용되지 않는다.
③ 특별히 지정된 대출과 관련하여 계속적으로 발생하는 대출을 담보하는 것으로 동일대출의 기한연장은 가능하다.
④ 담보권이 말소될 때까지 포괄적으로 책임을 부담하게 된다.
⑤ 지정된 대출종류에 대해 현재부터 미래에 갚아질 때까지 지속적으로 책임을 부담한다.

16 다음 중 외화예금에 대한 설명으로 옳지 않은 것은?

★★☆

① 우리나라를 포함한 대부분의 국가는 자국통화표시법을 사용하고 있다.
② 자국통화표시법에서 환율의 상승은 자국통화가치의 하락을 의미하고, 환율의 하락은 자국통화가치의 상승을 의미한다.
③ 대고객매매율은 외국환은행이 결정·고시한다.
④ 현찰매매율은 외화현금을 매매하는 경우에 적용하는 환율이다.
⑤ 전신환매매율은 자금의 결제가 7일 이내에 완료된다.

17 다음에 제시된 주가 결정요인 중 기업 내적 요인에 해당하는 것은?

★★☆

① 경영자의 자질
② 투자자의 심리동향
③ 시장규제
④ 물가와 이자율
⑤ 경기변동

18 다음 중 주식투자의 접근방법에 대한 설명으로 옳지 않은 것은?
★★☆

① 개별주식에 대한 분석과 둘 이상의 포트폴리오를 구성했을 때의 분석으로 구분된다.

② 기본적 분석에서는 내재가치가 시장가치에 비해 낮으면 매도를, 내재가치가 시장가치에 비해 높으면 매수를 고려한다.

③ 포트폴리오 분석 시 일정한 기대수익에서 투자위험을 최소화할 수 있는 효율적 분산투자에 초점을 맞춘다.

④ 개별적으로 평가할 때는 우수한 증권일지라도 다른 증권과 결합하여 포트폴리오로 구성된 후에는 열등한 증권으로 평가되기도 한다.

⑤ 기술적 분석은 과거의 주가 등 오랜 기간의 차트보다는 기업의 수익성 등을 포함하는 내재가치에 의존한다.

19 다음 중 유통시장과 발행시장에 대한 설명으로 옳지 않은 것은?
★★★

① 유통시장은 이미 발행된 증권이 투자자들 사이에서 거래되는 시장으로, 2차적 시장이라고도 한다.

② 발행시장에서의 발행자는 증권을 발행하여 자금을 조달하는 증권의 공급자인 동시에 자금의 최종 수요자이다.

③ 유통시장에서는 다수의 투자자가 자유경쟁매매로 경합하여 시장가격이 형성되므로 합리적 가격이라 할 수 있다.

④ 정부가 유통시장에서 공개시장조작을 통해 통화를 조절함으로써 금리와 물가의 안정을 기할 수 있다.

⑤ 발행시장에서는 분산되어 있는 공급자들의 자금을 증권을 매개로 한 곳으로 집중시켜 자본의 효율성을 제고하는 역할을 수행한다.

20 다음 중 경기변동의 특징에 대한 설명으로 옳지 않은 것은?
★★☆

① 단순히 확장과 수축을 교차하면서 반복되지 않는다.

② 각 순환과정의 주기와 진폭은 서로 다르게 나타나지만, 한 주기 내에서의 확장기와 수축기의 길이는 같게 나타난다.

③ 경기순환은 특정 통계자료에만 의존하여 그 흐름을 판단할 경우 오류를 범할 가능성이 크다.

④ 개별 경제활동은 상당한 시차를 두고 그 영향이 다음 단계로 파급된다.

⑤ 경기가 확장에서 수축, 또는 수축에서 확장국면으로 발전되기 시작하면 경제는 일정한 방향으로 누적 확대현상을 보인다.

21 다음 중 제품수명주기의 도입기에 대한 설명으로 옳지 않은 것은?
★★★

① 신제품이 처음 출하된 시기로 매출이 본격적으로 일어나지 않은 상태이다.

② 광고 등 판매촉진비와 생산비가 크기 때문에 손실이 발생한다.

③ 제품에 대한 평가가 좋을 경우 성장을 거듭하면서 해당 산업에서 주목을 받는다.

④ 수익성은 낮은 반면 위험이 상대적으로 큰 시기이다.

⑤ 경영위험이 낮은 시기이다.

22 ★★☆ 다음 〈보기〉에 제시된 상장기업 A의 주당가치는 얼마인가?

─── 〈보 기〉 ───

- A기업의 EBITDA : 1천만원
- 채권자가치 : 1억원
- 발행주식 수 : 10만주
- A기업과 유사한 기업의 EV/EBITDA 비율 : 18

① 200원   ② 400원

③ 800원   ④ 1,000원

⑤ 1,800원

23 ★★☆ A기업의 재무정보가 다음 〈보기〉와 같다면, 업종평균 PER을 이용하여 추정한 A기업의 내년도 적정주가는 얼마인가?

─── 〈보 기〉 ───

- 내년도 예상 당기순이익 : 100억원
- 발행주식수 : 50만주
- A기업이 속한 업종의 평균 PER : 15배

① 5만원   ② 10만원

③ 15만원   ④ 20만원

⑤ 30만원

24 ★★☆ B기업의 ROA가 4%이고, 총자산회전율은 0.5회이다. B기업의 ROA를 10%로 증가시키기 위한 매출액순이익률은 몇 %인가?

① 5%   ② 10%

③ 12%   ④ 20%

⑤ 25%

25 ★★★ 다음 자료를 바탕으로 정률성장 배당모형으로 평가한 (주)H의 적정 주가 예측 수치는 얼마인가?

- 올해 주당 배당수입(D_0) : 1,000원
- 성장률(일정) : 5%
- 주식 투자자자들의 (주)H에 대한 요구수익률 : 10%

① 10,000원   ② 11,000원

③ 20,000원   ④ 20,500원

⑤ 21,000원

26 다음 중 주식 포트폴리오 운용계획 시 투자계획서에 포함되어야 할 사항에 대한 설명으로 옳지 않은 것은?
★☆☆

① 경제분석과 전망에 기초하여 계획하고 있는 투자기간 동안 주요 투자자산의 기대수익률과 위험의 추정치를 도출한 후 이를 제시한다.

② 제시한 투자목표와 일치하는 자산배분안을 제시하고, 자산배분안이 결정되면 적절한 투자관리방법을 선택하여 종목을 선정한다.

③ 사후적인 포트폴리오 수정과 투자성과 평정에 대한 내용은 투자계획서에 포함되지 않는다.

④ 재무현황과 위험성향 등을 바탕으로 목표 수익과 위험관리 방향을 제시한다.

⑤ 주식, 채권, 현금, 부동산 등으로 투자 대상을 분류하여 과거 수익률 수준과 평균 기대수익률, 위험, 공분산, 인플레이션을 감안한 추정치를 나타낸다.

27 주식 포트폴리오의 종목선정 방법 중 상향식 접근방법과 하향식 접근방법에 대한 설명으로 옳지 않은 것은?
★☆☆

① 하향식 접근은 종목선정보다 섹터, 산업, 테마의 선정을 강조하는 방법이다.

② 상향식 접근은 유망한 개별 종목을 선정하는 것을 중요하게 여긴다.

③ 하향식 접근 시 섹터가 세부적으로 분류될수록 최종 종목선정 과정이 수월해진다.

④ 상향식 접근은 어떤 형태로든 개별 종목의 내재가치를 측정하는 기법을 포함하고 있다.

⑤ 상향식 접근 시 내재가치에 비해 시장가치가 낮을수록 유망한 종목으로 인식된다.

28 다음 〈보기〉의 자료를 통해 샤프지수와 정보비율을 구한 값으로 옳은 것은?
★★★

―〈보 기〉―
- 펀드수익률 : 12%
- 무위험수익률 : 2%
- 표준편차 : 20%
- 젠센의 알파 : 2%
- 잔차위험 : 4%

① 샤프지수 : 0.50, 정보비율 : 0.50

② 샤프지수 : 1.00, 정보비율 : 0.50

③ 샤프지수 : 1.74, 정보비율 : 0.50

④ 샤프지수 : 0.50, 정보비율 : 1.00

⑤ 샤프지수 : 1.73, 정보비율 : 0.50

29 다음 중 소극적 투자전략에 대한 설명으로 옳지 않은 것은?
★★★

① 단순 매수·보유전략은 무작위로 선택한 주식을 매입해 보유하는 전략으로 특정 종목이나 포트폴리오를 선택하고자 의도적인 노력을 하지 않는다는 데 특징이 있다.

② 인덱스 펀드 투자전략에서 정보비용과 거래비용을 최소화하는 방법은 인덱스 펀드와 국공채펀드의 투자비율을 조절하여 구성하는 것이다.

③ 평균투자법은 주가의 등락에 관계없이 정기적으로 일정금액의 주식을 계속 투자하는 방법이다.

④ 인덱스는 시장 전체 움직임 자체이므로 인덱스 펀드에 가입하면 지수 산정에 포함되는 주식을 모두 산 것과 같은 효과를 얻게 된다.

⑤ 평균투자법의 큰 장점은 매 기간에 일정금액을 투자하므로 주가가 하락할 경우 이전보다 많은 수의 주식을 매수할 수 있다는 점이다.

30 포트폴리오 성과평정에서 투자위험을 고려한 성과평가에 대한 설명으로 옳지 않은 것은?
★★★

① 트레이너지수는 펀드매니저의 능력을 측정할 수 있는 지표로 초과수익률을 추적오차로 나눈 값이다.

② 젠센지수는 실제수익률이 시장균형을 가정한 경우의 수익률보다 얼마나 높은지를 나타내는 지표이다.

③ 샤프지수는 특정 포트폴리오가 한 단위의 위험자산에 투자해서 얻은 초과수익의 정도를 나타내는 지표이다.

④ 젠센지수의 값이 높을수록 펀드의 성과가 우수함을 나타낸다.

⑤ 샤프지수가 높은 포트폴리오는 성과 또한 높게 나타날 가능성이 커진다.

31 다음 〈보기〉에 제시된 주식투자전략 중 적극적 투자전략에 해당하는 것으로 바르게 짝지어진 것은?
★★★

─── 〈보 기〉 ───

가. 인덱스 펀드 투자전략　　　　　　　　　나. 단순 매수·보유전략
다. 포뮬러 플랜　　　　　　　　　　　　　라. 평균투자법
마. 시장투자적기포착

① 가, 다　　　　　　　　　　　　　② 나, 라
③ 가, 나, 라　　　　　　　　　　　④ 다, 라, 마
⑤ 다, 마

32 다음 중 금리가 경제에 미치는 영향에 대한 설명으로 옳지 않은 것은?
★★☆

① 시중금리수준이 상승하면 일정 수익률을 내는 자산들의 수익가치는 상승한다.

② 시중금리가 상승하면 통화량이 감소하여 경기를 위축시킨다.

③ 장기적으로 자금은 시중금리들과 비교하여 기대수익률이 높은 자산으로 이동하려는 경향을 보인다.

④ 금리가 하락하면 소비와 투자는 증가하고 저축은 감소한다.

⑤ 금리가 상승하면 투자와 생산이 감소한다.

33 다음 중 주식과 채권에 대한 설명으로 옳지 않은 것은?
★★★

① 채권은 정해진 만기일 전에도 상환받을 수 있다.

② 주식의 소유자는 주주이며, 발행주체는 주식회사이다.

③ 채권은 시장에서 거래되므로 중도매각이 가능하다.

④ 채권은 원리금의 현금흐름 스케줄이 미리 정해진다.

⑤ 주식의 자본형태는 자기자본이며, 채권의 자본형태는 타인자본이다.

34 다음 중 채권시장에 대한 설명으로 옳지 않은 것은?
★★☆

① 발행시장은 채권이 투자자들에게 최초로 교부되는 시장이고, 유통시장은 이미 발행된 채권들이 매매되는 시장이다.

② 발행시장에서는 채권발행에 대한 사무처리 및 총괄업무, 인수업무, 판매업무를 수행한다.

③ 유통시장에서는 증권사가 중개기관이 되어 거래의 성사와 결제업무를 수행한다.

④ 발행시장에서는 단독의 증권사가 발행기관으로 참여하여 주간사, 인수사, 판매사 역할을 수행한다.

⑤ 유통시장에서의 결제업무 형식은 매도자에게는 증권사가 매수자가 되어 대금을 지급하고 채권을 양수한 후, 매수자에게 현물을 양도하고 대금을 지급받는다.

35 다음 중 발행주체에 따른 채권의 종류에 대한 설명으로 옳지 않은 것은?
★★☆

① 국채는 재정을 위해 국회의 동의를 받은 후 정부가 발행하는 채권이다.

② 지방채는 재정적으로 완전히 독립되지 않은 채 국가로부터 보조를 받는 지방자치단체가 원리금을 지급하므로 최고수준의 신용도를 지니고 있다.

③ 대부분의 공사채의 경우 국가의 보증 또는 신용보강을 수반하고 있기 때문에 최고등급인 AAA를 부여받는다.

④ 금융채는 한국은행에서 발행하여 국채와 마찬가지의 신용도를 지닌다.

⑤ 회사채 채권자들은 기업이 도산하거나 청산할 경우 주주에 우선하여 기업의 자산에 대한 청구권을 인정받게 된다.

36 액면금액 10,000원, 표면금리 8%, 만기 3년인 복리채의 만기상환금액을 계산한 값으로 옳은 것은?
★★☆

① 12,597원　　　　　　　　　　② 12,697원

③ 12,797원　　　　　　　　　　④ 12,897원

⑤ 12,997원

37 말킬의 채권가격정리와 관련하여 다음 〈보기〉의 괄호 안에 들어갈 말로 옳은 것은?
★★★

> ─────────── 〈보 기〉 ───────────
> • 채권의 잔존기간이 길어질수록 동일한 수익률변동에 대한 가격변동폭은 (㉠)한다.
> • 채권의 잔존기간이 길어질수록 발생하는 채권의 가격변동폭은 (㉡)한다.

① ㉠ : 증가, ㉡ : 증가   ② ㉠ : 증가, ㉡ : 감소

③ ㉠ : 감소, ㉡ : 증가   ④ ㉠ : 감소, ㉡ : 감소

⑤ ㉠ : 불변, ㉡ : 증가

38 다음 〈보기〉에서 듀레이션이 길어지는 경우로 올바르게 모두 묶인 것은?
★☆☆

> ─────────── 〈보 기〉 ───────────
> ㉠ 표면이율이 낮아진다.
> ㉡ 잔존만기가 길어진다.
> ㉢ 만기수익률이 낮아진다.
> ㉣ 이자지급횟수가 많아진다.

① ㉠, ㉡, ㉢   ② ㉠, ㉡, ㉣

③ ㉠, ㉣   ④ ㉠, ㉢, ㉣

⑤ ㉠, ㉡, ㉢, ㉣

39 잔존기간 3년, 표면이율 8%인 연단위후급이표채의 만기수익률이 10%일 경우의 가격은 9,502.63원이다. 만약 만기수
★★☆ 익률이 8%로 하락할 경우 이 채권의 가격변화율은 얼마인가? (단, 듀레이션은 2.78로 가정)

① 5.05% 상승   ② 5.05% 하락

③ 5.56% 상승   ④ 5.56% 하락

⑤ 5.55% 상승

40 다음 중 수익률곡선의 변화에 대한 설명으로 옳지 않은 것은?
★★☆

① 수익률곡선은 단기물부터 장기물까지의 시장금리를 한눈에 보여준다.

② 채권시장금리 또는 수익률곡선의 하락은 채권시장의 강세를 의미한다.

③ 채권시장이 전반적으로 약세를 보이는 국면을 '베어리쉬(Bearish)'라고 표현한다.

④ 장기금리와 단기금리 간의 차이를 '텀 스프레드(Term Spread)'라고 부른다.

⑤ 장단기 스프레드가 확대되는 것을 '불 플래트닝(Bull Flattening)'이라고 표현한다.

41 다음 중 채권의 신용등급에 대한 설명으로 옳지 않은 것은?
★★★

① 신용평가사에서는 특수채, 금융채 및 회사채에 대해 최고 등급인 AAA에서 부도 등급인 D까지 신용을 평정하여 등급을 부여한다.

② AAA등급부터 BB등급까지의 단계는 +, 0, −의 세 등급으로 다시 세분되어 총 18개의 등급으로 나누어진다.

③ 국채, 통안채의 경우에는 무위험채권으로 간주되어 신용등급을 부여받지 않지만, 지방채의 경우에는 신용등급을 부여받는다.

④ BBB⁻등급 이상을 투자등급 채권, 그 미만을 투기등급 채권이라 한다.

⑤ 기업에서 발행하는 CP의 경우에는 A1등급에서 D등급까지로 채권과는 다른 방식으로 신용등급을 표기한다.

42 현재 채권시장에서 한국주택공사채 1년물 금리가 4%, 2년물 금리가 4.5%일 때, 1년 투자 시 '이자 + 롤링수익률' 방식
★★☆ 을 이용한 한국주택공사채 2년물의 기대수익률을 구하면 얼마인가?

① 4%
② 4.5%
③ 5.0%
④ 5.5%
⑤ 6.0%

43 다음 중 기업어음 A3등급 수준에 해당하는 회사채의 등급으로 옳은 것은?
★★★

① AA
② A
③ BBB
④ BB
⑤ B

44 다음 〈보기〉의 괄호 안에 들어갈 말로 옳은 것은?
★★☆

─────── 〈보 기〉 ───────

• 채권투자에 있어서 해당 채권에 대한 매수세가 부족하여 제 값을 받지 못할 위험을 (㉠)이라 한다.
• 신용등급이 낮은 종목은 (㉡)뿐만 아니라 (㉠)이 추가되어 채권수익률이 높게 형성된다.

① ㉠ : 신용위험, ㉡ : 중도상환위험
② ㉠ : 유동성위험, ㉡ : 신용위험
③ ㉠ : 중도상환위험, ㉡ : 신용위험
④ ㉠ : 신용위험, ㉡ : 듀레이션위험
⑤ ㉠ : 유동성위험, ㉡ : 듀레이션위험

45
★★☆
3년 만기 신한은행 복리채권 100억원을 5%에 매입하고 1년 후 이 채권을 4%에 매도한다면, 1년간의 투자수익률은 얼마인가?

① 2%

② 4%

③ 5%

④ 7%

⑤ 10%

46
★★☆
다음 〈보기〉에서 괄호 안에 들어갈 말로 알맞게 짝지어진 것을 고르시오.

─────── 〈보 기〉 ───────

투자 자세에 따른 채권투자전략의 분류에서 (㉠) 등과 같이 채권의 이자율을 중시하는 전략은 전형적인 소극적 투자 전략으로 분류되고, (㉡) 등 추가적인 자본수익을 얻기 위해 많은 노력이 동반되는 전략은 적극적 투자전략으로 분류된다.

① ㉠ 사다리형 만기전략 – ㉡ 매칭전략

② ㉠ 매칭전략 – ㉡ 교체매매

③ ㉠ 딜링 – ㉡ 교체매매

④ ㉠ 딜링 – ㉡ 매칭전략

⑤ ㉠ 교체매매 – ㉡ 사다리형 만기전략

47
★☆☆
다음 중 파생상품거래의 구성요소에 대한 설명으로 옳지 않은 것은?

① 한국거래소에서 거래되는 3년 국채선물의 계약단위는 1억원이다.

② 금융선물계약의 경우 통상 분기의 마지막 월이 결제월로 지정된다.

③ KTB선물과 같은 국채선물의 경우 액면 100인 채권의 가격을 %로 표시하는 방법을 사용한다.

④ 최소호가단위에 계약단위를 곱하면 최소호가단위가 1단위 변동할 때 계약당 손익금액이 산출된다.

⑤ KRX의 KOSPI200선물이나 스타지수선물의 경우 가격제한폭이 없다.

48
★★★
다음 중 선물거래와 선도거래에 대한 설명으로 옳지 않은 것은?

① 선물거래는 동일거래에 대한 가격이 단 한 번 형성되지만, 선도거래는 매일 형성되며 성립된 거래를 만기 또는 결제 전에 매매할 수 있다.

② 선도거래와 선물거래는 경제적인 기능면에서는 차이가 없으나, 거래실행의 제도적인 측면에서 상이한 특징을 지니고 있다.

③ 선물거래의 신용위험은 청산소에서 거래이행을 보증하지만, 선도거래는 계약불이행위험이 존재한다.

④ 선물거래는 거래금액이 표준화되어 있지만, 선도거래는 제한이 없다.

⑤ 선물거래는 지정된 거래소에서 거래하는 반면에 선도거래는 특정한 장소가 없다.

49 다음 중 KOSPI200 지수선물에 대한 설명으로 옳지 않은 것은?
★☆☆

① 계약금액은 KOSPI200 선물가격에 거래승수 25만원을 곱하여 산출한다.

② 최소호가단위는 0.1포인트이다.

③ 결제방법은 현금결제방식을 택하고 있다.

④ 결제월은 3, 6, 9, 12월이다.

⑤ 최종거래일은 각 결제월의 두 번째 목요일이다.

50 다음 〈보기〉의 괄호 안에 들어갈 말로 옳은 것은?
★★☆

― 〈보 기〉 ―

현재 단기이자율이 5%, 배당수익률이 3%라고 할 경우 주가지수선물시장에서 결제월간 스프레드 확대가 예상될 때 취할 수 있는 바람직한 거래 전략은 근월물을 (㉠)하고, 원월물을 (㉡)하는 것이다.

① ㉠ : 매수, ㉡ : 매수

② ㉠ : 매도, ㉡ : 매수

③ ㉠ : 매도, ㉡ : 매도

④ ㉠ : 매수, ㉡ : 매도

⑤ ㉠ : 보유, ㉡ : 보유

51 3년 만기 국채의 현재가치가 100이고, 수정듀레이션이 2.5년이다. 이 채권의 수익률이 2% 상승할 때 채권가치의 변동
★★☆ 폭을 계산한 값으로 옳은 것은?

① +2.5

② -2.5

③ -3.5

④ +5

⑤ -5

52 다음 중 환리스크관리에 대한 설명으로 옳지 않은 것은?
★★☆

① 주식은 가치가 항상 변하는 자산에 투자하더라도 환리스크 헤지가 어렵지 않다.

② 달러/원 환율이 선물환계약 체결 당시의 선물환율보다 낮아지면 환차익을 얻을 수 있다.

③ 포트폴리오의 리스크를 감소시키는 것이 환리스크 헤지를 하는 가장 중요한 이유이다.

④ 해외주식투자에 수반되는 환리스크를 헤지한 후 원화가치가 하락한다면 환차손이 발생한다.

⑤ 주가와 환율이 반대방향으로 움직이는 상황에서 연속적인 헤지전략을 사용하면 환차손이 발생한다.

53 기초자산 1단위를 보유하고 있을 때, 델타중립을 만들기 위해서는 델타가 −0.5인 풋옵션을 몇 계약 거래해야 하는가?
★★☆

① 콜옵션 1계약 매수
② 콜옵션 1계약 매도
③ 콜옵션 2계약 매수
④ 풋옵션 2계약 매도
⑤ 풋옵션 2계약 매수

54 다음 중 옵션스프레드 전략에 대한 설명으로 옳지 않은 것은?
★★☆

① 투자자들이 옵션스프레드 전략을 선택하는 이유는 시간가치소멸효과가 없어 옵션 포지션의 장기보유가 가능하기 때문이다.
② 옵션스프레드 전략은 이익과 손실이 한정되어 있다.
③ 옵션스프레드 전략은 기초자산 가격의 전망에 따라 강세 스프레드전략과 약세 스프레드전략으로 분류된다.
④ 강세 풋옵션 스프레드전략과 약세 콜옵션 스프레드전략은 초기에 프리미엄 순지출이 발생하는 손익구조를 가진다.
⑤ 옵션을 이용한 스프레드거래는 행사가격은 다르지만 만기가 같은 콜옵션 또는 풋옵션을 동시에 매수·매도하는 전략이다.

55 다음 중 변동성 매매전략에 대한 설명으로 옳지 않은 것은?
★★☆

① 스트랭글 매수전략은 감마와 베가는 양(+)의 값을, 쎄타는 음(−)의 값을 갖는다.
② 스트래들 매도전략은 감마와 베가는 음(−)의 값을, 쎄타는 양(+)의 값을 갖는다.
③ 스트래들 매수와 스트랭글 매수전략은 포지션을 장기적으로 보유할수록 이익이 발생한다.
④ 버터플라이 매수는 주가가 당분간 안정적일 것으로 예상하지만, 이익과 손실을 제한시키고자 하는 전략이다.
⑤ 버터플라이 매도는 중간 행사가격 콜옵션 2개를 매수하고, 양쪽 행사가격 콜옵션 1개씩 매도하는 전략이다.

56 다음 중 캡(cap)과 플로어(floor)에 대한 설명으로 옳지 않은 것은?
★★☆

① 캡은 최고금리 이상으로 기준금리가 상승하면 캡 매도자가 캡 매수자에게 그 차액만큼을 지급하기로 하는 계약이다.
② 플로어는 계약상의 최저금리 이하로 기준금리가 하락하면 플로어 매도자가 플로어 매수자에게 그 차액만큼을 지급하기로 하는 계약이다.
③ 칼라는 캡과 플로어가 결합된 형태로 캡의 행사금리를 플로어의 행사금리보다 낮게 책정한다.
④ 차입자는 캡을 매수함으로써 자신이 원하는 기간 동안 금리상승 리스크를 제거할 수 있다.
⑤ 플로어 매수자는 자신이 원하는 기간 동안 금리하락 리스크를 회피하면서 금리상승에 따른 혜택을 누릴 수 있다.

57 원-달러 통화스왑에서 초기 거래시점의 환율이 ₩1,000/$일 때, 두 당사자 사이에 초기자금 교환액수가 1,000억원과
★★☆ 1억달러였다. 통화스왑 계약의 만기시점에 환율이 ₩1,200/$가 되었다면, 두 거래당사자가 만기에 재교환하는 자금의
액수로 다음 중 옳은 것은?

① 0.8억달러와 1,200억원

② 1억달러와 1,000억원

③ 1억달러와 1,200억원

④ 1.2억달러와 1,000억원

⑤ 1.2억달러와 1,200억원

58 다음 중 합성선물환 상품의 유형에 대한 설명으로 옳지 않은 것은?
★☆☆

① 기본적인 합성선물환은 선물환 가격을 행사가격으로 하는 콜옵션과 풋옵션 거래로 구성되지만, 레인지 선물환은
두 옵션의 행사가격이 상이한 구조로 설계된다.

② 일반선물환 거래는 환율변동에 따른 이익기회를 포기하는 데 반해, 레인지 선물환은 일정 수준의 이익 실현이 가능
하다.

③ 목표 선물환은 옵션의 행사가격을 기준으로 만기환율이 상승할 경우 두 개의 콜옵션이 모두 행사된다.

④ 목표 선물환은 환율이 큰 폭으로 상승할 경우 시장 환율에 비해 낮은 가격으로 두 배에 해당하는 거래를 이행해야
하는 리스크를 부담하게 된다.

⑤ 낙아웃 목표 선물환 매도거래는 환율이 낙아웃 기준환율 이하가 되면 일반 선물환 거래에 비해 유리한 가격으로
외화를 매도할 수 있다.

59 여유자금 1,000만원을 다음과 같은 포트폴리오를 구성하여 투자한 경우 가중평균투자수익률은 얼마인가?
★☆☆

구 분	비 중	투자수익률
국내주식	10%	−4.0%
채권형 펀드	40%	2%
대체투자	50%	4%

① 2%

② 2.2%

③ 2.4%

④ 2.8%

⑤ 3.2%

60 다음 중 공분산과 상관계수에 대한 설명으로 옳지 않은 것은?
★★★

① 개별자산의 분산은 항상 양수(+)이지만, 공분산은 음수(−) 또는 양수(+)로 측정된다.

② 공분산을 통해서는 두 자산의 수익률의 방향성이 같은지 다른지의 여부는 파악할 수 있지만 그 크기 자체를 해석하는
것은 어렵다.

③ 상관계수는 두 자산의 공분산을 각 자산의 수익률의 분산으로 나누어 계산할 수 있다.

④ 상관계수는 공분산을 표준화하여 −1에서 +1의 범위를 가진다.

⑤ 상관계수가 0인 경우에는 두 개의 자산이 아무런 관계가 없다는 의미이다.

61 다음 중 투자설계 프로세스 6단계에 대한 설명으로 옳지 않은 것은?

★★☆

① 투자설계 1단계에서 FP는 고객이 제시하는 재무목표뿐만 아니라 잠재하는 목표까지 고려하여 투자설계에 반영해야 한다.

② 투자설계 2단계에서 고객의 위험에 대한 감내도는 잘 변하지 않기 때문에 FP는 고객 스스로 채택한 투자성향을 기준으로 투자 포트폴리오를 제시해야 한다.

③ 투자설계 3단계에서 고객과의 합의를 통해 작성한 투자정책서는 예기치 못한 고객과의 분쟁 발생 시 법적인 보호장 치로 사용되기도 한다.

④ 투자설계 4단계에서는 미래의 투자결과에 대한 불확실성이 존재하기 때문에 반드시 금융 포트폴리오를 구축해야 한다.

⑤ 투자성과 점검단계에서 투자 실행 이후 투자성과가 기대만큼 나오지 않은 경우, 6개월 또는 1년 내에 투자 포트폴리 오의 구성을 대폭 수정하는 것은 위험하다.

62 다음 중 FP가 고객의 포트폴리오에 편입될 금융상품을 선정할 때 고려해야 할 원칙으로 옳지 않은 것은?

★☆☆

① 안전성이 확보된 상품 간에는 금리가 높은 상품이 유리하며, 이자가 주어지는 기간별 현금흐름을 분석하여 수익성이 높은 상품을 선별해야 한다.

② 고객 투자성향에 적합한 상품을 선택하는 것은 기본이며 투자에 따른 제반 비용을 필히 검토해야 한다.

③ 보험, 펀드의 경우 중도 해약 또는 중도 해지 시 추가적으로 투입되는 비용 조건을 검토하고, 예금, 채권의 경우 중도 해약 또는 매도가 가능한지의 여부를 살펴보아야 한다.

④ 수익성이 높은 상품은 기간이 단기인 경우가 드물기 때문에 유동성 제약을 동시에 살펴보아야 한다.

⑤ 수수료가 선공제되는 보험상품의 환금성 제약 여부에 대해서는 염두에 두지 않아도 된다.

63 다음 중 투자자의 위험선호에 대한 설명으로 옳지 않은 것은?

★★☆

① 투자자는 기대수익에 수반되는 불확실성을 감안한 전체적인 만족도를 기준으로 투자를 결정한다.

② 투자자의 기대효용은 기대수익률이 높을수록, 예상되는 위험이 작을수록 커진다.

③ 위험회피형 투자자들의 효용은 수익이 증가함에 따라 커지고, 수익의 한 단위 증가에 따른 효용의 증가폭도 수익이 증가할수록 점차 커진다.

④ 동일한 무차별곡선상에 있는 모든 기대수익과 위험의 조합은 투자자에게 동일한 만족을 준다.

⑤ 위험회피 성향이 클수록 무차별곡선의 기울기는 더 가파른 형태를 띠게 된다.

64
★★★
다음 중 자본배분선(CAL)에 대한 설명으로 옳지 않은 것은?

① 자본배분선은 무위험 자산이 포함될 때의 투자기회선을 말한다.

② 자본배분선에서 어떤 수익률과 위험의 조합이 가장 최적인가에 대한 해답은 투자자의 위험성향에 달려있다.

③ 자본배분선의 기울기는 투자자의 위험회피성향과 상관없이 위험보상비율에 따라 달라진다.

④ 자본배분선의 기울기가 작을수록 더 좋은 투자안이다.

⑤ 자본배분선의 기울기가 일정하다는 것은 위험자산과 무위험자산의 투자비중을 어떻게 변경하든지 위험 한 단위에 대한 보상이 항상 일정하다는 의미이다.

65
★★☆
다음 〈보기〉는 단일지표모형에 의한 포트폴리오에 대한 설명이다. 옳은 내용끼리 짝지어진 것을 고르시오.

─── 〈보 기〉 ───

가. 포트폴리오의 베타는 개별 주식 베타의 가중평균이다.

나. 포트폴리오에 포함되는 주식의 수가 많으면, 체계적 위험에 대한 분산투자 효과도 커진다.

다. 기업 고유의 위험은 서로 독립적이기 때문에 포트폴리오에 포함되는 주식 수를 늘리면 위험의 영향들이 상쇄된다.

라. 포트폴리오의 체계적 위험을 통제하기 위해서는 주식의 수와 베타를 동시에 조정해야 한다.

마. 분산투자하는 투자자에게 위험이란 체계적 위험을 말한다.

① 가, 나, 다   ② 가, 나, 라

③ 가, 다, 마   ④ 나, 다, 마

⑤ 나, 라, 마

66
★★★
다음 중 증권시장선(SML)에 대한 설명으로 옳지 않은 것은?

① 증권시장선은 무위험자산과 효율적 포트폴리오의 기대수익률과 위험의 선형관계를 나타낸다.

② 개별 자산의 위험프리미엄은 그 자산이 포트폴리오 위험에 기여하는 정도에 따라 결정된다.

③ 증권시장선은 기대수익률과 체계적 위험과의 관계를 나타내는 선이다.

④ 증권시장선은 개별 증권의 투자성과 평가를 위한 벤치마크로도 이용된다.

⑤ 베타로 측정된 투자위험이 주어진 경우 증권시장선은 투자자에게 보상해주는 요구수익률을 제공한다.

67
★★☆
다음 중 전략적 자산배분과 전술적 자산배분에 대한 설명으로 옳지 않은 것은?

① 전술적 자산배분은 단기 지속효과가 아닌 중장기 반전효과를 이용한다.

② 기술적 분석은 전술적 자산배분의 실행 근거로, 주가에 내재하는 반복적이고 예측 가능한 패턴을 찾아냄으로써 우월한 투자성과를 얻고자 하는 것이다.

③ 고객이 적극적인 시장예측전략을 선호하는 경우라도 전술적인 변화폭은 작게 설정되는 것이 바람직하다.

④ 전략적 자산배분을 결정할 때는 우선적으로 투자자의 위험회피성향이 반영되어야 한다.

⑤ 전략적 자산배분을 실행할 때는 최초 자산배분 시 실행한 포트폴리오를 목표 기간까지 그대로 유지해야 한다.

68 ★★★ 다음 중 고객의 투자관과 네 가지 투자전략에 대한 설명으로 옳지 않은 것은?

① 제1사분면 투자관을 가진 투자자는 자산관리사의 필요성을 강하게 느끼지 못하며, 자산관리사의 역할에 대한 기대수준이 낮기 때문에 다른 투자자들에 비해 이들의 기대에 부응하기는 상대적으로 수월하다.

② 제2사분면을 선택한 투자자는 단기적으로 어떤 자산군이 가장 좋은 수익률을 줄지는 알 수 없지만, 각 자산군 내에서 가장 좋은 수익을 줄 수 있는 우수한 증권을 선택할 수 있다고 믿는다.

③ 제3사분면을 선택한 투자자는 시장예측과 증권선택의 기술적 능력에 대한 과신으로 수익의 극대화에만 관심이 있으며 위험관리에는 별로 관심이 없다.

④ 자산관리사는 제4사분면을 선택한 투자자들의 기대를 단기적으로는 충족시켜 줄 수 있어도 지속적으로 충족시켜 주기는 불가능하다.

⑤ 투자경험이 많은 투자자들과 펀드매니저 같은 투자 전문가들이 주로 제2사분면 투자관에 해당한다.

69 ★☆☆ 다음 중 정액분할투자법에 대한 설명으로 옳지 않은 것은?

① 정액분할투자법은 일정한 기간 단위로 정해진 금액을 계속적으로 투자하는 방법이다.

② 정액분할투자법은 자산배분전략의 실행 시점에 대한 선정 부담을 상당부분 완화시켜 준다.

③ 정액분할투자법은 전략적 자산배분 전략에 해당한다.

④ 정액분할투자법은 소액으로도 투자가 가능하며 목돈이 필요하지 않다.

⑤ 정액분할투자법에 의해 위험이 줄어드는 만큼 기대수익 또한 낮아진다.

70 ★★★ 다음 〈보기〉의 자료를 활용하여 젠센지수를 계산한 값으로 옳은 것은?

─〈보 기〉─

- 펀드 실제수익률 : 15%
- 시장 실제수익률 : 12%
- 펀드의 베타 : 1.2
- 무위험수익률 : 3%

① 0.6% 　　　　② 1.2%

③ 1.8% 　　　　④ 2.4%

⑤ 3.0%

제2과목 비금융자산 투자설계(30문항)

71 다음 중 부동산의 자연적 특성에 대한 설명으로 옳지 않은 것은?
★★☆

① 부동성은 토지는 위치와 면적이 고정되어 있으므로 똑같은 토지는 있을 수 없으며, 토지는 대체 불가하다는 것을 의미한다.

② 부증성은 다른 일반 재화처럼 생산비를 투입하여 물리적인 양을 증가시키지 못한다는 의미이다.

③ 영속성은 토지는 장기간에 걸쳐 각종 재화와 용역을 제공할 수 있는 내구성이 있으며, 사용하더라도 소모되거나 마멸되지 않는다는 의미이다.

④ 개별성은 물리적으로 동일한 물건은 하나밖에 없음을 의미한다.

⑤ 연접성은 토지의 이용결과가 다른 토지에 영향을 미치는 외부효과 및 공간적 부조화의 문제가 발생한다는 의미이다.

72 다음 중 지목의 의의에 대한 설명으로 옳지 않은 것은?
★★★

① 임야는 산림 및 원야를 이루고 있는 수림지·죽림지·암석지·자갈땅·모래땅·습지 등의 토지를 말한다.

② 전은 물을 상시적으로 직접 이용하여 벼·연·미나리·왕골 등의 식물을 주로 재배하는 토지를 말한다.

③ 대는 영구적인 건축물 중 주거·사무실·점포와 박물관·극장·미술관 등 문화시설과 이에 접속된 정원 및 부속시설물의 부지를 말한다.

④ 하천은 자연의 유수가 있거나 있을 것으로 예상되는 토지를 말한다.

⑤ 공장용지는 제조업을 하고 있는 공장시설물의 부지를 말한다.

73 용도지역 중 주거기능을 위주로 이를 지원하는 일부 상업기능 및 업무기능을 보완하기 위하여 필요한 지역은?
★★☆

① 제1종 전용주거지역　　　　　　　② 제1종 일반주거지역

③ 제2종 전용주거지역　　　　　　　④ 제2종 일반주거지역

⑤ 준주거지역

74 다가구주택은 지하층을 제외하고 주택으로 사용하는 층수는 몇 층인가?
★★★

① 3개층 이하　　　　　　　　　　② 3개층 이상

③ 4개층 이하　　　　　　　　　　④ 4개층 이상

⑤ 5개층 이상

75 건축물이 지하 2층이고 지상 6층이다. 전체 대지면적은 800㎡이고 건축면적 및 각 층의 바닥면적은 200m²라고 할 때 용적률은 얼마인가?

★★☆

① 100%

② 125%

③ 150%

④ 175%

⑤ 200%

76 다음 중 은행이 주택을 담보로 대출해 줄 때 적용하는 담보가치 대비 최대 대출가능 한도를 의미하는 것은?

★★☆

① LTV

② DTI

③ DSR

④ CDO

⑤ ABS

77 다음 중 등기사항증명서에 대한 설명으로 옳지 않은 것은?

★★☆

① 등기사항증명서는 표제부, 갑구, 을구로 구성되어 있다.

② 갑구에는 지상권, 지역권, 전세권, 저당권, 임차권 등이 기재되어 있다.

③ 등기사항증명서는 등기한 순서대로 순위번호가 기재된다.

④ 가등기에 의한 본등기 시에는 가등기의 순위에 따라 순위를 보전한다.

⑤ 건축물대장과 등기사항증명서의 면적에 관한 정보가 서로 다를 경우 건축물대장상의 정보가 우선시된다.

78 다음은 상가건물임대차보호법의 차임 증가에 대한 설명이다. 괄호 안에 들어갈 말로 옳은 것은?

★☆☆

> 약정한 차임 또는 보증금이 임차건물에 관한 조세·공과금 기타 부담의 증감이나 경제사정의 변동으로 인해 상당하지 않게 된 때 당사자는 장래에 대해 그 증감을 청구할 수 있다. 그러나 증액의 경우에는 약정한 차임 등의 (   )를 초과하지 못한다.

① 1%

② 2%

③ 3%

④ 4%

⑤ 5%

79
★★☆
다음은 부동산거래신고제도에 대한 설명이다. 괄호 안에 들어갈 말로 옳은 것은?

> 부동산거래신고는 부동산 또는 부동산을 취득할 수 있는 권리에 대한 매매계약을 체결한 날부터 (   ) 이내에 실제거래 가격 등을 시·군·구청에 신고하는 제도이다.

① 30일
② 60일
③ 90일
④ 120일
⑤ 150일

80
★★★
다음 중 국내 부동산시장 영향요인의 분석에 대한 설명으로 옳지 않은 것은?

① 경제위기 등 불황이 오면 투자가 위축되어 부동산시장도 침체된다.
② 금리가 하락하면 부동산의 매입으로 연결되어 거래활성화로 나타나는 것이 일반적이다.
③ 주택시장에서 자주 활용되는 구매력 지표로는 PIR지수가 있다.
④ 수요와 공급을 부동산시장에 적용할 때는 전국적인 통계치 산정을 활용하여 분석해야 한다.
⑤ 매매가격 대비 전세가격이 상승할 경우 일반적으로 매수로 전환하는 수요가 나타난다.

81
★★★
다음 중 금리상승이 부동산시장에 영향을 미치는 내용으로 옳지 않은 것은?

① 금리가 상승하면 부동산시장은 투자수요가 위축된다.
② 금리가 상승하면 자금조달비용이 증가하여 사업에 대한 기대감소가 나타난다.
③ 금리가 상승하면 부동산 매입이 증가하여 부동산 거래가 활성화된다.
④ 금리가 상승하면 시장의 유동성이 금융부문으로 흡수된다.
⑤ 금리가 상승하면 시장상황을 어렵게 하여 부동산가격이 하락한다.

82
★★☆
다음은 부동산시장 영향요인에 대한 설명이다. 괄호에 들어갈 것으로 옳은 것은?

> 부동산 투자의 목적 중 하나가 (   ) 헤지라고 할 수 있다. 일반적으로 돈의 가치가 떨어지면 실물에 투자하여 가치하락을 보전받고자 한다. 부동산 투자가 그 대안으로 자리 잡은 것은 이미 오래된 일이다.

① 유동성
② 인플레이션
③ 구매력
④ 전세가격
⑤ 세 금

83 다음 중 해외 부동산 투자에 대한 유의사항으로 옳지 않은 것은?
★☆☆

① 해당 지역의 커뮤니티에 주의를 기울여야 한다.

② 부동산을 보유할 경우 우리나라와 세금 체계가 다르다는 것을 이해해야 한다.

③ 대부분의 나라에서는 외국인의 부동산 취득을 제한하는 경우가 많다.

④ 우리나라의 부동산시장 상황과 같은 기준으로 판단하여 투자한다.

⑤ 투자보다는 실수요자 위주의 접근이 유효하다.

84 다음 중 문재인 정부의 2017.8.2. 부동산 대책에 대한 설명으로 옳지 않은 것은?
★★☆

① 투기과열지구와 투기지역을 지정하였다.

② 재건축 초과이익환수제를 시행하였다.

③ 1세대 1주택 양도세 비과세 요건을 강화하였다.

④ 다주택자에 대해 장기보유특별공제를 적용하였다.

⑤ 투기과열지구 내 재건축 조합원 지위양도 제한을 강화하였다.

85 다음은 투기과열지구 내 재건축 조합원 지위양도 금지 예외를 허용하는 경우이다. 괄호 안에 들어갈 말로 옳게 짝지은
★☆☆ 것은?

> 해당 주택을 (㉠) 이상 보유하고 (㉡) 이상 거주한 1주택자라면 조합원 지위양도 제한 시점과 무관하게 언제든지
> 조합원 지위양도가 가능하다.

① ㉠ : 1년, ㉡ : 3년

② ㉠ : 3년, ㉡ : 1년

③ ㉠ : 5년, ㉡ : 10년

④ ㉠ : 10년, ㉡ : 5년

⑤ ㉠ : 10년, ㉡ : 15년

86 다음 중 문재인 정부가 주택시장 안정화 방안(2019.12.16)으로 실행했던 정책으로 옳지 않은 것은?
★☆☆

① 투기지역·투기과열지구 내 시가 9억원 초과 주택에 대한 주택담보대출비율(LTV)을 강화하였다.

② 고가주택 기준을 공시가격 9억원에서 시가 9억원으로 변경하였다.

③ 무주택자가 9억원 초과 고가주택을 구입하면 180일 내 전입하는 조건으로 주택담보대출이 가능하였다.

④ 서울보증보험 전세대출보증 수준을 공적보증인 9억원 초과로 강화하였다.

⑤ 종합부동산세 세율을 상향조정하였다.

87 ★★☆ 다음 중 윤석열 정부의 부동산정책에 대한 설명으로 옳지 않은 것은?

① 일시적 2주택의 양도세, 종부세 특례 처분기한을 3년으로 연장하였다.

② 지방 저가주택(종부세) 및 농어촌주택(양도세) 특례 적용을 확대하였다.

③ 전세사기 피해 방지를 위해 임대인의 미납국세열람의 실효성을 강화하였다.

④ 1주택자 임대소득 과세 고가주택 기준이 기준시가 9억원에서 15억원으로 인상되었다.

⑤ 종부세 개편에서 과세표준 12억원 이하 및 조정대상지역 2주택에 대한 다주택자 중과세율을 폐지하였다.

88 ★★☆ 다음 중 국토교통부 관련 정부 발표자료가 아닌 것은?

① 실거래가격 ② 주택거래량

③ 미분양주택 ④ 지가변동률

⑤ 소비자물가지수

89 ★☆☆ 다음 중 부동산 투자이론에 대한 설명으로 옳지 않은 것은?

① 투자 수익창출은 투자자의 능력에 의존하는 측면이 크다.

② 부동산은 안전성과 수익성이 비교적 낮은 편이다.

③ 세제상 감가상각, 자본이득에 대한 낮은 세율, 양도소득세 등 절세항목이 많다.

④ 화재, 폭풍우, 홍수 등 천재지변으로 인해 부동산의 가치가 감소할 수 있다.

⑤ 부동산에 저당권을 설정함으로써 자금유동화의 수단이 될 수 있다.

90 ★☆☆ 다음 중 부동산 투자수익률에 대한 설명으로 옳은 것은?

① 투자에 따라 기대되는 예상수익률을 요구수익률이라 한다.

② 기대수익률에는 시간에 대한 비용과 위험에 대한 비용이 포함된다.

③ 실현수익률은 사후적 수익률, 역사적 수익률이라고 한다.

④ 부동산 투자분석 시 실현수익률은 알 수 있다.

⑤ 요구수익률이 기대수익률보다 클 경우에는 투자채택이 결정된다.

91 ★★☆ 다음 중 부동산 투자 시 레버리지 활용에 대한 설명으로 옳지 않은 것은?

① 레버리지(leverage)는 낮은 비용의 부채를 이용하여 투자자의 수익을 증대시키는 것을 의미한다.

② 부동산 투자 시 부채(대출금)를 적절하게 활용하면 수익률을 더 높일 수 있다.

③ 대출이자율보다 기대수익률이 높으면 자기자본 대비 투자수익률이 높아진다.

④ 총자본 10억원에서 부채를 4억원 조달했다면 레버리지 비율은 40%이다.

⑤ 레버리지 효과에서 절세 효과는 미미한 편이다.

92 ★★★ 다음 중 부동산의 가치와 가격에 대한 설명으로 옳은 것은?

① 가격은 장래의 기대되는 이익을 현재가치로 환원한 값이다.

② 가격은 부동산에 대한 현재의 값이고, 가치는 과거의 값이다.

③ 주어진 시점에서 부동산의 가치는 하나뿐이다.

④ 가격은 객관적이고 구체적인 개념이지만, 가치는 주관적이고 추상적인 개념이다.

⑤ 가치는 특정 부동산에 대한 교환의 대가이다.

93 ★★★ 다음 중 부동산 포트폴리오 전략 및 투자 의사결정 전략 수립에 대한 설명으로 옳지 않은 것은?

① 체계적 위험은 포트폴리오를 완벽하게 구성하면 피할 수 있는 위험이다.

② 개별 투자안으로부터 생기는 위험은 비체계적 위험이다.

③ 부동산은 비대체성의 성격을 가지므로 다른 부동산과 직접 비교가 어렵다.

④ 부동산 시장은 여러 법적 제약이 많으므로 투자분석이 필요하다.

⑤ 부동산 투자는 장기적인 고려에 의해 결정해야 한다.

94 ★☆☆ 다음 중 재건축과 재개발 사업에 대한 설명으로 옳지 않은 것은?

① 재개발사업은 강남지역 등 기반시설이 양호한 신시가지 등에서 시행된다.

② 추진위원회는 정비사업 초기에 설립되어 조합설립의 승인을 얻기 전까지 정비사업 전반의 제반 업무를 준비하기 위해 구성되는 단체이다.

③ 시공사와 조합 간의 공사계약 체결방식에는 도급제와 지분제가 있다.

④ 매도청구권은 주택재건축사업을 시행함에 있어 조합설립에 동의하지 않는 자 등에 대해 그 소유 토지 등을 시가에 매도로 청구하는 것이다.

⑤ 개발이익환수는 재건축에는 있지만 재개발에는 없다.

95 다음 중 재건축사업의 절차를 순서대로 나열했을 때 가장 맨 앞에 오는 것은?
★☆☆

① 조합설립인가
② 사업시행인가
③ 조합설립추진위원회 구성 및 승인
④ 관리처분계획인가
⑤ 청산등기

96 다음 중 토지거래허가가 필요한 계약은?
★☆☆

① 상속, 유증, 사인증여
② 토지에 대한 근저당권 설정계약
③ 건물에 대한 소유권 이전계약
④ 토지에 대한 임차권 설정계약
⑤ 토지에 대한 양도담보

97 다음 중 경매와 공매에 대한 설명으로 옳지 않은 것은?
★★☆

① 경매와 공매의 가장 큰 차이점은 명도 부분에서의 법적 절차이다.
② 경매는 국세 우선의 원칙이 적용된다.
③ 공매 입찰보증금은 매각예정 가격의 10%이다.
④ 공매는 재입찰이 가능하다.
⑤ 공매는 저당권부 채권의 상계가 불가능하다.

98 다음 중 부동산 임대관리 및 시설관리에 대한 설명으로 옳지 않은 것은?
★★☆

① 부동산 임대수익률 증대방안으로서 임차인 업체의 신용 및 규모는 대·중·소의 비율로 각각 5:3:2 정도로 혼합하는 것이 좋다.
② 연체관리는 매월 고정적인 임대수익을 확보하고 임대운영을 원활히 할 뿐만 아니라 임차인을 체계적으로 관리하기 위해 필요하다.
③ 건물 임대 마케팅은 임대 빌딩에 공실이 발생할 경우 공실기간을 최소화하여 공실률을 낮추는 전략이 가장 중요하다.
④ 임대료 갱신은 임대료 갱신절차를 통한 단계적 합의보다는 일방적인 인상 통보가 효과적인 결과를 가져온다.
⑤ 시설관리는 임차인의 쾌적한 업무환경과 건물에 소요되는 고정지출비용을 줄이기 위해 반드시 필요하다.

99 다음 중 보유 부동산 자산분석에 대한 설명으로 옳지 않은 것은?

★★☆

① 지역 분석은 부동산 자산의 투자 및 운용에 직접적 영향을 미치는 범위 내의 산업, 교육, 교통 등의 지역경제 수준 등을 분석하는 것이다.

② 시장경쟁 분석은 경쟁 부동산과의 리포지셔닝을 위해 필요한 요소와 운용, 재투자 등에 대한 정보를 얻기 위해 사용한다.

③ 대체방안 분석은 부동산 소유자의 목표를 달성하기 위해 대상 부동산의 개량 혹은 운영 변경을 통해 최대유효 이용상태가 되도록 하는 부동산 자산가치에 대한 분석이다.

④ 재무적 분석은 각 대체방안을 실행함에 있어 비교 편익 분석방법을 통해 검정하는 단계이다.

⑤ 부동산 개별분석에는 토지와 건물 부동산 자산분석 계획과 재투자에 따른 부동산 자산투자 분석계획이 있다.

100 다음 중 부동산개발금융(PF)에 대한 설명으로 옳지 않은 것은?

★★★

① 시행사의 결정 권한이 약화되고, 금융기관의 관여가 상대적으로 강화된다.

② 일종의 대출형 부동산펀드라고 할 수 있다.

③ 토지(개발)신탁은 부동산신탁회사의 신용도로 개발자금이 조성되는 효과가 있다.

④ PF브리지론은 저축은행과 캐피탈사 등이 인허가 및 사업승인 이전에 대출하는 상품이다.

⑤ PFV의 설립을 위해서는 금융기관이 20% 이상의 지분참여를 해야 한다.

은행FP 자산관리사 2부
실제유형 모의고사

정답 및 해설

시대
에듀

최신출제동형 정답 및 해설

01	02	03	04	05	06	07	08	09	10
③	③	③	③	⑤	④	⑤	①	③	④
11	12	13	14	15	16	17	18	19	20
②	②	③	③	①	④	④	⑤	③	②
21	22	23	24	25	26	27	28	29	30
①	⑤	④	②	③	④	②	⑤	①	⑤
31	32	33	34	35	36	37	38	39	40
②	④	①	④	④	③	⑤	⑤	②	③
41	42	43	44	45	46	47	48	49	50
④	②	⑤	④	②	④	②	④	③	④
51	52	53	54	55	56	57	58	59	60
①	⑤	②	⑤	②	④	②	⑤	③	①
61	62	63	64	65	66	67	68	69	70
①	③	③	⑤	①	③	②	④	④	⑤
71	72	73	74	75	76	77	78	79	80
②	④	①	②	①	④	⑤	④	④	①
81	82	83	84	85	86	87	88	89	90
⑤	⑤	①	②	④	③	⑤	④	①	②
91	92	93	94	95	96	97	98	99	100
①	②	③	⑤	②	⑤	⑤	⑤	①	③

제1과목 금융자산 투자설계(70문항)

01
정답 ③

표지어음의 발행기간은 30일 이상으로 하되 원어음의 최장 만기일을 초과하여 발행할 수는 없다.

핵심개념 표지어음의 특징

구 분	내 용
가입대상	제한 없음
가입한도	제한 없음
최저 가입금액	금융기간별 상이(통상 500만원 또는 1천만원 이상)
저축기간	최장 원어음의 만기일 범위 내(통상 30일 ～ 1년 이내)
이자지급방법	할인식
예금자보호	보 호

02
정답 ③

가입 직전 3개 과세기간 중 1회 이상 금융소득종합과세자에 해당하는 경우에는 이자소득에 대하여 과세된다.

핵심개념 농어가목돈마련저축의 특징

구 분	내 용
가입대상	일정 자격에 해당하는 일반 농어민 및 저소득 농어민
예치기간	3년 또는 5년
가입한도	연간 240만원 범위 내에서 월 5,000원 이상 1,000단위로 납입
납입방법	월납, 분기납, 반기납
예금자보호	비보호

03
정답 ③

정기예탁금은 비과세종합저축과 별도로 조합원에 대해 1인당 3천만원 한도 내에서 별도의 세금 혜택을 부여한다.

04
정답 ③

만기시점까지 주가지수 최고상승률이 15%로 기준지수 20% 범위 내에서 상승하였으므로 주가지수 상승률에 참여율을 곱한 비율이 만기 지급수익률이 된다. 따라서 만기지급수익률 = 10% × 30% = 3%이다.

핵심개념 상승수익추구형(낙-아웃콜형)의 수익구조

주가지수 하락 시 원금을 보장하면서 주가지수 상승 시에는 참여율을 적용하여 수익률이 정해지지만, 주가지수가 사전에 정해진 일정 지수 이상을 터치할 경우 참여율이 무효화되거나 사전에 정한 소정의 리베이트만을 받게 되는 수익구조이다. 예를 들어, 20% 낙-아웃 상승수익추구형의 경우 주가가 20% 범위 내에서 상승하면 상승에 따른 참여율로 수익률(주가지수 상승률 × 참여율)을 지급받지만, 기간 중 한 번이라도 20% 이상 상승하면 기존의 수익구조가 사라져 약정된 수익을 지급받지 못하거나 사전에 약정한 소정의 리베이트만을 보상받게 된다.

05
정답 ⑤

주택청약종합저축의 가입자 명의변경은 가입자가 사망하여 그 상속인 명의로 변경하는 경우를 제외하고는 변경할 수 없다.

핵심개념 주택청약종합저축의 특징

구 분	내 용
가입자격	실명의 개인(국내에 거주하는 재외동포 및 외국인 거주자 포함)
계약기간	별도의 만기 없음(가입한 날로부터 입주자로 선정된 날까지)
납입방법	• 약정 납입일 : 매월 신규가입일 해당일 • 약정 금액 : 2만원 이상 50만원 범위 내에서 자유납입
적용이율	한국은행이 발표하는 예금은행 정기예금 가중평균 수신금리 등을 고려하여 주택청약종합저축의 가입일부터 해지일까지의 기간에 따라 국토교통부장관이 정하여 고시하는 이자율
지급방법	해지 시 원금과 이자 지급(단, 가입일부터 1개월 이내에 해지하는 경우에는 이자 미지급)
예금자보호	비보호
신규가능여부	가 능
소득공제혜택	연간 납입액(300만원 한도) 40%의 범위 내(무주택자로서 총 급여액이 세법에서 정한 일정 금액 이하인 근로자)

06　　정답 ④

의무가입기간은 3년이며, 총 납입한도는 1억원 이하로서 연간 2천만원 한도 중 미납입분에 대한 이월납입이 가능하다.

핵심개념 ISA의 구분

ISA는 자산의 운용방법에 따라 신탁형과 일임형으로 구분됨

구 분	내 용
신탁형	• 투자자가 직접 종목이나 수량을 지정하여 운용지시하는 형태
일임형	• 투자자에게 투자일임을 받아 전문 운용인력이 자산을 직접 운용하고 그 결과를 투자자에게 귀속시키는 형태 • 사전 투자자의 위험성향별로 모델포트폴리오(MP)*를 구성하여 제시 • 분기 1회 이상 포트폴리오 재배분 실시 • 자산 처분 및 취득 시 투자자에게 사전통지의무를 이행

*모델포트폴리오(MP) : 투자일임업자가 투자일임계약을 체결하기 이전에 투자자에게 제시하는 금융상품의 종류, 비중, 위험도 등의 내용이 포함된 포트폴리오

07　　정답 ⑤

투자성 상품은 계약서류를 제공받은 날로부터 7일 이내에 철회가 가능하다.

핵심개념 청약의 철회 및 위법계약의 해지

구 분	내 용
청약의 철회	투자성 상품 중 청약철회가 가능한 대상상품에 대해 계약서류를 제공받은 날과 계약체결일 중 어느 하나에 해당하는 날로부터 7일 내에 서면 등의 방법으로 가능
위법계약의 해지	투자자가 위법계약을 체결하였음을 안 날로부터 1년 이내에(해당 기간은 계약체결일로부터 5년 이내의 범위에 있어야 함) 해당 계약의 해지를 요구할 수 있으며, 회사는 10일 이내에 수락 여부를 통지하여야 함

08　　정답 ①

환매금지형 펀드는 집합투자증권을 최초로 발행한 날부터 90일 이내에 집합투자증권을 거래소시장에 상장해야 한다.

09　　정답 ③

하락수익추구형은 주가지수 상승 시 원본을 보존하면서 하락에 따른 참여율을 적용받는 구조이다.

핵심개념 구조화 상품의 손익구조 구분

구 분	내 용
원금보장형	방향성 수익추구형 : 기초자산 가격 변동폭에 대한 참여율을 적용하면서 일정 베리어를 터치할 경우 낙아웃이 발생하는 구조 • 상승수익추구형 : 주가지수 하락 시 원본 보존, 주가지수 상승 시 참여율 적용 • 하락수익추구형 : 주가지수 상승 시 원본 보존, 주가지수 하락 시 참여율 적용
원금보장형	범위형 : 기초자산 가격이 특정 범위 내에 있을 때는 사전에 정한 일정한 수익률을 지급하지만 기초자산 가격이 특정 범위를 벗어나는 경우에는 원금만 지급하는 구조 디지털형 : 미리 정한 조건에 충족되면 수익을 지급하고, 그렇지 않으면 수익을 지급하지 않는 형태의 수익구조
원금비보장형	원금부분보장형 : 원금보장형에 비하여 원금보장을 위한 채권 등의 투자비중을 낮게 하는 대신, 그만큼 옵션 등의 투자비중을 증가시킴으로써 상품의 수익구조를 원금보장형보다 유리하도록 구성한 ELS 또는 ELF 상품
원금비보장형	원금비보장형 : 2가지 주가지수 또는 개별종목을 기초자산으로 하면서 수익상황 조건이 차츰 하락하여(Stepdown) 상환가능성을 높이는 구조의 ELS 상품(2Star) **참고** 3Star : 기초자산으로 3종목을 사용하는 경우

10　　정답 ④

조기상환 조건 평가가격이 낮을수록, 평가 주기는 짧을수록 유리하다.

핵심개념 스탭다운형의 설계 구조

일정 단위의 평가기간마다 기초자산 가격을 평가하여 사전에 정한 상환조건을 만족하는 경우에는 조기상환일에 원금과 수익금을 상환하지만, 조건을 만족하지 못하는 경우에는 다음 평가기간 또는 만기까지 투자기간이 연장되면서 상환조건이 조금씩 낮아지는 구조로 설계된 상품이다.

11　　정답 ②

신탁의 수익자는 위탁자가 지정해야 하며, 별도로 지정하지 않은 경우에는 위탁자 본인이 수익자가 된다.

핵심개념 신탁의 관계인

신탁은 위탁자, 수탁자, 수익자의 3면 관계에 의한 계약으로 신탁의 관계인은 신탁 설정행위를 하는 당사자인 위탁자와 수탁자를 포함하여 수익자, 신탁관리인, 신탁재산관리인 등을 말한다.

12   정답 ②

신탁기간은 1달 이내 단기부터 5년 이상 장기까지 모두 가능하다.

13   정답 ③

면책적 채무인수 방법에 의해 채무인수를 한 경우에는 채무의 동일성이 유지되는 기한연장은 가능하나, 기존 담보권을 이용한 재대출이나 대환대출 등은 취급이 불가능하다.

14   정답 ③

외화정기예금은 예치금액에는 제한이 없고, 이자율이 가장 높은 외화예금에 속한다.

핵심개념 전신환매매율

자금의 결제를 전신환을 통하여 실행하는 경우에 적용되는 환율로, 자금의 결제가 1일 이내에 완료되므로 자금결제 기간에 따른 금리요소가 개입되지 않는 환율을 의미한다.

15   정답 ①

외화수표는 추심후 지급을 원칙으로 하며, 외화수표의 추심에 있어서도 외국통화의 매매 시와 같이 미화 2만불 상당액을 초과 시 취득경위 입증서류를 받아야 한다.

16   정답 ④

신용카드의 사고사유가 분실 및 도난인 경우 회원의 신고 시점 이후에 발생한 사용대금 및 신고 전 60일 이내에 발생된 카드사용에 대해서는 전액 카드사로부터 보상받을 수 있다.

17   정답 ④

투자로부터 발생되는 이익은 구입한 자산의 가치상승을 통해 발생하는 것으로 기업의 이익창출과는 구별된다.

18   정답 ⑤

㉠, ㉤, ㉥ : 시장 내적 요인
㉡, ㉢, ㉣ : 시장 외적 요인

핵심개념 기업 내적 요인과 외적 요인

내적 요인	외적 요인
	시장 내적 요인
• 수익가치	• 수급관계
• 자산가치	• 기관투자자의 동향
• 성장성	• 시장규제
• 배당성향	• 투자자의 심리동향
• 경영자의 자질	• 제도적 요인
• 노사관계	**시장 외적 요인**
• 연구개발 능력	
• 기술수준	• 경기변동
• 주주현황	• 물가와 이자율
	• 환율
	• 정치·사회적 변화

19   정답 ③

정부가 발행시장에서 공개시장조작을 통해 통화를 조절함으로써 금리와 물가의 안정을 기할 수 있다.

핵심개념 발행시장과 유통시장의 주요 기능

발행시장	유통시장
• 자금조달 기능	• 환금성 제공
• 자본의 효율성 제고	• 공정가격의 제공
• 금융정책의 수단	• 가격결정의 지표
• 투자수단 제공	• 유가증권 담보력 제고

20   정답 ②

장기적으로 통화량이 증가할 경우 실질소득이 감소하면서 주가 하락요인으로 작용한다.

21   정답 ①

진입하려는 기업에게 매력적인 시장은 보다 진입이 쉬운 시장이지만, 기존에 진출해 있는 기업의 경우는 진입장벽이 높아 신규기업의 진출이 어려워야 매력적인 시장이 된다.

핵심개념 구매자의 교섭력과 공급자의 교섭력

구매자의 교섭력이 강한 경우	공급자의 교섭력이 강한 경우
• 구매자들이 조직화될 때	• 공급자가 소수이거나 조직화될 때
• 제품정보에 대해 많이 알고 있을 때	• 대체품이 거의 없을 때
• 제품이 비차별적일 때	• 공급되는 제품이 중요한 투입요소 일 때
• 구매자의 전환비용이 낮을 때	• 공급자를 변경하는 데 소요되는 전환비용이 높을 때
• 구매자들이 낮은 이윤 때문에 가격에 민감할 때	
• 구매자들이 후방통합을 할 수 있을 때	• 공급자가 전방통합할 가능성이 높을 때

22　　　　　　　　　　정답 ⑤

계량모형은 경제의 여건이나 구조가 크게 변화하게 되면 결과의 신뢰도가 떨어지는 문제점을 가지고 있다.

23　　　　　　　　　　정답 ④

성숙기에는 제품단위당 이익이 아직 증가하고, 가격경쟁 역시 체감적으로 증가하며, 위험도 점차 증가한다.

핵심개념 제품수명주기별 경영위험 수준

도입기	성장기	성숙기	쇠퇴기
높 음	낮 음	증가하기 시작	높 음

24　　　　　　　　　　정답 ②

안정성 관련 재무비율에는 유동비율, 부채비율, 고정비율, 이자보상비율 등이 있다. 매출채권회수기간은 활동성 관련 재무비율에 해당한다.

핵심개념 재무비율분석의 구분

구 분	내 용
수익성	• 총자본이익률(ROI) • 자기자본이익률(ROE) • 납입자본이익률 • 매출액순이익률
안정성	• 유동비율 • 부채비율 • 고정비율 • 이자보상비율
활동성	• 총자산회전율 • 고정자산회전율 • 재고자산회전율 • 매출채권회수기간
성장성	• 매출액증가율 • 총자산증가율 • 영업이익증가율
유동성	• 유동비율 • 당좌비율

25　　　　　　　　　　정답 ③

기업분석은 내재가치 평가모형의 다양성으로 인해 시장가격에 주관성이 개입할 여지가 크며, 주가는 이성적 요인뿐만 아니라 심리적 요인에 의해 결정되는 측면이 크다는 단점이 있다.

26　　　　　　　　　　정답 ④

항상성장모형에 의하면 요구수익률이 클수록 주가는 하락한다.

핵심개념 정률성장 배당모형의 가정

• 이익과 배당이 매년 일정하게 성장
• 요구수익률, 유보율, 배당성향, 재투자수익률(ROE) 일정
• 요구수익률 > 성장률
• 필요자금은 내부자금만으로 조달

27　　　　　　　　　　정답 ②

항상성장모형에 따른 주식의 이론적 가치

$$P_0 = \frac{D_0(1+g)}{k-g}$$

$$= \frac{1,000(1+0.05)}{0.10-0.05} = \frac{1,050}{0.05} = 21,000원$$

28　　　　　　　　　　정답 ⑤

PER을 구성하는 요소들의 시점이 불일치하기 때문에 회계적 주당이익은 회계처리 방법, 우발적 손익 혹은 경영자의 의도적인 조작 등의 다양한 영향으로 정상적인 수익력이 반영되지 않을 가능성이 크다.

29　　　　　　　　　　정답 ①

트레이너지수는 펀드의 베타계수만을 고려하지만, 샤프지수는 전체 위험을 고려하는 표준편차를 사용하고 최소 1개월 이상의 수익률 데이터를 필요로 한다.

핵심개념 위험이 조정된 성과 척도 공식

구 분	내 용
샤프지수	$\dfrac{포트폴리오수익률 - 무위험채권이자율}{포트폴리오수익률의\ 표준편차}$
트레이너지수	$\dfrac{포트폴리오수익률 - 무위험채권이자율}{포트폴리오수익률의\ 베타계수}$
젠센지수	(펀드의 실현수익률 - 무위험이자율) - 포트폴리오의 베타(시장수익률 - 무위험이자율)
정보비율	$\dfrac{초과수익률}{비체계적\ 위험이\ 측정된\ 잔차표준편차}$

30　　　　　　　　　　정답 ⑤

변동비율법은 주식과 채권으로 포트폴리오를 구성했을 경우 주가가 높으면 향후 주가 하락 가능성을 생각해 주식비율을 낮추고, 주가가 낮을 경우는 주식비율을 높이는 방법이다.

핵심개념 적극적 투자전략과 소극적 투자전략의 구분

적극적 투자전략	소극적 투자전략
• 시장투자적기포착 • 포뮬러 플랜	• 인덱스 펀드 투자전략 • 단순 매수 · 보유전략 • 평균투자법

31 정답 ②

일반적으로 경기 저성장기나 침체기에는 시장에 대한 불확실성 증대에 따른 위험회피 경향에 따라 가치투자 스타일의 투자전략이 유리하고, 경기 성장기에는 성장투자 스타일이 상대적으로 유리한 경향이 있다.

32 정답 ④

채권에서는 발행 시 최초 결정되어 명시되는 이자율로 액면가에 대한 연간지급률을 표면금리라 부른다.

33 정답 ①

②·③·④·⑤는 시장금리의 상승 요인에 해당한다.

핵심개념 시장금리의 변동 요인

상승 요인	하락 요인
• 물가 상승	• 물가 하락
• 경기 호전	• 경기 하강
• 시중자금 부족	• 시중자금 풍부
• 확장 재정정책(국채발행 증가)	• 긴축 재정정책(국채발행 감소)
• 주요 선진국 금리수준 상승	• 주요 선진국 금리수준 하락
• 채권수급 악화	• 채권수급 호전
(매수자 < 매도자 + 발행자)	(매수자 > 매도자 + 발행자)

34 정답 ④

주식의 주요권리에는 경영참가권과 이익배당권 등이 있으며, 채권은 원리금상환청구권이 있다.

35 정답 ④

채권을 발행한 후 어느 시점의 시장상황이 발행자 또는 투자자의 입장에서 그 채권의 존속이 불리해졌을 때 채권의 해지를 강제할 수 있는 권한을 발행자가 가진 채권을 콜옵션부채권이라 하고, 채권의 해지를 강제할 수 있는 권한을 투자자가 가진 채권을 풋옵션부채권이라 한다.

핵심개념 발행조건에 따른 채권의 종류 구분

발행주체	이자지급방식
• 국채	
• 지방채	• 이표채
• 특수채	• 할인채
• 금융채	• 복리채
• 회사채	

36 정답 ③

통안채는 2년 이하 만기에 한하여 발행되고 있다.

37 정답 ⑤

주식의 물량부담이 커짐에 따라 주가가 쉽게 상승하기 어렵다는 단점이 있다.

핵심개념 전환사채(CB ; Convertible Bond)의 투자위험 문제점
• 채권을 주식으로 전환할 수 있는 권리와 신주를 인수할 수 있는 권리를 갖는 대신 일반채권에 비해 보장금리가 상당히 낮음
• 주식 청구권을 행사할 경우에 신주가 발행되기 때문에 주식의 물량부담이 커짐에 따라 주가가 쉽게 상승하기 어렵다는 단점이 있음
• 주로 일반적인 회사채시장을 통한 자금조달이 어려운 기업들에 의해 발행되기 때문에 회사의 제반여건을 보다 면밀히 살펴봐야 함

38 정답 ⑤

표면이자율이 낮은 채권이 표면이자율이 높은 채권보다 금리변동에 따른 가격 변동폭이 크다.

핵심개념 말킬의 채권가격정리
• 정리1 : 채권가격은 수익률과 반대방향으로 움직인다.
• 정리2 : 채권의 잔존기간이 길수록 동일한 수익률변동에 대한 가격변동률은 커진다.
• 정리3 : 채권의 잔존기간이 길어짐으로써 발생하는 가격변동률은 체감적으로 증가한다.
• 정리4 : 동일한 크기의 수익률변동이 발생할 때, 수익률 하락 시의 채권가격변동률이 수익률 상승 시의 채권가격변동률보다 크다.
• 정리5 : 표면이율이 높을수록 동일한 크기의 수익률변동에 대한 가격변동률은 작아진다.

39 정답 ②

수정듀레이션 계산공식

$$= \frac{\text{맥컬레이 듀레이션}}{1 + \text{채권수익률}}$$

$$= \frac{2.86}{1 + 0.05}$$

$$= 약\ 2.72년$$

40 정답 ③

향후 기준금리가 하락할 것으로 예상은 되지만 확신하기는 어렵다고 시장참여자들이 판단할 경우 수익률곡선은 수평형의 모습을 보일 수도 있다.

41
정답 ④

기업어음 A3등급은 회사채 BBB등급 수준에 상응한다.

핵심개념 기업어음의 신용등급에 상응하는 회사채 등급 구분

기업어음 등급	회사채 등급
A1(원리금 상환능력 최상)	AAA 및 AA등급 수준
A2(원리금 상환능력 우수)	A등급 수준
A3(원리금 상환능력 양호)	BBB등급 수준
B(상환능력은 있으나 단기적 여건변화에 따라 안정성에 불안요인 존재)	BB 및 B등급 수준
C(상환능력에 문제가 있음)	CCC ~ C등급 수준
D(상환 불능상태)	D등급 수준

42
정답 ②

투자수익률 = 자본손익률 + 이자수익률

• 자본손익률 = $\dfrac{(매입금리 - 매도금리) \times 잔존 듀레이션}{투자연수}$

       = $\dfrac{(5\% - 4\%) \times 1년}{2년}$ = 0.5%

• 이자수익률 = 5%

따라서 투자수익률 = 0.5% + 5% = 5.5%

43
정답 ⑤

채권기대수익률

= 1년간 채권이자수익률 + 1년간 롤링수익률

= 1년간 채권이자수익률 + (매입금리 - 1년 후 평가금리) × 잔존 듀레이션

따라서,

• LH공사채 2년물 기대수익률 = 5% + (5% - 4%) × 1년 = 6%
• LH공사채 3년물 기대수익률 = 6% + (6% - 5%) × 2년 = 8%

44
정답 ④

유동성위험은 현금이 필요해져 중도매각하려 할 때 시장에서 적절한 매수자가 나타나지 않아 적정가격으로 매도하지 못하는 위험으로, 주로 신용등급이 낮을수록, 장기물일수록 유동성이 떨어지는 경향이 있다.

핵심개념 채권의 주요 위험

구분	내용
듀레이션위험	투자기간 동안 시장금리의 변동으로 인하여 투자수익률이 하락할 가능성
신용위험	채권발행자의 신용도 하락으로 채권의 가격이 절대적 또는 상대적으로 하락할 가능성 • 부도위험 : 채권발행자가 이미 정해진 원리금을 지급하지 않을 위험 • 신용등급하락위험 : 채권발행자 신용등급의 하락 또는 하락가능성으로 채권가격이 하락할 수 있는 위험 • 신용스프레드 위험 : 시장의 수급이나 경기전망의 영향으로 회사채 등 크레딧채권의 가격이 국채의 가격에 비해 상대적으로 더 약세를 보이는 위험
유동성위험	현금이 필요해져 채권을 중도 매각하려 할 때 시장에서 적절한 매수자가 나타나지 않아 적정가격으로 매도하지 못하는 위험
중도상환위험	콜옵션부채권의 보유 도중 발행자가 중도상환을 강제함으로써 원래 기대했던 수익률을 얻지 못하는 경우

45
정답 ②

인덱싱전략은 투자하고 있는 채권들로 최대한 인덱스를 모방하게 하여 성과를 추종하는 전략을 말한다.

핵심개념 채권의 매매형태에 따른 투자전략 분류

구분	내용
만기보유전략	채권의 매입 후 그 채권의 만기까지 보유하며 순수하게 그 채권의 이자수익률만을 목적으로 하는 전략
중도매각전략	매입 후 일정 기간 보유 후 어느 시점에서 롤링효과를 누리며 매각하는 전략
교체매매전략	매각 직후 향후 많은 수익이 기대되는 채권을 재매입하는 방식
단기매매전략	단기간의 금리 움직임을 전망하여 자본수익을 얻기 위해 잦은 단기매매를 실행하는 전략

46
정답 ④

㉠, ㉡ : 소극적 투자전략
㉢, ㉣ : 적극적 투자전략

47
정답 ②

거래소가 결제이행 책임을 부담하므로 투자자는 파생상품거래 시 상대방의 신용상태를 파악할 필요가 없다.

48

정답 ④

선물의 실물인수도 비율은 매우 낮지만, 선도는 대부분이 실물인수도이다.

핵심개념 선물과 선도의 차이점 구분

구 분	선 물	선 도
거래장소	거래소	특정장소 없음
거래방법	공개호가방식 또는 전자결제시스템	거래당사자 간의 계약
거래금액	표준단위	제한 없음
가격형성	시장에서 형성	거래당사자 간의 협의로 형성
신용위험	거래소가 계약이행 보증	계약불이행 위험이 존재
증거금	증거금 납부	• 은행 간 거래 : 증거금 없음 • 대고객 거래 : 필요에 따라 증거금 요구
일일정산	일일정산 이루어짐	일일정산이 없고 만기일에 정산
실물인수도	실물인수도 비율 매우 낮음	NDF를 제외한 대부분이 실물인수도
만기일	특정월의 특정일	거래당사자 간의 협의

49

정답 ③

약세 스프레드전략은 스프레드가 축소될 것으로 예상하는 경우 원월물을 매도하고 근월물을 매수한다.

핵심개념 강세 스프레드전략과 약세 스프레드전략

구 분	내 용
강세 스프레드전략	원월물 가격이 근월물에 비해 상대적으로 더 많이 상승하거나 더 적게 하락할 것으로 예상하는 경우 (스프레드 확대 예상) → **원월물 매수, 근월물 매도**
약세 스프레드전략	원월물 가격이 근월물에 비해 상대적으로 더 많이 하락하거나 더 적게 상승할 것으로 예상하는 경우 (스프레드 축소 예상) → **원월물 매도, 근월물 매수**

50

정답 ④

최종결제일은 최종거래일의 다음 거래일이다.

51

정답 ①

수익률곡선전략 실행 시 3년물과 10년물의 듀레이션 비율로 포지션을 설정하므로,
국채선물 10년물의 계약 수

$$= \frac{\text{국채선물 3년물의 듀레이션}}{\text{국채선물 10년물의 듀레이션}} \times \text{국채선물 3년물의 계약 수}$$

스티프닝을 예상하는 투자자이므로 단기물인 국채선물 3년물을 100계약 매수하는 경우 장기물인 국채선물 10년물은 $\frac{2.5년}{5년} \times 100 = 50$계약을 매도한다.

52

정답 ⑤

해외주식투자에 수반되는 환리스크를 헤지한 이후 원화가치가 지속적으로 상승한다면 환차익이 발생하고, 원화가치가 하락한다면 환차손이 발생하게 된다.

53

정답 ②

콜옵션과 풋옵션 매수의 감마는 모두 양(+)이다.

54

정답 ⑤

플로어의 매도가격이 캡 매수가격의 일부를 상쇄하기 때문에 칼라 매수에 수반되는 비용은 일정한 상한 행사금리를 가진 캡의 매수비용보다 작다.

55

정답 ②

현재 외국통화를 보유하고 있거나 앞으로 외환대금수취 등으로 외국통화를 보유하게 될 경우라면 환율 하락에 대한 리스크를 회피하기 위해 풋옵션을 매수하면 된다. 반대로 앞으로 외환대금결제나 자금상환 등으로 외국통화를 필요로 하는 경우라면 환율 상승에 대한 리스크를 회피하기 위해 콜옵션을 매수하면 된다.

56

정답 ④

구조화 상품에 투자함으로써 기존에 노출된 리스크를 적절히 배분하거나 분산할 수 있다.

57

정답 ②

디지털옵션 구조는 원금보장형 상품에 많이 활용되는 형태 중 하나로, 투자원금에서 원금보장을 위한 자금을 제외한 이자부분을 프리미엄으로 사용하여 주가지수에 대한 디지털 콜옵션을 매수하는 구조이다.

58

정답 ⑤

금리연계상품의 유형별 투자전략

구 분	내 용
역변동금리채권	• 기준금리의 움직임과 반대방향으로 이자지급 조정이 이루어지는 채권 • 기준금리가 하락하면 이자지급액이 증가하는 구조를 가지므로 전반적인 금리하락 또는 경사가 급한 수익률곡선 상황 하에서 주로 발행
이중변동금리채권	• 장단기 금리 스프레드에 의해 이표가 결정되는 변동금리채권 • '(장기금리변동 – 단기금리변동) × 승수 + 가산금리'의 형태로 발행
금리상하한 변동금리채권	• 전형적인 변동금리채권에 최대표면금리조건을 덧붙인 채권 • 발행기업은 금리지급의 상한을 설정받는 대신 변동금리에 추가되는 마진을 지불해야 함
레인지채권	• 매 이표지급 시점 직전 일에 기준 충족 여부에 따라 상이한 이표를 지급하는 것 • 발행채권 기준금리가 사전에 정한 범위 안에 머무르면 높은 이자를 지급하고, 범위를 벗어나면 낮은 이자를 지급하는 것

59

정답 ③

상관계수 계산공식

$$\rho_{AB} = \frac{COV_{AB}}{\sigma_A \times \sigma_B}$$

따라서 주식 A와 B의 상관계수는 $\dfrac{0.012}{0.12 \times 0.22} = \dfrac{0.012}{0.264} = 0.045$

60

정답 ①

1단계에서 재무목표를 설정하면서 유의할 점은 고객이 제시하지 않은 잠재적인 필요까지 감안해야 한다는 것이다.

핵심개념 투자설계 프로세스 6단계
• 1단계 : 고객 기본정보 파악, 재무목표, 투자우선순위, 투자기간 설정
• 2단계 : 고객 재무상황 파악 및 경제·금융환경 분석
• 3단계 : 자산배분전략을 포함한 투자정책서 작성
• 4단계 : 투자 포트폴리오 수립 및 개별상품 선정
• 5단계 : 투자 실행
• 6단계 : 투자성과 평가 및 수정

61

정답 ①

위험회피성향이 클수록 무차별곡선의 기울기는 더 가파른 형태를 띠게 된다.

62

정답 ③

두 자산의 상관관계가 작거나 음(–)이면 수익률의 변동성이 상쇄되어 포트폴리오 위험이 감소한다.

63

정답 ③

위험프리미엄 = 위험자산의 기대수익률 – 무위험수익률
따라서 A회사 주식의 위험프리미엄 = 12% – 2% = 10%

64

정답 ①

자본시장선은 비체계적 위험이 완전히 제거된 프토폴리오이다.

핵심개념 자본시장선의 기울기
• 위험 1단위에 대한 위험보상정도를 나타내는 위험보상비율로 위험의 균형가격 또는 위험의 시장가격이라고도 함
• 균형시장에서 위험보상비율 값은 모든 투자자에게 동일함

$$\frac{[E(R_M) - R_f]}{\sigma_M}$$

• $E(R_M)$: 시장포트폴리오의 기대수익률
• R_f : 무위험수익률
• σ_M : 시장포트폴리오의 표준편차

65

정답 ②

증권시장선(SML)상에서 주식의 기대수익률(또는 요구수익률)은 다음과 같이 예측할 수 있다.

$$E(R_A) = R_f + \beta_A[E(R_M) - R_f]$$

• $E(R_A)$: 개별 증권 A의 기대수익률
• $E(R_M)$: 시장포트폴리오의 기대수익률
• R_f : 무위험수익률
• β_A : 개별 증권 A의 베타계수

따라서 주식 A의 기대수익률 = 2% + 1.0[8% – 2%] = 8%

66

정답 ①

단순매입보유전략을 통해 기업고유위험은 감소시키고 투자자는 시장위험만을 부담하게 된다.

67

정답 ③

투자전략 매트릭스에 따른 투자관 구분

제4사분면	제2사분면
• 성공적인 시장예측이 가능한가? 예	• 성공적인 시장예측이 가능한가? 아니오
• 우수한 증권선택이 가능한가? 예	• 우수한 증권선택이 가능한가? 예

제3사분면	제1사분면
• 성공적인 시장예측이 가능한가? 예	• 성공적인 시장예측이 가능한가? 아니오
• 우수한 증권선택이 가능한가? 아니오	• 우수한 증권선택이 가능한가? 아니오

68

정답 ②

매니저가 현재 벤치마크를 구성하는 종목에 대한 경험과 지식이 있어야 한다.

핵심개념 벤치마크의 개념

벤치마크(BM ; Bench Mark)는 성과 평가의 기점이 되는 기준 잣대로, 투자위험과 기대수익의 조합에 따라 자산집단이나 개별 상품별로 정해질 수 있다.

69

정답 ④

트레이너지수는 체계적 위험인 베타 1단위를 부담할 때 초과수익이 얼마인지를 구하는 지표이다.

70

정답 ⑤

젠센의 알파는 다음과 같이 구할 수 있다.

$$R_p - R_f = \alpha_p + \beta_p(R_m - R_f)$$
$$\alpha_p = (R_p - R_f) - \beta_p(R_m - R_f)$$

- R_p : 펀드수익률
- R_f : 무위험수익률
- β_p : 포트폴리오수익률의 베타
- R_m : 시장포트폴리오 수익률

따라서 위 공식에 제시된 자료 값을 대입하여 젠센지수를 계산하면,

$(10\% - 3\%) - 1.5(5\% - 3\%)$
$= 7\% - 3\%$
$= 4\%$

제2과목 비금융자산 투자설계(30문항)

71

정답 ②

용도지역은 토지의 이용 및 건축물의 용도, 건폐율, 용적률 등을 제한함으로써 토지를 경제적이고 효율적으로 이용하기 위해 구별하여 지정하는 지역이다.

핵심개념 용도지역의 의의와 세분

구 분	내 용
용도지역의 의의	• 토지의 용도에 따라 토지의 이용, 건축물의 용도, 건폐율, 용적률, 높이 등을 제한함으로써 토지를 경제적이고 효율적으로 이용하기 위해 구별하여 지정하는 지역 • 서로 중복되지 않게 도시 · 군관리계획으로 국토교통부장관, 특 · 광 · 도지사가 결정하는 지역 • 용도지역 중 도시지역은 16가지로, 관리지역은 3가지로 세분되어 지정되지만 농림지역과 자연환경보전지역은 세분되지 않음(총 21개 지역으로 세분화)
도시지역과 관리지역의 세분	• 도시지역은 주거지역, 상업지역, 공업지역, 녹지지역으로 세분 • 관리지역은 보전관리지역, 생산관리지역, 계획관리지역으로 세분

72

정답 ④

단지형 다세대는 다세대 주택 중 원룸형 주택을 제외한 주택이다.

73

정답 ①

용적률 = 건축물의 연면적 / 대지면적 × 100
　　　 = 400m² / 400m² × 100 = 100%

핵심개념 연면적

하나의 건축물 각 층의 바닥면적의 합계를 말한다. 다만, 용적률을 산정할 때에는 다음에 해당하는 면적은 제외한다.

- 지하층의 면적
- 지상층의 주차용(해당 건축물의 부속용도인 경우만 해당)으로 쓰는 면적
- 초고층 건축물과 준초고층 건축물에 설치하는 피난안전구역의 면적
- 건축물의 경사지붕 아래에 설치하는 대피공간의 면적

74

정답 ②

② 테라스하우스 : 집합주택 중 각 주거단위가 수평으로 연결되어 있고, 각 주거단위에서 각자의 테라스로 직접 나올 수 있게 만든 형식이다. 일반적으로 아래층 세대의 지붕을 위층 세대가 정원으로 활용한다.

① 타운하우스 : 단독주택을 두 채 이상 붙여 나란히 지은 집으로 벽을 공유하는 주택형식이다.

③ 게스트하우스 : 개인 가정의 일부, 특히 침실을 외국인 여행객 등에게 제공하는 '도시형 민박' 형태의 숙박시설이다.

④ 서비스드레지던스 : 호텔식 서비스가 제공되는 오피스텔 개념의 주거시설로 객실마다 세탁실, 주방 등의 편의시설을 구비하고 있다.

⑤ 쉐어하우스 : 다수가 한 집에 살면서 개인 공간인 침실은 따로 사용하지만, 거실·화장실·욕실 등은 공유하는 형태이다.

75　정답 ①

① DSR : 총부채원리금상환비율로, 대출자의 소득 대비 전체 금융부채의 원리금 상환액 비율을 의미한다.

② LTV : 담보인정비율로, 담보대출의 가치인정비율을 의미한다.

③ DTI : 총부채상환비율로, 총소득에서 부채의 연간 원리금 상환액이 차지하는 비율을 의미한다.

④ RTI : 이자상환비율로, 임대사업자의 연간 임대소득을 연간 이자비용으로 나눈 비율을 의미한다.

⑤ ABS : 기업의 부동산을 비롯한 여러 가지 형태의 자산을 담보로 발행된 채권을 의미한다.

76　정답 ④

경매신청은 등기사항증명서 갑구에 포함된다.

핵심개념 등기사항증명서의 주요 기재사항

구 분	내 용
표제부	표시번호, 접수, 소재지번·지목·면적
갑 구	소유권에 관한 사항(변동사항, 압류, 가압류, 경매신청, 가등기, 가처분 등)
을 구	소유권 이외의 권리에 관한 사항(지상권, 지역권, 전세권, 저당권, 임차권)

77　정답 ⑤

토지등급은 토지대장을 통해 확인할 수 있다. 토지이용계획확인서는 해당 토지의 고유한 성격과 관련된 기본적 정보를 확인할 수 있으며, 해당 토지 이용 시 각종 공법상 제한사항이 기재되어 있다.

78　정답 ④

시·군·구에서는 이의 신청기간이 만료된 날부터 30일 이내에 이의신청을 심사하여 그 결과를 신청인에게 서면으로 통지해야 한다.

79　정답 ④

수립대상은 특별시, 광역시, 시, 군이며 광역시 안에 있는 군은 제외된다.

80　정답 ①

임대인은 임차인이 3기 이상 차임의 연체가 있을 경우 계약의 갱신을 거절할 수 있다.

핵심개념 상가건물임대차보호법의 이해

구 분	내 용
적용범위	사업자등록 대상 건물 (동창회 사무실, 종교단체, 자선단체 등 비영리단체의 건물은 미적용)
보증금범위	• 서울 : 9억원 • 수도권 과밀억제권역 및 부산 : 6억 9천만원 • 광역시(과밀억제권역, 군지역, 부산 제외), 세종, 파주, 화성, 안산, 용인, 김포, 광주 : 5억 4천만원 • 그 밖의 지역 : 3억 7천만원
대항력	계약 + 건물인도 + 사업자등록신청 → 익일부터 발생
우선변제권	대항력 + 확정일자
최우선변제권	소액임차인이 대항력을 갖추면 확정일자를 받지 않아도 발생(보호받을 수 있는 소액임차보증금의 합계액은 경매낙찰대금의 1/2 이내)
임대차 존속기간	1년
계약갱신 (갱신요구권)	• 임대인은 임차인의 총 임대기간이 10년을 초과하지 않는 한 정당한 사유 없이 갱신거절 금지 • 임차인 갱신요구 가능 기간 : 기간 만료 전 6월~1월까지
계약갱신 불인정	3기 차임 연체 or 현저한 의무위반
차임증감	보증금의 5% 이내

81　정답 ⑤

유동성은 금융시장과 주식시장, 부동산시장 간 시차에 따라 일정 부분 지분을 공유한다.

핵심개념 부동산시장 영향요인 분석

구 분	내 용
경제상황	• 경제호황기 → 유동성 풍부 → 관련 투자 집중 → 부동산시장 활성화 • 경제불황기 → 관련 투자 위축 → 부동산시장 침체
금 리	• 금리 상승 → 금융부문에 유동성 흡수 → 투자수요 침체 → 부동산가격 하락 • 금리 하락 → 부동산시장에 자금 유입 → 투자수요 활성화 → 부동산가격 상승
구매력	• 수요자 소득 대비 부동산을 매입할 수 있는 여력 • PIR(Price to Income Ratio) 지수를 활용
대출규제	• 부동산시장에서 일정 부분 자금공급원으로서의 역할을 함 • 시장의 유동성 흐름을 좌우하는 변수 • 국회의 동의 없이 시장에 대응할 수 있는 강력한 규제책
수요와 공급	• 주택의 수요와 공급을 분석하는 것은 시장분석의 기본 • 국지성을 통한 분석 필요
전세가격	매매가격 대비 전세가격이 상승할 경우 매수로 전환하는 수요가 나타나는 것이 일반적임

정답 및 해설

세 금	중과세나 비과세를 통해 시장에 영향을 주고 완급을 조절하는 변수 역할
유동성	시장에 유동성이 풍부해지면 보수적인 투자성향을 가진 경우 부동산시장에 유동성이 머물 가능성이 큼
인플레이션	부동산가격은 물가상승률 이상 상승하여 가치하락을 보전해 줌
부동산정책	가격상승기에 시행되는 규제책이 가격하락기에 시행되는 부양책보다 효과가 더 큼

82
정답 ⑤

① 투자자, 실수요자가 해외 부동산에 투자하는 경우 송금액 제한은 폐지되었다.

② 해외 부동산을 취득하는 경우 지정거래외국환은행의 장에게 신고하여 수리를 받아야 한다.

③ 신고대상 부동산은 주거 이외 목적 부동산과 거주자 또는 거주자의 배우자가 해외에서 2년 이상 체재할 목적의 주거용 주택이다.

④ 분양 계약에 의한 부동산의 취득은 주거 이외 목적에 한한다.

핵심개념 해외 부동산 취득 절차(은행절차와 세무절차)

	해외 부동산 취득 계약	
취득단계	해외 부동산 취득 신고 및 수리 (외국환거래은행 전 영업점)	취득대금 해외 송금 시마다 납세증명서 제출(지정거래외국환은행 영업점)
	▼	
	취득 대금 송금 후 3개월 이내 취득보고서 제출 (지정거래외국환은행)	
보유단계	신고 및 수리 후 일정 시점마다 사후관리 서류 제출 (지정거래외국환은행)	취득대금 해외 송금 시마다 납세증명서 제출(지정거래외국환은행 영업점)
처분단계	해외 부동산 처분(양도)	해외 부동산을 처분(양도)한 달의 말일부터 2개월 이내에 부동산 양도소득세 예정신고 납부(거주지 관할세무서)
	▼	
	해외 부동산 처분 후 3개월 이내에 처분보고서 제출 (지정거래외국환은행)	해외 부동산을 처분한 연도의 다음 연도 5월까지 부동산 양도소득세 확정신고 및 납부 (거주지 관할세무서)

83
정답 ①

자산버블 시절 터무니없이 올랐던 일본의 집값은 2005년까지 15년 동안 하락하다가 그 이후 현재까지 안정세를 유지하고 있다. 2005년 이후에는 오히려 서서히 반등하였으나, 2008년 경제위기 이후 소폭 하향 조정된 후 최근 다시 회복세를 보이고 있다.

84
정답 ②

저금리는 부동산가격을 상승시키는 역할을 하며, 반대로 고금리는 부동산가격을 하향 조정하는 기능이 있다.

핵심개념 금융정책

구 분	내 용
금리정책	• 중앙은행에서 기준금리를 통한 통화조절 기능 목적으로 활용 • 부동산시장에도 영향을 미치는 중요한 변수(저금리 → 부동산가격 상승, 고금리 → 부동산가격 하락)
대출정책	• 대출의 한도와 금액 및 대출자격을 직접 제한하는 것 • 금리보다 직접적으로 부동산시장에 영향을 줌 • 주택이나 토지정책 등에 비해 효과가 크고 빠름

85
정답 ④

서민들을 위한 보금자리주택 공급을 확대한 정부는 이명박 정부이다.

핵심개념 윤석열 정부의 부동산정책

구 분	내 용
임대차 시장 안정 방안(22.6.21)	• 상생임대인 지원제도 개선(비과세 및 장기보유특별공제 혜택) • 갱신만료 서민 임차인 대상 전세대출 지원 강화 • 월세 세액공제 확대
22년 세제개편(22.7.21)	• 다주택자 중과제도 폐지 및 세율 인하 • 기본공제 금액 상향(6억원 → 9억원) • 일시적 2주택, 상속주택은 1세대 1주택 판정 시 제외(일시적 2주택은 2년 내에서 3년 내로 변경) • 주택임대소득 과세 고가주택 기준 인상(9억원 → 12억원)
국민 주거안정 실현방안(22.8.16)	• 재개발·재건축 사업 정상화 • 신규택지 조성 확대
공공분양 50만호 공급(22.10.26)	• 전용모기지 지원으로 부담 완화 • 민간분양 청약제도 개편(청년층 수요가 높은 중소형 평형 추첨제 확대, 4050 중장년층 수요가 많은 대형 평형 가점 확대)
부동산 시장 현안 대응방안(22.11.10)	• 주택공급 기반 위축 방지 • 실수요자 내 집 마련 관련 규제 정상화
재건축 안전진단 합리화 방안(22.12.8)	• 평가항목 배점의 비중 개선(구조안전성 점수 비중 30% ↓, 주거환경 및 설비노후도 비중 30% ↑) • 조건부 재건축 범위 축소(30점 초과 → 45점 초과)
2022년 세제개편 후속 시행령 개정안(24.1.18)	• 전세사기 피해 방지를 위한 미납국세열람 실효성 강화 • 지방 저가주택(종부세) 및 농어촌주택(양도세) 특례 적용 확대 • 다주택자 취득세 중과 완화 • 종합부동산세 개편(과세표준 12억원 이하 및 조정대상지역 2주택에 대한 중과세율 폐지)

2023년 세법개정 후속 시행령 개정안(24.1.23)	• 소형 신축주택 및 지방 준공 후 미분양주택에 대한 양도세·종부세 중과 배제 • 다주택자 양도세 중과 한시 배제 기한 1년 연장 • 장기주택저당차입금 이자상환액 소득공제 대환 요건 완화
재건축초과이익환수법 하위법령 입법예고(24.2.1)	• 장기감면을 위한 1세대 1주택 요건 • 고령자 납부유예(60세 이상) • 재건축부담금 면제구간 : 초과이익 3천만원 이하에서 8천만원 이하로 상승

86　　　　정답 ③

2004년 11월 11일 노무현 정부는 종합부동산세를 신설하였다. 주택·나대지·사업용 토지 등으로 나누어 각각 3단계의 누진세율을 부과하고, 여기에 농어촌특별세가 추가되었다.

핵심개념 노무현 정부의 부동산정책(세금 중과체계 확립)

구 분	내 용
10·29 주택시장안정 종합대책(03.10.29.)	• 투기지역 주택거래신고제 도입 • 1가구 3주택 최고 82.5% 양도세 중과 • 투기지역 2주택 최고 51% 양도세 중과 • 주상복합아파트 전매제한 대상 확대(300가구 이상 → 20가구 이상) • 투기지역 주택담보비율 10%p 인하 • 강북 뉴타운 12~13개 추가지정 • 분양권 전매제한 투기지역 확대 • 집값 급등 지역 아파트 기준시가 재고시 • 무주택 우선공급 확대(50% → 75%)
종합부동산세 신설 (04.11.11.)	• 주택, 나대지, 사업용 토지에서 각각 3단계의 누진세율 부과, 농어촌특별세 추가 • 2005년 4월부터 주택가격공시제도 도입
다주택자 대상 양도세 중과(04.12.13.)	1가구 3주택 이상 보유자에 대한 양도세 중과
8·31 부동산 종합대책 실시(05.8.31.)	• 2주택자 양도세 중과(2007년부터 50%) • 종합부동산세 주택 6억원 초과로 확대, 가구별 합산으로 변경 • 비사업용 토지, 비거주 농지와 임야를 팔 경우 2006년부터 실거래가 기준 과세 • 토지이용의무 위반 적발 시 신고포상제 도입 • 수도권 중대형 아파트 5년간 41만 5천가구 공급 • 송파·거여지구 5만 가구 신도시 건설
실거래가 제도 실시	매매 시 계약체결일부터 30일 이내 시·군·구청에 신고

87　　　　정답 ⑤

계약 갱신 시 증액은 5% 이내로 한다.

88　　　　정답 ④

미분양주택은 국토교통부에서 조사를 통해 매월 말일에 전월기준 자료를 발표한다.

핵심개념 국토교통부 등 정부 발표자료

구 분	내 용
실거래가격	이전 거래사례 금액을 파악함으로써 현재 매매가격과 종전 실거래가의 고저를 비교·분석
주택거래량	시장동향을 나타내는 중요한 지표
미분양주택	미분양주택이 주택시장에 미치는 영향력을 파악하기 위해서는 전국을 대상으로 한 획일적인 해석이 아닌 해당 지역별 수급동향을 중심으로 한 세분화된 분석과 대응이 필요함
지가변동률	해당 지역의 토지시장 추이를 나타내는 지표

89　　　　정답 ①

부동산 투자의 장래 기대수익은 유동적이며, 확정적이지 않다.

핵심개념 부동산 투자의 특징

• 투자가 비교적 장기적이며, 다른 투자대상보다 많은 자본이 소요된다.
• 투자자의 능력에 의존하는 측면이 크다.
• 투자차익인 자본이득과 임대소득인 현금흐름을 기대할 수 있다.
• 감가상각에 의한 절세효과를 기대할 수 있다.
• 장래 기대수익은 유동적이며, 확정적이지 않다.
• 도난·멸실의 위험이 거의 없다.
• 개발이익이 발생할 수 있다.

90　　　　정답 ②

• 투자가치 $= \dfrac{3천만원}{0.2} = 1억\ 5,000만원$

• 기대수익률 $= \dfrac{3천만원}{3억원} \times 100\% = 10\%$

91　　　　정답 ①

레버리지는 낮은 비용의 부채를 이용하여 투자자의 수익을 증대시키는 것을 말한다.

핵심개념 레버리지

구 분	내 용
레버리지 정의	낮은 비용의 부채를 이용하여 투자자의 수익을 증대시키는 것
레버리지 비율	총자본에 대한 부채(대출금)의 비율
대출의 활용	• 기대수익률이 대출이자율보다 높을 때 : 자기자본 대비 투자수익률이 높음 • 기대수익률과 대출이자율이 같을 때 : 자기자본만 활용하는 때와 수익률이 같음, 중립적인 관점에서 운용이 필요함 • 기대수익률이 대출이자율보다 낮을 때 : 자기자본 대비 투자수익률이 낮음, 대출상환계획 등을 별도로 수립

정답 및 해설

92 정답 ④

① 가격은 대상 부동산에 대한 과거의 값이지만 가치는 현재의 값이다.
② 가치는 사람이 느끼는 주관에 중점을 둔 것이다.
③ 가격은 매수인이 매도인에게 지불하는 금액이다.
⑤ 주어진 시점에서 부동산에 대한 가격은 하나밖에 없지만 가치는 무수히 많다.

핵심개념 가격과 가치의 구분

가 격	가 치
• 특정 부동산에 대한 교환의 대가 • 객관적이고 구체적 개념 • 과거의 값 • 주어진 시점에서 하나만 존재	• 장래에 기대되는 이익을 현재가치로 환원한 값 • 주관적이고 추상적 개념 • 현재의 값 • 주어진 시점에서 무수히 많이 존재

93 정답 ③

순현가법에서 미래가치를 현재가치로 환원할 때 사용하는 할인율은 요구수익률이다.

핵심개념 순현가법과 내부수익률법의 비교

구 분	순현가법	내부수익률법
개 념	투자로부터 발생할 미래의 모든 현금흐름을 요구수익률로 할인하여 현가로 나타내는 방법	현금유출의 현가와 미래 현금유입의 현가를 동일하게 만드는 할인율
투자결정	• 서로 독립적인 경우 순현가 ≥ 0 → 투자안 채택 순현가 < 0 → 투자안 기각 • 서로 배타적인 경우 순현가 ≥ 0을 만족시키는 투자안 중 순현가가 가장 큰 투자안 선택	• 서로 독립적인 경우 내부수익률 ≥ 요구수익률 → 투자안 채택 내부수익률 < 요구수익률 → 투자안 기각 • 서로 배타적인 경우 내부수익률 ≥ 요구수익률을 만족시키는 투자안 중 내부수익률이 가장 큰 투자안 선택
할인율	요구수익률	내부수익률
부의 극대화	언제나 달성 가능	달성 불가능
투자판단	언제나 가능	불가능 (복수의 내부수익률 존재)

94 정답 ⑤

자산 수가 많도록 구성하면 비체계적 위험은 줄어들지만 체계적 위험은 줄어들지 않는다.

핵심개념 부동산 포트폴리오의 한계와 위험

구 분	내 용	
부동산 포트폴리오의 한계	• 부동산시장은 불완전시장이기 때문에 시장 포트폴리오 수익률의 계량화가 어려움 • 투자안에 따라 서로 다른 세율이 적용되므로 수익률을 산정하는 것이 어려움(평균적 수익률 도출 어려움) • 부동산 투자는 분할하는 것이 곤란하므로, 그 특성상 불가분성의 특징이 있음 • 장기시장보다는 단기시장에 더 적합한 이론이므로, 부동산시장에 적용하는 데는 한계가 있음	
부동산 포트폴리오의 위험	**체계적 위험**	**비체계적 위험**
	• 경기변동, 인플레이션 심화 같은 시장위험으로 어느 누구도 피할 수 없는 위험 • 포트폴리오를 완벽하게 구성해도 피할 수 없음	• 개별 투자안에서 발생하는 위험으로 투자자산을 다양하게 구성함으로써 피할 수 있음 • 개별 투자안에 영향을 주지만 포트폴리오 구성을 다양화하면 감소시킬 수 있음

95 정답 ②

부동산에 대한 수요와 공급은 시장에서 쉽게 조정되지 않는다.

핵심개념 부동산 분석의 필요성
• 부동산은 다른 자산에 비해 유동성이 떨어진다.
• 부동산은 시간의 경과에 따라 감가상각을 한다.
• 부동산은 비대체성으로 인해 다른 부동산과 가격, 소득 등을 직접 비교하기 곤란하다.
• 부동산은 불완전경쟁시장이므로 비동질성, 비이동성, 정보의 부족 등의 어려움이 있다.
• 부동산은 여러 법적 제약이 많으므로 투자 분석이 필요하다.
• 부동산은 수명이 오래가기 때문에 투자를 잘못하면 원상회복이 어렵다.
• 부동산의 수요와 공급은 시장에서 쉽게 조정되지 않는다.

96 정답 ⑤

청약통장은 내 집 마련뿐만 아니라 투자의 수단도 되므로 가입하여 활용하는 것이 유리하다.

97   정답 ⑤

부담부 증여는 토지거래허가가 필요한 경우에 해당한다.

핵심개념 토지거래허가 대상 기준

구 분	내 용
토지거래허가가 필요한 계약	• 토지에 대한 대물변제 계약 • 토지에 대한 대물변제 예약 • 토지에 대한 양도담보 • 토지에 대한 매도담보 • 토지에 대한 유저당계약 • 토지에 대한 가등기담보 • 부담부 증여
토지거래허가가 필요하지 않은 계약	• 건물에 대한 소유권 이전계약 • 토지에 대한 전세권·임차권·저당권(근저당 포함) 설정계약 등 • 증여·사용대차 등의 무상계약 • 상속, 유증, 사인증여 등

98   정답 ⑤

① 직접관리방식은 전통적 관리방식이다.
② 직접관리방식은 기밀유지 및 보안이 용이하다.
③ 위탁관리방식은 전문적인 관리가 가능하다.
④ 위탁관리방식은 관리요원의 건물·설비에 대한 애착이 낮다.

핵심개념 부동산 자산관리 운영방식 비교

구 분	직접관리방식	위탁관리방식	혼합관리방식
관리 방식	소유자 직접 관리방식	전문업자 대행 관리방식	전체는 직접 관리 / 일부만 위탁하는 방식
특 징	전통적 관리방식 (소규모 주택, 건물, 토지에 적합)	현대적 관리방식 (대형빌딩, 공동주택에 적합)	과도기적 관리방식 (대형·고층건물에 적합)
장 점	• 신속한 처리와 종합적 관리 • 기밀유지와 효율적인 관리 • 친절한 서비스 • 소유자의 지시 통제 강함 • 부동산설비에 대한 애착 강함	• 전문적인 관리 • 부동산소유자는 본업에 전념 • 타성화 방지 • 관리비용이 저렴	• 자가관리에서 위탁관리로 이행하는 과도기에 유리 • 일부 업무만을 위탁하여 전문성 확보
단 점	• 전문성 결여, 관리요원의 의욕저하 • 관리업무의 안일화 • 변화에 대한 대응력 부족	• 전문관리회사 신뢰문제 • 애호정신이 낮음 • 기밀유지 및 보안 불완전	• 자가관리, 위탁관리 단점 노출 위험 • 자가관리요원과 위탁관리요원 간의 원만한 관계유지 곤란 • 책임소재 불분명

99   정답 ①

근린시장 분석에 대한 내용이다. 지역 분석에는 지역경제기반 분석, 인구의 통계와 추세분석, 평균 소득수준과 고용자료 분석, 광역 교통망의 분석 등이 포함된다.

핵심개념 보유 부동산 자산분석

구 분	내 용
지역 분석	국가 경제가 지역에 미치는 영향 및 개발사업이 시장에 미치는 공간적 범위 등을 분석
근린시장 분석	근린 지방경제가 개발대상 부지에 미치는 영향을 분석
대상 부동산 개별 분석	보유 부동산에 대한 분석과 계획
시장경쟁 분석	부동산이 갖는 경쟁 부동산과의 장단점을 평가하기 위한 것
대체방안 분석	부동산 소유자의 목표를 달성하기 위해 최대유효 이용상태가 되도록 하는 부동산 자산가치에 대한 분석방안
재무석 분석	각 대체방안을 실행하면서 '비교 편익 분석방법'을 통해 검정하는 단계

100   정답 ③

국내 리츠는 미국 리츠와 달리 개발사업·단기매매가 제한되며, 법인세 면제 혜택도 없다.

핵심개념 리츠의 종류

종 류	특 징	투자대상 유형	관리형태
자기관리형 리츠	• 「상법」상 주식회사 형태로 주주총회, 이사회, 감사 등이 있음 • 자산전문운용사의 임직원을 상근으로 두며 자산의 투자·운용을 직접 수행하는 형태	일반 부동산 및 부동산 관련 유가증권	• 상근임직원 • 직접 관리
위탁관리형 리츠	「신탁업법」을 근거로 자산의 투자·운용을 자산전문관리회사에 위탁하여 수행하는 형태(부동산투자신탁)		위탁관리
구조조정형 리츠	투자자로부터 받은 자금을 바탕으로 Paper Company를 만들어 기업 구조조정용 부동산을 매입한 뒤, 일정 기간 후 매각을 통해 이익을 배분하는 형태	기업구조조정 부동산	

제1회 정답 및 해설

01	02	03	04	05	06	07	08	09	10
③	⑤	②	②	③	②	④	③	④	⑤
11	12	13	14	15	16	17	18	19	20
⑤	①	①	④	④	①	③	④	①	①
21	22	23	24	25	26	27	28	29	30
④	①	②	②	①	④	④	⑤	③	③
31	32	33	34	35	36	37	38	39	40
④	④	①	②	③	②	①	②	④	④
41	42	43	44	45	46	47	48	49	50
⑤	③	①	②	③	②	⑤	④	②	③
51	52	53	54	55	56	57	58	59	60
④	⑤	④	②	①	⑤	③	④	②	③
61	62	63	64	65	66	67	68	69	70
④	④	⑤	④	②	②	①	①	④	①
71	72	73	74	75	76	77	78	79	80
⑤	④	④	③	③	④	④	⑤	⑤	④
81	82	83	84	85	86	87	88	89	90
⑤	①	④	②	③	③	③	①	③	②
91	92	93	94	95	96	97	98	99	100
③	②	③	⑤	③	④	④	③	④	③

제1과목 금융자산 투자설계(70문항)

01
정답 ③

MMDA의 최저 가입금액은 보통 5백만원 이상으로, 통장 신규 개설 시에만 입금액의 제한을 두고 있으며, 개설 이후에는 금액에 제한 없이 거래가 가능하다.

핵심개념 MMDA(Money Market Deposit Account)의 특징

구 분	내 용
가입대상	• 실명의 개인 • 국가, 지방자치단체, 납세번호를 부여받은 임의단체, 법인 및 사업자등록증을 소지한 개인
저축기간	제한 없음
최고 가입한도	제한 없음
최저 가입금액	보통 5백만원 이상(통장 신규 개설 시에만 입금액에 제한이 있음)
이자지급방법	3개월 단위로 이자를 원금에 가산하는 방식
예금자보호	보 호

02
정답 ⑤

사고신고는 원칙적으로 신고인이 서면으로 접수하여야 하나, 긴급한 사유 등 금융기관이 인정하는 사유에 해당하는 경우에는 전화 등 유선을 통해 사고신고를 접수받을 수 있도록 하고 있다.

핵심개념 자기앞수표의 구분

구 분	내 용
정액자기앞수표	10만원권종, 50만원권종, 100만원권종 등 세 가지 종류
일반자기앞수표	발행 시 임의의 금액을 인쇄하여 발행하는 수표

03
정답 ②

사고신고된 수표가 선의취득자로부터 수표의 지급제시 기간 내에 제시되고 사고신고인이 동 수표와 관련하여 법적절차가 진행 중임을 증명할 수 있는 서류를 사고신고일로부터 5영업일 이내에 제출하지 아니한 경우 수표의 소지인에게 수표대금을 지급할 수 있다.

04
정답 ②

당좌예금을 개설하기 위해서는 금융기관이 정한 신용조사 예외 대상자를 제외하고는 당좌개설을 위한 신용조사를 받아야 하며, 개설 이후에도 연 1회 이상 계속거래를 위한 신용조사를 받아야 한다.

핵심개념 당좌대월

당좌대출이라고도 하며, 당좌예금계정과 신용한도를 연결한 제도로 당좌예금 계정을 가진 고객에게 신용한도를 미리 설정하여 두고 수표가 당좌예금 잔액을 초과하여 발행되더라도 그 설정한도까지는 결제가 가능하도록 하는 제도이다.

05
정답 ③

제시기간 미도래는 수표의 경우는 제외된다.

핵심개념 어음 · 수표의 부도반환 사유

• 예금부족
• 무거래
• 형식불비
• 분실 · 도난 · 피사취 · 계약불이행 등의 사고신고서접수
• 위조 · 변조
• 제시기간 경과 또는 미도래(수표의 제시기간 미도래의 경우는 제외)
• 인감서명 상이
• 지급지 상이
• 법적으로 가해진 지급제한

06 정답 ②

정기예탁금은 신용협동기구에서 취급하는 거치식 상품으로, 신용협동기구는 예금자보호법에 의한 예금보호 대상 금융기관에 속하지 않으므로 신용협동기구에서 취급하는 모든 예탁금은 예금자보호법에 의해 보호받을 수 없다(신용협동기구 별도 기금으로 보호).

07 정답 ④

가입일부터 1개월 이내에 해지하는 경우에는 이자를 지급하지 아니한다.

핵심개념 주택청약종합저축의 적용이율 및 지급방법

적용이율은 한국은행이 발표하는 예금은행 정기예금 가중평균 수신금리 등을 고려하여 주택청약종합저축의 가입일부터 해지일까지의 기간에 따라 국토교통부장관이 정하여 고시하는 이자율을 적용하여 산정하며, 해지 시에는 원금과 이자를 지급한다. 단, 가입일부터 1개월 이내에 해지하는 경우에는 이자를 지급하지 아니한다.

08 정답 ③

일임형은 사전 투자자의 위험성향별로 모델포트폴리오를 구성하여 제시해야 하고, 분기 1회 이상 포트폴리오 재배분을 실시해야 한다.

핵심개념 ISA의 구분

ISA는 자산의 운용방법에 따라 신탁형과 일임형으로 구분됨

구 분	내 용
신탁형	투자자가 직접 종목이나 수량을 지정하여 운용지시하는 형태
일임형	• 투자자에게 투자일임을 받아 전문 운용인력이 자산을 직접 운용하고 그 결과를 투자자에게 귀속시키는 형태 • 사전 투자자의 위험성향별로 모델포트폴리오(MP)를 구성하여 제시 • 분기 1회 이상 포트폴리오 재배분 실시 • 자산 처분 및 취득 시 투자자에게 사전통지의무를 이행

09 정답 ④

집합투자는 투자전문가들이 다양한 유가증권에 분산투자하여 투자위험을 최소화하며 재산의 운영과 관련하여 투자자로부터 일상적인 운용지시를 받지 아니하는 독립성을 가진다.

핵심개념 집합투자의 특징

• 공동투자 및 전문가에 의한 대행투자(간접투자)
• 실적배당의 원칙
• 분산투자와 운용의 독립성
• 자산보관 및 관리의 안전성

10 정답 ⑤

① 판매보수의 경우 집합투자재산 연평균가액의 1%를 한도로 하고 있다.
② 판매수수료의 경우 납입금액 또는 환매금액의 2%를 한도로 하고 있다.
③ 판매수수료는 장기투자 시 유리하고, 판매보수는 단기투자 시 유리하다.
④ 판매수수료는 투자자로부터 직접 취득하고, 판매보수는 집합투자기구로부터 취득한다.

핵심개념 판매보수와 판매수수료의 정의

구 분	내 용
판매보수	투자매매업자 또는 투자중개업자가 투자자에게 지속적으로 제공하는 용역의 대가로 집합투자자로부터 받는 금전
판매수수료	투자매매업자 또는 투자중개업자가 집합투자증권 판매의 대가로 투자자로부터 직접 받는 금전

11 정답 ⑤

성장주 펀드는 주로 Top-Down 및 Bottom-Up 방식을 병행하여 투자의사를 결정한다.

핵심개념 가치주 펀드와 성장주 펀드의 차이점

가치주 펀드	성장주 펀드
• 저평가된 주식에 투자 • 저PBR주, 저PER주, ROE대비 저PBR주 • Bottom-Up 방식 • 낮은 변동성과 매매회전율 • 낮은 시장민감도	• 성장가치가 높은 주식에 투자 • 고PBR주, 고PER주, ROE대비 고PBR주 • Top-Down 및 Bottom-Up 방식 병행 • 높은 변동성과 매매회전율 • 높은 시장민감도

12 정답 ①

상승수익추구형은 주가지수 하락 시 원본을 보존하고, 주가지수 상승 시 참여율을 적용하여 수익률이 정해진다.

핵심개념 구조화 상품의 손익구조 구분

구 분	내 용
원금보장형	방향성 수익추구형 : 기초자산 가격 변동폭에 대한 참여율을 적용하면서 일정 베리어를 터치할 경우 낙아웃이 발생하는 구조 • 상승수익추구형 : 주가지수 하락 시 원본 보존, 주가지수 상승 시 참여율 적용 • 하락수익추구형 : 주가지수 상승 시 원본 보존, 주가지수 하락 시 참여율 적용
	범위형 : 기초자산 가격이 특정 범위 내에 있을 때는 사전에 정한 일정한 수익률을 지급하지만 기초자산 가격이 특정 범위를 벗어나는 경우에는 원금만 지급하는 구조
	디지털형 : 미리 정한 조건에 충족되면 수익을 지급하고, 그렇지 않으면 수익을 지급하지 않는 형태의 수익구조

원금비보장형	원금부분보장형 : 원금보장형에 비하여 원금보장을 위한 채권 등의 투자비중을 낮게 하는 대신, 그만큼 옵션 등의 투자비중을 증가시킴으로써 상품의 수익구조를 원금보장형보다 유리하도록 구성한 ELS 또는 ELF 상품
	원금비보장형 : 2가지 주가지수 또는 개별종목을 기초자산으로 하면서 수익상황 조건이 차츰 하락하여(stepdown) 상환가능성을 높이는 구조의 ELS 상품(2Star)
	참고 3Star : 기초자산으로 3종목을 사용하는 경우

13
정답 ①

연금 수령요건은 최소 납입기간이 5년 이상 경과하고, 만 55세 이상이면서, 수령기간은 10년 이상 연 단위로 수령 가능하다.

14
정답 ④

① 주택담보대출 : 금융기관 담보대출의 가장 대표적인 형태로, 아파트, 다세대주택, 연립주택, 단독주택 등 공부상 주택을 담보로 제공하고 받는 대출이다.

② 보증서담보대출 : 신용보증기금의 신용보증서나 주택금융신용보증서, 금융기관의 지급보증서 또는 서울보증보험의 보증보험서 등을 담보로 하여 취급하는 담보대출이다.

③ 모기지론 : 부동산을 담보로 주택저당증권을 발행하여 10년 이상 장기로 취급하는 주택자금대출의 한 종류를 말한다.

⑤ 신용대출 : 신용을 바탕으로 이루어지는 대출로, 통상 금융기관 신용대출은 개인신용평가시스템을 이용하여 산출된 개인의 신용등급을 기준으로 대출한도 및 금리가 결정된다.

핵심개념 역모기지론의 구조
• 주택 소유자가 한국주택금융공사에 보증을 신청 → 보증서 발급 → 금융기관에서 보증서를 담보로 대출 실행 → 채무자에게 연금으로 지급
• 일반 주택담보대출에 비해 저금리 적용

15
정답 ④

외화당좌예금은 원화당좌예금과 달리 수표・어음은 발행하지 않고, 거래명세표와 지급청구서에 의하여 지급되며 원칙적으로 이자를 지급하지 않는다.

핵심개념 전신환매매율
자금의 결제를 전신환을 통하여 실행하는 경우에 적용되는 환율로, 자금의 결제가 1일 이내에 완료되므로 자금결제 기간에 따른 금리요소가 개입되지 않는 환율을 의미한다.

16
정답 ①

미성년자의 경우 법정대리인의 동의에 의하여 발급이 가능한데, 이때 법정대리인의 동의서와 미성년자의 소득증빙서류 등을 제출해야 한다.

17
정답 ③

기본적 분석에서는 내재가치가 시장가치에 비해 낮게 형성되어 있으면 매도를, 내재가치가 시장가치에 비해 높게 형성되어 있으면 매수를 고려한다.

18
정답 ④

환율 상승은 주식시장에 긍정적, 환율 하락은 주식시장에 부정적으로 작용하므로 환율이 상승하면 주가가 상승하고, 환율이 하락하면 주가가 하락한다.

19
정답 ①

가격결정의 지표는 유통시장의 주요 기능에 해당한다.

핵심개념 발행시장과 유통시장의 주요 기능

발행시장	유통시장
• 자금조달 기능	• 환금성 제공
• 자본의 효율성 제고	• 공정가격의 제공
• 금융정책의 수단	• 가격결정의 지표
• 투자수단 제공	• 유가증권 담보력 제고

20
정답 ①

경기변동은 확장기와 수축기의 길이가 다르게 나타나는 것이 일반적이다.

21
정답 ④

제품이 비차별적일 때 구매자의 교섭력은 강해진다.

핵심개념 구매자의 교섭력과 공급자의 교섭력

구매자의 교섭력이 강한 경우	공급자의 교섭력이 강한 경우
• 구매자들이 조직화될 때	• 공급자가 소수이거나 조직화될 때
• 제품정보에 대해 많이 알고 있을 때	• 대체품이 거의 없을 때
• 제품이 비차별적일 때	• 공급되는 제품이 중요한 투입요소일 때
• 구매자의 전환비용이 낮을 때	
• 구매자들이 낮은 이윤 때문에 가격에 민감할 때	• 공급자를 변경하는 데 소요되는 전환비용이 높을 때
• 구매자들이 후방통합을 할 수 있을 때	• 공급자가 전방통합할 가능성이 높을 때

22
정답 ①

② 성장기 : 판매촉진이 효과를 보면서 매출이 증가하고 시장규모가 확대되는 단계
③ 성숙기 : 안정적인 시장점유율을 차지하게 되지만, 시장이 포화상태에 이르러 매출성장이 둔화되는 단계
④ 쇠퇴기 : 신제품 또는 신기술의 등장으로 기존 산업의 수요가 지속적으로 감소하고 규모가 정체되거나 쇠퇴하는 단계

23
정답 ②

매출채권회수기간은 활동성 관련 재무비율에 해당한다.

핵심개념 안정성 관련 재무비율

구 분	내 용
유동비율	$\dfrac{유동자산}{유동부채} \times 100(\%)$
부채비율	$\dfrac{타인자본}{자기자본} \times 100(\%)$
고정비율	$\dfrac{고정자산}{자기자본} \times 100(\%)$
이자보상비율	$\dfrac{영업이익}{이자비용} \times 100(\%)$

24
정답 ②

$$\text{ROE} = \dfrac{순이익}{자기자본}$$

자기자본 = 총자산 × 자기자본비율 = 500억원 × 0.6 = 300억원

따라서 $\text{ROE} = \dfrac{순이익}{자기자본} = \dfrac{30억원}{300억원} \times 100 = 10\%$

핵심개념 ROA와 ROE 공식

• $\text{ROA} = \dfrac{순이익}{총자산}$

• $\text{ROE} = \dfrac{ROA}{자기자본비율}$

25
정답 ①

주가는 시장에서 가치가 결정되고 주당순자산은 재무상태표에 나와 있는 순자산을 발행주식수로 나누어서 계산한 것이기 때문에 주가순자산비율은 다른 말로 시장가치 대 장부가치비율이라고도 한다. 따라서 주가순자산비율은 분모는 장부가치를, 분자는 시장가치를 사용하여 계산한다.

핵심개념 시장가치비율

구 분	내 용
주가수익비율(PER)	$\dfrac{주가}{주당순이익}$ → 주당이익의 창출능력에 비해 주가가 높은지 낮은지를 판단하는 기준
주가순자산비율(PBR)	$\dfrac{주가}{주당순자산}$ → 시장가치 대 장부가치비율
주가현금흐름비율(PCR)	$\dfrac{주가}{주당현금흐름}$ → 기업의 영업성과와 자금조달 능력 측정
주가매출액비율(PSR)	$\dfrac{주가}{주당매출액}$ → 영업성과에 대한 객관적인 자료 제공(PER의 단점 보완)
토빈의 q	$\dfrac{자산의 시장가치}{추정 대체비용}$ → 기업자산의 시장가치와 현시점에서 자산을 재구입할 경우 소요되는 대체원가와의 관계
배당수익률	$\dfrac{1주당 배당금}{주가}$ → 주식 1주를 보유함으로써 얼마의 현금배당을 받을 수 있는지를 판단

26
정답 ④

정률성장 배당모형은 미래 배당흐름이 매년 일정하게 증가한다고 가정한 모형으로, 필요자금은 내부자금으로만 조달된다는 것을 전제로 한다.

핵심개념 정률성장 배당모형의 가정

• 이익과 배당이 매년 일정하게 성장
• 요구수익률, 유보율, 배당성향, 재투자수익률(ROE) 일정
• 요구수익률 > 성장률
• 필요자금은 내부자금만으로 조달

27
정답 ④

정률성장 배당모형을 이용하여 주식의 이론적 가치를 나타낸 식은 다음과 같다.

$$P_0 = \frac{D_1}{k-g} = \frac{D_0(1+g)}{k-g}$$

k(요구수익률) = 무위험이자율 + β(시장포트폴리오의 기대수익률 – 무위험이자율)

= 2% + 0.8(12% – 2%) = 10%

g(배당성장률) = β × 자기자본이익률 = 0.8 × 0.10 = 0.08

따라서 $P_0 = \dfrac{D_0(1+g)}{k-g} = \dfrac{1,000(1+0.08)}{0.10-0.08} = \dfrac{1,080}{0.02} = $ 54,000원

28   정답 ⑤

정상적 PER $= \dfrac{1-f}{k-g} = \dfrac{1-f}{k-f \cdot r}$

- $1-f$: 기대되는 배당성향
- f : 사내유보율
- r : 재투자수익률(ROE)
- k : 요구수익률

따라서 정상적 PER $= \dfrac{1-f}{k-f \cdot r} = \dfrac{1-f}{0.10 - f \cdot 0.10}$

$\qquad\qquad\qquad\qquad = \dfrac{1-f}{0.10(1-f)} = \dfrac{1}{0.10} = 10$

29   정답 ③

EV/EBITDA는 기업가치가 순수한 영업활동을 통한 이익의 몇 배인가를 알려주는 지표로, EV/EBITDA 비율이 낮다면 회사의 주가가 기업가치에 비해 저평가되었다고 평가할 수 있다. 예를 들어 EV/EBITDA가 3배라는 의미는 그 기업을 시장가격으로 매수하였을 때 그 기업이 벌어들인 이익으로 3년 만에 투자원금을 회수할 수 있다는 것이다.

핵심개념 EV/EBITDA 비율 공식

$\dfrac{EV}{EBITDA} = \dfrac{\text{기업가치}}{\text{이자 · 세금 · 감가상각비 차감전 이익}}$

30   정답 ③

트레이너지수는 시장 민감도를 나타내는 베타지수로 초과수익률을 나눈 것이다. 샤프지수는 펀드수익률에서 무위험채권 이자율을 뺀 값을 펀드수익률의 표준편차로 나누어 계산한다. 트레이너지수가 펀드의 베타계수만을 고려하는 반면, 샤프지수는 전체 위험을 고려하는 표준편차를 사용하고 최소 1개월 이상의 수익률 데이터를 필요로 한다.

31   정답 ④

- 적극적 투자전략 : ㉠, ㉣
- 소극적 투자전략 : ㉡, ㉢, ㉤

32   정답 ④

실제 정확한 기준으로 평가하여 부담하게 되는 금리를 실효금리라 하고, 단순히 겉으로 표기되어 드러난 금리를 표면금리라고 한다.

33   정답 ①

② 정책금리 : 각국 중앙은행에서 인위적으로 결정하는 모든 금리의 기준이 될 수 있는 초단기금리를 말한다.

③ 명목이자율 : 물가상승률이 반영되지 않은 이자율이다.

④ 실효금리 : 실제 정확한 기준으로 평가되어 부담하게 되는 금리로, 다양한 현금흐름의 금리상품들도 연단위의 복리이자율로 환산한 실효수익률은 수많은 종류의 금융상품들의 수익률 또는 금리를 동일조건으로 기준화하여 정확히 비교할 수 있게 하므로 올바른 투자판단지표가 될 수 있다.

⑤ 표면금리 : 단순히 겉으로 표기되어 드러난 금리로, 일부 금융상품의 경우 수익률을 과시하기 위해 단리 등의 표면금리로 표시하기도 하는데 투자자는 이를 실효수익률로 재산출하여 인식하고 타 수익률과 비교해야 상품의 올바른 가치를 측정할 수 있다.

34   정답 ②

①·③·④·⑤는 시장금리의 상승 요인에 해당한다.

핵심개념 시장금리의 변동 요인

상승 요인	하락 요인
• 물가 상승	• 물가 하락
• 경기 호전	• 경기 하강
• 시중자금 부족	• 시중자금 풍부
• 확장 재정정책(국채발행 증가)	• 긴축 재정정책(국채발행 감소)
• 주요 선진국 금리수준 상승	• 주요 선진국 금리수준 하락
• 채권수급 악화(매수자 < 매도자 + 발행자)	• 채권수급 호전(매수자 > 매도자 + 발행자)

35   정답 ③

주식의 자본형태는 자기자본, 채권의 자본형태는 타인자본이다.

36   정답 ②

이표채는 이자지급방식에 따른 채권의 종류에 해당한다.

핵심개념 발행조건에 따른 채권의 종류 구분

발행주체	이자지급방식
• 국채	• 이표채
• 지방채	• 할인채
• 특수채	• 복리채
• 금융채	
• 회사채	

37 정답 ①

통안채(통안증권 또는 통화안정화증권)에 대한 설명이다. 시중의 유동성을 흡수하기 위해서는 통안채 발행량을 만기량보다 많게 하고 시중에 유동성을 공급하기 위해서는 통안채 발행량을 만기량보다 적게 한다.

38 정답 ②

① 회사채 : 상법상의 주식회사가 발행하는 채권으로 회사의 채무이행 능력에 따라 AAA부터 D까지의 다양한 신용등급을 부여받는다.

③ 복리채 : 이자가 자동으로 발행이율만큼 복리로 재투자된 후 만기일에 원금과 재투자된 이자를 함께 상환받는 채권이다.

④ 고정금리부채권 : 만기까지의 수익률이 확정되어 있는 채권을 말한다.

⑤ 공모발행채권 : 50인 이상의 불특정 다수 투자자들을 대상으로 하는 채권을 말한다.

39 정답 ④

10,000 ÷ (1 + 0.05)^2 = 약 9,070원

40 정답 ④

전환사채는 주가가 하락한다 하더라도 회사가 부도나지 않는다면 보유한 채권의 원리금을 상환받을 수 있다.

> **핵심개념** 전환사채(CB ; Convertible Bond)의 투자위험 문제점
> • 채권을 주식으로 전환할 수 있는 권리와 신주를 인수할 수 있는 권리를 갖는 대신 일반채권에 비해 보장금리가 상당히 낮음
> • 주식 청구권을 행사할 경우에 신주가 발행되기 때문에 주식의 물량부담이 커짐에 따라 주가가 쉽게 상승하기 어렵다는 단점이 있음
> • 주로 일반적인 회사채시장을 통한 자금조달이 어려운 기업들에 의해 발행되기 때문에 회사의 제반여건을 보다 면밀히 살펴봐야 함

41 정답 ⑤

표면이자율이 낮은 채권이 표면이자율이 높은 채권보다 금리변동에 따른 가격 변동폭이 크다.

42 정답 ③

$$수정듀레이션 = \frac{맥컬레이듀레이션}{1 + 채권수익률}$$

$$= \frac{8.16}{1+\dfrac{0.10}{4}} = 약\ 7.96$$

43 정답 ①

불 플래트닝은 장기금리가 단기금리보다 하락해 커브가 평평해지는 현상으로, 장단기 스프레드가 축소되는 것을 말한다.

> **핵심개념** 채권 수익률곡선(일드커브)의 플래트닝과 스티프닝 구분
> 플래트닝과 스티프닝에서 강세(Bull)와 약세(Bear)를 나누는 기준은 국채임
> • 국채시장 강세(Bull) → 국채수요 증가 → 국채가격 상승 → 국채수익률 하락
> • 국채시장 약세(Bear) → 국채수요 감소 → 국채가격 하락 → 국채수익률 상승

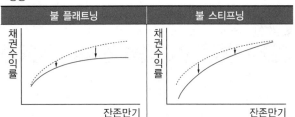

불 플래트닝	불 스티프닝
• 채권시장 강세 • 장단기 스프레드 축소 • 장기금리가 단기금리보다 빠르게 하락하여 수익률곡선이 평평해짐	• 채권시장 강세 • 장단기 스프레드 확대 • 단기금리가 장기금리보다 빠르게 하락하여 수익률곡선이 가팔라짐

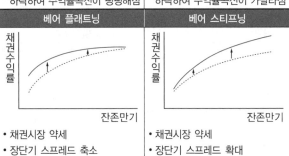

베어 플래트닝	베어 스티프닝
• 채권시장 약세 • 장단기 스프레드 축소 • 단기금리가 장기금리보다 빠르게 상승하여 수익률곡선이 평평해짐	• 채권시장 약세 • 장단기 스프레드 확대 • 단기금리보다 장기금리가 빠르게 상승하여 수익률곡선이 가팔라짐

44 정답 ②

① A : 원리금 지급능력이 우수하나, 장래의 경제여건 및 환경변화에 영향을 받을 수 있음

③ BB : 원리금 지급능력에 당면 문제가 없지만, 장래 안전을 단언하기 어려움

④ B : 원리금 지급능력이 부족하여 투기적임

⑤ CCC : 원리금 지급이 현재에도 불확실하며 채무 불이행 위험이 큼

45 정답 ③

채권 투자수익률 = 자본손익률 + 이자수익률

$$= \frac{(10,500 - 10,000) + 400}{10,000} = 0.09 = 9\%$$

46 정답 ②

금융기관 등 기업이 보유한 채권의 평가는 원칙적으로 시가평가방식을 사용해야 하나 만기까지 보유하는 목적의 채권들에는 장부가평가방식을 허용하고 있다.

47 정답 ⑤

선물의 실물인수도비율은 매우 낮지만, 선도는 NDF를 제외한 대부분이 실물인수도이다.

핵심개념 선물과 선도의 차이점 구분

구 분	선 물	선 도
거래장소	거래소	특정장소 없음
거래방법	공개호가방식 또는 전자결제시스템	거래당사자 간의 계약
거래금액	표준단위	제한 없음
가격형성	시장에서 형성	거래당사자 간의 협의로 형성
신용위험	거래소가 계약이행 보증	계약불이행 위험이 존재
증거금	증거금 납부	• 은행 간 거래 : 증거금 없음 • 대고객 거래 : 필요에 따라 증거금 요구
일일정산	일일정산 이루어짐	일일정산이 없고 만기일에 정산
실물인수도	실물인수도 비율 매우 낮음	NDF를 제외한 대부분이 실물인수도
만기일	특정 월의 특정일	거래당사자 간의 협의

48 정답 ④

주가지수선물의 경우 약세 스프레드전략은 스프레드가 축소될 것으로 예상하는 경우 원월물을 매도하고 근월물을 매수한다.

핵심개념 강세 스프레드전략과 약세 스프레드전략

구 분	내 용
강세 스프레드전략	원월물 가격이 근월물에 비해 상대적으로 더 많이 상승하거나 더 적게 하락할 것으로 예상하는 경우 (스프레드 확대 예상) → 원월물 매수, 근월물 매도
약세 스프레드전략	원월물 가격이 근월물에 비해 상대적으로 더 많이 하락하거나 더 적게 상승할 것으로 예상하는 경우 (스프레드 축소 예상) → 원월물 매도, 근월물 매수

49 정답 ②

지수선물을 이용하여 주식 포트폴리오의 시장리스크, 즉 베타를 조정할 때 매도 또는 매수해야 할 지수선물 계약 수는 다음과 같이 계산된다.

$$N = (\beta_T - \beta_P) \times \frac{P}{F}$$

- β_T : 주식 포트폴리오의 목표 베타
- β_P : 주식 포트폴리오의 시장인덱스에 대한 베타
- F : 주가지수선물 한 계약의 현재가치
- P : 주식 포트폴리오의 현재가치
- N : 주가지수선물 계약 수

따라서 $N = (1.5 - 0.9) \times \dfrac{100억원}{400포인트 \times 25만원}$

$= 0.6 \times 100 = 60$계약

N이 양(+)이면 매수포지션을 취해야 할 지수선물 계약 수를 나타내고, N이 음(-)이면 매도포지션을 취해야 할 지수선물 계약 수를 나타내므로, KOSPI200 선물 60계약을 매수한다.

50 정답 ②

$$N = (\beta_T - \beta_P) \times \frac{P}{F}$$

200계약 $= (조정 후 \beta - 0.9) \times \dfrac{500억원}{400포인트 \times 25만원}$

$= (조정 후 \beta - 0.9) \times 500$

조정 후 $\beta - 0.9 = 0.4$

따라서 조정 후 $\beta = 1.3$

51 정답 ④

환율 하락으로 인한 손실을 피하기 위해 6개월 원-달러 선물환을 달러당 1,100원(선물환율)에 $1,000,000만큼 매도하는 헤지전략이 필요하다. 따라서 매도헤지 결과 B기업은 6개월 후의 환율변동에 관계없이 11억원(= 1,000,000 × 1,100)을 확보할 수 있게 된다.

52 정답 ⑤

A기업은 3개월 후 달러자금 수취 시 달러가치 하락, 즉 원-달러 환율 하락 위험에 노출되어 있다. 한국거래소에 상장된 미국 달러선물의 거래단위는 $10,000이므로 원-달러 환율 하락으로 인한 손실을 피하기 위해서는 미국 달러선물 500(= $5,000,000 / $10,000)계약을 매도하여야 한다.

핵심개념 선물환을 이용한 환리스크 관리

구 분	내 용
매수헤지	• 장래 매수해야 할 통화의 가치가 상승하여 손실이 생길 가능성에 대비하여 선물환 또는 통화선물을 매수하는 거래 • 해당 통화로 수입대금을 결제해야 하는 수입업자, 차입금을 갚아야 하는 차입자 등이 활용
매도헤지	• 미래에 매도해야 할 통화의 가치가 하락할 것을 우려하여 선물환 또는 통화선물을 매도하는 거래 • 해당 통화로 수출대금을 결제받을 수출업자, 투자금 또는 대출금을 받게 되는 투자자 등이 활용

53
정답 ④

주가와 환율이 반대방향으로 움직이는 경우에는 주가와 환율 간의 공분산이 음(−)이 되어 포트폴리오의 리스크가 감소한다.

54
정답 ②

미국형 옵션은 만기일 이전에도 행사가 가능한 반면, 유럽형 옵션은 만기일에만 행사가 가능하다.

55
정답 ①

풋옵션은 팔 수 있는 권리이므로 행사가격보다 기초자산가격(KOSPI200 지수)이 작을 때 가치를 가진다. 문제의 풋옵션은 행사가격(250)보다 만기 시 KOSPI200지수(252)가 더 높아서 풋옵션 매수자는 권리행사를 포기한다. 따라서 매수한 풋옵션 프리미엄만큼의 손실을 보게 된다. KOSPI200지수옵션은 1포인트에 25만원이므로 −1.5p × 25만원 = −37.5만원의 손실을 본다.

56
정답 ⑤

버터플라이 매도는 주가의 변동성이 커질 가능성이 높지만, 이익과 손실을 제한시키고자 하는 전략이고, 버터플라이 매수는 주가가 당분간 안정적일 것으로 예상하지만, 이익과 손실을 제한시키고자 하는 전략이다.

57
정답 ③

환율이 1,200원 이하로 하락하는 경우에도 현물에서의 손실이 풋옵션에서의 이익과 상쇄되어 전체 손실은 10원으로 고정된다.

핵심개념 풋옵션 매수헤지 그래프

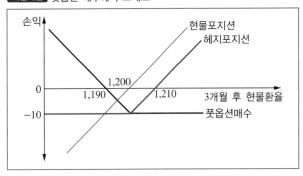

58
정답 ④

K기업은 현재 120억원을 원화자산에 투자하고 있는 반면에 1,000만달러의 달러부채를 동시에 보유하고 있다. 따라서 환율변동 위험을 관리하기 위해서는 지급하는 달러 현금흐름과 수취하는 원화 현금흐름을 상쇄시키는 통화스왑 거래가 필요하다. 즉 통화스왑 거래 만기 시 달러 원금을 수취하여 달러 차관을 상환할 수 있어야 한다. 그러므로 K기업은 만기에 원화 원금을 지급하고, 달러 원금을 수취하는 통화스왑 거래를 하여야 한다. 즉, 만기에 원화로 투자한 자산에서 나오는 원금을 받아서 통화스왑 상대방에게 지급하고, 상대방으로부터 달러 원금을 수취하여 달러부채를 상환하면 환율변동 리스크를 관리할 수 있다.

59
정답 ②

산술평균은 각 기간별 수익률을 단순 평균한 것으로 복리계산을 무시하기 때문에 기하평균보다 높다.

60
정답 ③

분산 $\sigma_A^2 = (0.6 - 0.1)^2 \times 0.4 + (0.1 - 0.1)^2 \times 0.2 +$
$\qquad (-0.4 - 0.1)^2 \times 0.4$
$\qquad = 0.1 + 0 + 0.1 = 0.2 = 20\%$

따라서 표준편차 $= \sqrt{\sigma_A^2} = \sqrt{0.2} = 0.4472 = 44.72\%$

정답 및 해설

61
정답 ④

A와 B 두 자산의 공분산을 각 자산의 수익률의 표준편차로 나누어 다음과 같이 상관계수를 계산할 수 있다.

$$\rho_{AB} = \frac{COV_{AB}}{\sigma_A \times \sigma_B}$$

따라서 주식 A와 B의 상관계수는 $\frac{0.014}{0.2 \times 0.1} = \frac{0.014}{0.02} = 0.7$

핵심개념 상관계수의 범위

$$-1 \leq \rho_{AB} \leq 1$$

- +1일 때 : 두 개의 자산은 완전한 양의 상관관계
- 0일 때 : 두 개의 자산은 아무런 관계가 없음
- -1일 때 : 두 개의 자산은 완전한 음의 상관관계로 정반대로 움직인다는 의미

62
정답 ④

위험회피자라고 해서 모두 동일한 무차별곡선을 갖는 것은 아니다. 투자자들이 위험을 싫어하는 정도에 따라 위험에 대해 요구하는 보상의 정도가 달라지기 때문에 투자자들의 무차별곡선은 서로 다른 모양을 갖게 된다. 즉, 위험회피성향이 클수록 동일한 위험 증가에 대해 더 큰 보상을 요구할 것이므로 무차별곡선의 기울이는 더 가파른 형태를 띠게 된다.

63
정답 ⑤

위험회피적인 투자자일수록 최소분산 포트폴리오에 근접하게 된다.

핵심개념 위험자산 간의 효율적 프런티어

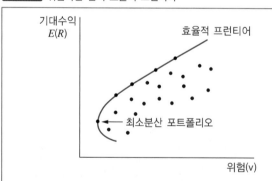

→ 좌측으로 갈수록 위험은 작아지고 위로 갈수록 수익률이 높아지기 때문에 위험회피적인 투자자일수록 최소분산 포트폴리오에 근접하게 된다.

64
정답 ④

증권시장선(SML)상에서 주식의 기대수익률(또는 요구수익률)은 다음과 같이 예측할 수 있다.

$$E(R_A) = R_f + \beta_A [E(R_M) - R_f]$$

- $E(R_A)$: 개별 증권 A의 기대수익률
- $E(R_M)$: 시장포트폴리오의 기대수익률
- R_f : 무위험수익률
- β_A : 개별 증권 A의 베타계수

따라서 주식 A의 기대수익률 = 4% + 1.5[10% − 4%] = 13%

65
정답 ②

차익거래 기회는 동일한 자산에 대해서뿐만 아니라 상대적 가격 오류가 존재하는 둘 이상의 자산에 대해서도 적용될 수 있다.

66
정답 ②

제2사분면을 선택한 투자자는 시장예측을 통한 선제적인 자산배분 활동이 성공하기는 어렵지만, 각 자산군 내에서 상대적으로 우수한 증권을 선택하여 시장 평균을 초과하는 수익을 내는 것은 가능하다고 믿는 투자자이다.

핵심개념 투자전략 매트릭스에 따른 투자관 구분

제4사분면	제2사분면
• 성공적인 시장 예측이 가능한가? 예	• 성공적인 시장 예측이 가능한가? 아니오
• 우수한 증권선택이 가능한가? 예	• 우수한 증권선택이 가능한가? 예
제3사분면	**제1사분면**
• 성공적인 시장 예측이 가능한가? 예	• 성공적인 시장 예측이 가능한가? 아니오
• 우수한 증권선택이 가능한가? 아니오	• 우수한 증권선택이 가능한가? 아니오

67
정답 ①

벤치마크는 평가기간이 시작되기 전에 미리 정해져야 한다.

핵심개념 벤치마크의 개념

벤치마크(BM ; Bench Mark)는 성과 평가의 기점이 되는 기준 잣대로, 투자위험과 기대수익의 조합에 따라 자산집단이나 개별 상품별로 정해질 수 있다.

68
정답 ①

젠센의 알파는 다음과 같이 구할 수 있다.

$$R_p - R_f = \alpha_p + \beta_p(R_m - R_f)$$
$$\alpha_p = (R_p - R_f) - \beta_p(R_m - R_f)$$

- R_p : 펀드수익률
- R_f : 무위험수익률
- β_p : 포트폴리오수익률의 베타
- R_m : 시장포트폴리오 수익률

각 펀드의 젠센의 알파 값을 위 공식에 대입하여 구하면,

$\alpha_A = (0.09 - 0.03) - 0.4(0.05 - 0.03) = 0.052 = 5.2\%$

$\alpha_B = (0.10 - 0.03) - 1(0.05 - 0.03) = 0.05 = 5\%$

$\alpha_C = (0.11 - 0.03) - 1.5(0.05 - 0.03) = 0.05 = 5\%$

$\alpha_D = (0.12 - 0.03) - 2.0(0.05 - 0.03) = 0.05 = 5\%$

$\alpha_E = (0.13 - 0.03) - 2.5(0.05 - 0.03) = 0.05 = 5\%$

따라서 젠센의 알파 값이 가장 큰 펀드는 A이다.

69
정답 ④

- 샤프지수 = $\dfrac{R_p - R_f}{\sigma_p} = \dfrac{12\% - 4\%}{8\%} = 1.0$

- 트레이너지수 = $\dfrac{R_p - R_f}{\beta_p} = \dfrac{12\% - 4\%}{2.0\%} = 4.0$

따라서 샤프지수는 총위험 한 단위당 1단위의 초과수익을, 트레이너지수는 체계적위험(β) 한 단위당 4단위의 초과수익을 올리고 있음을 의미한다(트레이너지수 계산 시 β값은 %단위로 간주).

70
정답 ①

전략적 자산배분은 자산군별 배분비율을 수시로 변경해서는 안 되지만, 최초 가정했던 경제변수나 고객의 재정 상황, 투자 제약 요소, 위험 감내도 등이 크게 변한 경우에 한해서는 신중하게 변경해야 한다.

제2과목 비금융자산 투자설계(30문항)

71
정답 ⑤

부동산은 질권을 설정할 수 없으나, 동산은 질권을 설정할 수 있다.

핵심개념 부동산과 동산의 법률적 차이

구 분	부동산	동 산
공시방법	등 기	점 유
권리변동	등 기	인도(점유의 이전)
공신력	불인정	인정(선의취득)
제한물권의 범위	• 담보물권 : 저당권(○), 유치권(○), 질권(×) • 용익물권 : 지상권(○), 지역권(○), 전세권(○)	• 담보물권 : 저당권(×), 유치권(○), 질권(○) • 용익물권 : 지상권(×), 지역권(×), 전세권(×)
취득시효	20년(등기 : 10년)	10년(선의취득 : 5년)
무주물 귀속	국 유	선점자

72
정답 ④

용도지역은 토지의 이용, 건축물의 용도, 건폐율, 용적률, 높이 등을 제한함으로써 토지를 경제적·효율적으로 이용하고 공공복리의 증진을 도모하기 위해 서로 중복되지 않게 도시·군관리계획으로 국토교통부장관, 특·광·도지사가 결정하는 지역이다.

핵심개념 용도지역의 의의와 세분

구 분	내 용
용도지역의 의의	• 토지의 용도에 따라 토지의 이용, 건축물의 용도, 건폐율, 용적률, 높이 등을 제한함으로써 토지를 경제적이고 효율적으로 이용하기 위해 구별하여 지정하는 지역 • 서로 중복되지 않게 도시·군관리계획으로 국토교통부장관, 특·광·도지사가 결정하는 지역 • 용도지역 중 도시지역은 16가지로, 관리지역은 3가지로 세분되어 지정되지만 농림지역과 자연환경보전지역은 세분되지 않음(총 21개 지역으로 세분화)
도시지역과 관리지역의 세분	• 도시지역은 주거지역, 상업지역, 공업지역, 녹지지역으로 세분 • 관리지역은 보전관리지역, 생산관리지역, 계획관리지역으로 세분

73
정답 ④

단독주택에는 단독주택, 다중주택, 다가구주택, 공관이 있으며, 공동주택에는 아파트, 연립주택, 다세대주택, 기숙사가 있다.

74   정답 ③

재축이란 건축물이 천재지변이나 그 밖의 재해로 멸실된 경우 그 대지에 종전과 같은 규모의 범위에서 다시 축조하는 것을 말한다. 기존 건축물의 전부 또는 일부를 철거하고 그 대지에 종전과 같은 규모의 범위에서 건축을 다시 축조하는 것은 개축이다.

핵심개념 부동산 관련 용어

구 분	내 용
필 지	등기법상 등기단위로서 토지소유자의 권리를 구분하기 위한 법적 개념
획 지	인위적 · 자연적 · 행정적 조건에 따라 다른 토지와 구별되는 가격수준이 비슷한 토지(경제적 · 부동산학적 개념)
건 축	건축법에 따라 신축 · 증축 · 개축 · 이전하는 것
신 축	기존 건축물이 철거되거나 멸실된 대지 등 건축물이 없는 대지에 새로 건축물을 축조하는 것
증 축	기존 건축물이 있는 대지에서 건축물의 건축면적, 연면적, 층수 또는 높이의 규모를 늘리는 것
개 축	기존 건축물의 전부 또는 일부를 철거하고, 그 대지 안에 종전과 동일한 규모의 범위 안에서 건축물을 다시 짓는 것
재 축	건축물이 천재지변이나 그 밖의 재해로 멸실된 경우 그 대지에 종전과 같은 규모의 범위에서 다시 축조하는 것
대수선	건축물의 기둥, 보, 내력벽 등 그 구조나 외부형태를 수선 · 변경 또는 증설하는 것
대 지	공간정보의 구축 및 관리 등에 관한 법률에 따라 필지로 구획된 토지
건축선	건축법에 의해 도로와 접한 부분에서 건축행위를 하는 경우 도로와 건축물을 건축할 수 있는 경계선
건폐율	대지면적에 대한 건축면적의 비율
용적률	대지면적에 대한 건축물의 연면적 비율

75   정답 ③

DSR은 총부채원리금 상환비율로서, 대출자의 소득 대비 원리금 상환액의 비율을 말한다. 주택담보대출 원리금 상환액은 물론 신용대출, 자동차할부금, 신용카드 미결제액 등 다른 부채의 원리금 상환액을 모두 합한 금액을 연간소득으로 나눈 비율이다.

핵심개념 LTV, DTI, DSR, RTI의 이해

구 분	내 용
LTV (Loan To Value)	• 담보인정비율 • 담보대출의 가치인정비율을 의미
DTI (Dept To Income)	• 총부채상환비율 • 총소득에서 부채의 연간 원리금 상환액이 차지하는 비율
DSR (Dept Service Ratio)	• 총부채원리금상환비율 • 대출자의 소득 대비 전체 금융부채의 원리금 상환액 비율
RTI (Rent To Interest)	• 이자상환비율 • 임대사업자의 연간 임대소득을 연간 이자비용으로 나눈 비율

76   정답 ③

저당권은 등기사항증명서의 을구에 포함되는 사항이다.

핵심개념 등기사항증명서의 주요 기재사항

구 분	내 용
표제부	표시번호, 접수, 소재지번 · 지목 · 면적
갑 구	소유권에 관한 사항(변동사항, 압류, 가압류, 경매신청, 가등기, 가처분 등)
을 구	소유권 이외의 권리에 관한 사항(지상권, 지역권, 전세권, 저당권, 임차권)

77   정답 ④

공동주택공시가격은 집합건축물대장의 전유부에서 확인할 수 있다. 집합건축물대장의 표제부에 기재되어 있는 사항으로는 해당 건축물의 면적, 용도지역/지구/구역, 주용도, 건폐율/용적률, 건축물의 층별 용도 및 면적, 건축 세부부속물에 대한 정보, 주요 변경내역 및 위반사항 등이 있다. 전유부에는 각 호 소유와 관련되는 사항이 기재되어 있는데 각 호의 전유면적, 층, 소유자 정보, 공동주택공시가격 등이 기재되어 있다.

핵심개념 건축물대장의 구성

구 분	내 용
총괄표제부	• 건물이 등록된 대표 필지에 여러 동의 건물이 있는 경우 발급 • 전체 개요와 각 건물에 대한 기본적 내용이 기재
일반건축물	• 일반건축물인 경우 독립된 한 동마다 발급 • 독립된 건물 전체 개요와 층별 개요가 기재
표제부	• 집합건축물인 경우 독립된 한 동마다 발급 • 독립된 건물 전체 개요와 층별 개요가 기재
전유부	• 집합건축물인 경우 독립된 소유권에 따라 발급 • 건물 전체에 대한 해당 소유권의 전용면적과 공용면적이 구분

78   정답 ⑤

임대인이 임대차기간 만료 전 6월부터 2월까지 임차인에게 갱신거절의 통지를 하지 않은 경우에는 이전과 동일한 조건의 계약이 2년을 기간으로 하여 갱신된 것으로 본다.

핵심개념 주택임대차보호법의 이해

구 분	내 용
적용범위	주거용 건물의 일부 또는 전부 (공장 등을 주거용으로 용도 변경한 건물, 가건물(비닐하우스 제외), 무허가 · 미등기 건물도 적용)
보증금범위	제한 없음
대항력	계약 + 주택인도 + 전입신고 → 익일부터 발생
우선변제권	대항력 + 확정일자
최우선변제권	소액임차인이 대항력을 갖추면 확정일자를 받지 않아도 발생(보호받을 수 있는 소액임차보증금액의 합계액은 경매낙찰대금의 1/2 이내)

임대차 존속기간	2년
계약갱신 (묵시의 갱신)	• 임대인이 기간 만료 전 6월부터 2월까지 갱신거절 통지를 하지 않은 경우 • 임차인이 기간 만료 전 2월까지 갱신거절의 통지를 하지 않은 경우
계약갱신 불인정	2기 차임 연체 or 현저한 의무위반
차임증감	보증금의 5% 이내

79　　　　　정답 ⑤

임대인에게 손해배상을 청구할 권리는 임대차가 종료한 날부터 3년 이내에 행사하지 아니하면 시효의 완성으로 소멸한다.

핵심개념 상가건물임대차보호법의 이해

구 분	내 용
적용범위	사업자등록 대상 건물 (동창회 사무실, 종교단체, 자선단체 등 비영리단체의 건물은 미적용)
보증금범위	• 서울 : 9억원 • 수도권 과밀억제권역 및 부산 : 6억 9천만원 • 광역시(과밀억제권역, 군지역, 부산 제외), 세종, 파주, 화성, 안산, 용인, 김포, 광주 : 5억 4천만원 • 그 밖의 지역 : 3억 7천만원
대항력	계약 + 건물인도 + 사업자등록신청 → 익일부터 발생
우선변제권	대항력 + 확정일자
최우선변제권	소액임차인이 대항력을 갖추면 확정일자를 받지 않아도 발생(보호받을 수 있는 소액임차보증금의 합계액은 경매낙찰대금의 1/2 이내)
임대차 존속기간	1년
계약갱신 (갱신요구권)	• 임대인은 임차인의 총 임대기간이 10년을 초과하지 않는 한 정당한 사유 없이 갱신거절 금지 • 임차인 갱신요구 가능 기간 : 기간 만료 전 6월~1월까지
계약갱신 불인정	3기 차임 연체 or 현저한 의무위반
차임증감	보증금의 5% 이내

80　　　　　정답 ④

시장에 유동성이 풍부해지면 보수적인 투자성향을 가진 경우 부동산시장에 유동성이 머물 가능성이 크다.

핵심개념 부동산시장 영향요인 분석

구 분	내 용
경제상황	• 경제호황기 → 유동성 풍부 → 관련 투자 집중 → 부동산시장 활성화 • 경제불황기 → 관련 투자 위축 → 부동산시장 침체
금 리	• 금리 상승 → 금융부문에 유동성 흡수 → 투자수요 침체 → 부동산가격 하락 • 금리 하락 → 부동산시장에 자금 유입 → 투자수요 활성화 → 부동산가격 상승
구매력	• 수요자 소득 대비 부동산을 매입할 수 있는 여력 • PIR(Price to Income Ratio) 지수를 활용
대출규제	• 부동산시장에서 일정 부분 자금공급원으로서의 역할을 함 • 시장의 유동성 흐름을 좌우하는 변수 • 국회의 동의 없이 시장에 대응할 수 있는 강력한 규제책
수요와 공급	• 주택의 수요와 공급을 분석하는 것은 시장분석의 기본 • 국지성을 통한 분석 필요
전세가격	매매가격 대비 전세가격이 상승할 경우 매수로 전환하는 수요가 나타나는 것이 일반적임
세 금	중과세나 비과세를 통해 시장에 영향을 주고 완급을 조절하는 변수 역할
유동성	시장에 유동성이 풍부해지면 보수적인 투자성향을 가진 경우 부동산시장에 유동성이 머물 가능성이 큼
인플레이션	부동산가격은 물가상승률 이상 상승하여 가치하락을 보전해 줌
부동산정책	가격상승기에 시행되는 규제책이 가격하락기에 시행되는 부양책보다 효과가 더 큼

81　　　　　정답 ⑤

신고대상 부동산은 거주자 본인 또는 거주자의 배우자가 해외에서 2년 이상 체재할 목적의 주거용 주택이다.

핵심개념 해외 부동산 취득 절차(은행절차와 세무절차)

	해외 부동산 취득 계약	
	▼	
취 득 단 계	해외 부동산 취득 신고 및 수리 (외국환거래은행 전 영업점)	취득대금 해외 송금 시마다 납세증명서 제출(지정거래외국환은행 영업점)
	▼	
	취득 대금 송금 후 3개월 이내 취득보고서 제출 (지정거래외국환은행)	
보 유 단 계	신고 및 수리 후 일정 시점마다 사후관리 서류 제출 (지정거래외국환은행)	취득대금 해외 송금 시마다 납세증명서 제출(지정거래외국환은행 영업점)
처 분 단 계	해외 부동산 처분(양도)	해외 부동산을 처분(양도)한 달의 말일부터 2개월 이내에 부동산 양도소득세 예정신고 납부(거주지 관할세무서)
	▼	
	해외 부동산 처분 후 3개월 이내에 처분보고서 제출 (지정거래외국환은행)	해외 부동산을 처분한 연도의 다음 연도 5월까지 부동산 양도소득세 확정신고 및 납부 (거주지 관할세무서)

82　　　　　　　　　　　　　정답 ①

인구의 감소가 단기적으로 부동산시장에 미치는 영향력은 제한적이다. 인구가 감소하는 것은 가구원 수의 감소에만 영향을 미치기 때문이다.

83　　　　　　　　　　　　　정답 ④

부동산정책의 필요성을 설명하는 이론에는 경제적 논리, 정치적 논리, 최유효이용론, 강력한 복지론이 있다. 최유효이용론이란 사회적 관점에서 부동산을 가장 바람직하게 이용할 수 있도록 합리적으로 유도하기 위해서는 공적 개입이 필요하다는 논리이다.

핵심개념 부동산정책의 필요성

구 분	내 용
경제적 논리	규모의 경제, 외부효과, 공공재의 존재, 정보의 불균형 등으로 인한 시장실패를 해소
정치적 논리	부동산은 국가성립의 기본요소이므로, 부동산정책은 적극적 국가의 정부개입 가운데 적지 않은 비중을 차지
강력한 복지론	부동산은 복지사회건설을 위한 유효자원이며, 형평성 도모를 위해 공적 개입을 통해 조정되어 가야 한다는 논리
최유효이용론	사회적 관점에서 부동산을 가장 바람직하게 이용할 수 있도록 합리적으로 유도하기 위해서는 공적 개입이 필요

84　　　　　　　　　　　　　정답 ②

취득세는 국가의 재정수입차원에서는 큰 의미를 부여하기 어렵지만 지방자치단체 등에서 차지하는 비중이 크다.

85　　　　　　　　　　　　　정답 ③

대출정책은 부동산시장에서 즉시 발효되고 시행되기 때문에 주택이나 토지정책 등에 비해 효과가 크고 빠른 것이 일반적이다.

핵심개념 금융정책

구 분	내 용
금리정책	• 중앙은행에서 기준금리를 통한 통화조절 기능 목적으로 활용 • 부동산시장에도 영향을 미치는 중요한 변수(저금리 → 부동산가격 상승, 고금리 → 부동산가격 하락)
대출정책	• 대출의 한도와 금액 및 대출자격을 직접 제한하는 것 • 금리보다 직접적으로 부동산시장에 영향을 줌 • 주택이나 토지정책 등에 비해 효과가 크고 빠름

86　　　　　　　　　　　　　정답 ③

주택거래신고제는 주택시장 안정화 방안의 일환으로, 투기과열지구 내에서 주택거래를 했을 때 자금조달계획 및 입주계획을 신고해야 하는 규정을 말한다. 2004년 노무현 정부 시기에 처음 시행된 후 2015년에 폐지되었다가 2017년 「8.2 주택시장 안정화 방안」에 따라 재개되었다.

핵심개념 노무현 정부의 부동산정책(세금 중과체계 확립)

구 분	내 용
10 · 29 주택시장안정 종합대책(03.10.29.)	• 투기지역 주택거래신고제 도입 • 1가구 3주택 최고 82.5% 양도세 중과 • 투기지역 2주택 최고 51% 양도세 중과 • 주상복합아파트 전매제한 대상 확대(300가구 이상 → 20가구 이상) • 투기지역 주택담보비율 10%p 인하 • 강북 뉴타운 12~13개 추가지정 • 분양권 전매제한 투기지역 확대 • 집값 급등 지역 아파트 기준시가 재고시 • 무주택 우선공급 확대(50% → 75%)
종합부동산세 신설 (04.11.11.)	• 주택, 나대지, 사업용 토지에서 각각 3단계의 누진세율 부과, 농어촌특별세 추가 • 2005년 4월부터 주택가격공시제도 도입
다주택자 대상 양도세 중과(04.12.13.)	1가구 3주택 이상 보유자에 대한 양도세 중과
8 · 31 부동산 종합대책 실시(05.8.31.)	• 2주택자 양도세 중과(2007년부터 50%) • 종합부동산세 주택 6억원 초과로 확대, 가구별 합산으로 변경 • 비사업용 토지, 비거주 농지와 임야를 팔 경우 2006년부터 실거래가 기준 과세 • 토지이용의무 위반 적발 시 신고포상제 도입 • 수도권 중대형 아파트 5년간 41만 5천가구 공급 • 송파 · 거여지구 5만 가구 신도시 건설
실거래가 제도 실시	매매 시 계약체결일부터 30일 이내 시 · 군 · 구청에 신고

87　　　　　　　　　　　　　정답 ③

다주택자 양도세 중과 폐지는 박근혜 정부의 정책이다.

핵심개념 박근혜 정부의 부동산정책(부동산시장의 정상화)

구 분	내 용
서민 주거안정을 위한 주택시장 정상화 종합대책 (13.04.01)	• 주택시장 정상화 방안 • 하우스푸어 및 렌트푸어 지원방안 • 서민 주거복지 강화방안
정부의 4 · 1 대책 점검 및 후속 조치방안 (13.07.24)	• 수도권 공공주택개발사업 조정 • 민간 주택공급 조절 및 분양주택의 임대주택 전환 촉진 • 임대주택 공급확대 등 임대시장 안정화
전월세시장 안정을 위한 대응방안 (13.08.28)	• 주택시장 정상화로 전세수요의 매매전환 유도 • 임대주택 공급 확대 • 서민 · 중산층 전월세부담 완화

2014년 부동산정책 실시	• 다주택자 양도세 중과 폐지 • 취득세 영구인하 • 비사업용 토지 양도세 중과 유지 • 재건축 등 조합원에게 기존주택 전용면적 범위 내에서 2주택 허용 • 수직증축 리모델링 허용
주택시장 회복 및 서민 주거안정 강화방안 (14.09.01)	**주택시장 회복** • 재정비 규제 합리화 • 청약제도 개편 • 국민 및 기업의 과도한 부담완화 • 주택 공급방식 개편 **서민 주거안정 강화** • 임대주택 단기공급 확대 • 임대시장 민간참여 활성화 • 무주택 서민 주거비 부담완화
서민·중산층 주거안정 강화방안 (15.09.02)	**주거취약계층 지원강화** • 리모델링 임대 도입 및 전세임대 공급 확대 • 가을 이사철 매입·전세임대 조기공급 • 공공실버주택 공급 • 행복주택·행복기숙사 공급 활성화 • 주거취약계층 주거비 지원 강화 **뉴스테이 활성화** • 금년 시범사업 성과 가시화로 연내 1.4만호 인가 • 다양한 부지활용, 16년에 뉴스테이 2만호 공급 • 활성화를 위해 재무적 투자자 적극 참여유도 및 관계법령 정비 **정비사업 규제 합리화 및 투명성 제고** • 정비사업 규제 합리화 • 정비사업 투명성 제고

88
정답 ①

실거래가격은 거래를 하는 데 중요한 선행자료가 된다.

핵심개념 국토교통부 등 정부 발표자료

구 분	내 용
실거래가격	이전 거래사례 금액을 파악함으로써 현재 매매가격과 종전 실거래가의 고저를 비교·분석
주택거래량	시장동향을 나타내는 중요한 지표
미분양주택	미분양주택이 주택시장에 미치는 영향력을 파악하기 위해서는 전국을 대상으로 한 획일적인 해석이 아닌 해당 지역별 수급동향을 중심으로 한 세분화된 분석과 대응이 필요함
지가변동률	해당 지역의 토지시장 추이를 나타내는 지표

89
정답 ③

일반적인 투자수단에 비해 비교적 많은 자본을 필요로 한다.

핵심개념 부동산 투자의 특징과 장단점

(1) 부동산 투자의 특징
  • 투자가 비교적 장기적이며, 다른 투자대상보다 많은 자본이 소요된다.
  • 투자자의 능력에 의존하는 측면이 크다.
  • 투자차익인 자본이득과 임대소득인 현금흐름을 기대할 수 있다.
  • 감가상각에 의한 절세효과를 기대할 수 있다.
  • 장래기대수익은 유동적이며, 확정적이지 않다.
  • 도난·멸실의 위험이 거의 없다.
  • 개발이익이 발생할 수 있다.

(2) 부동산 투자의 장단점

장 점	단 점
• 안전성과 수익성이 비교적 높음 • 자본이득의 발생 가능성이 있음 • 부동산에 저당권을 설정하여 자금을 융통하는 등의 방법으로 자금 유동화의 수단이 될 수 있음 • 세제상 감가상각과 자본이득에 대한 낮은 세율 등 절세가 가능	• 자본손실의 발생 가능성이 있음 • 시설의 개·보수 등의 수익적 지출과 자본적 지출이 발생함 • 시간의 경과·자연재해 등으로 인한 건물과 토지의 가치 감소로 재산적 손실이 발생 가능 • 환금성이 낮으며 특히 경기침체 시 거래량의 부족으로 환금성이 더욱 낮아짐

90
정답 ②

• 기대수익률(%) $= \dfrac{\text{기대수익} - \text{투자비용}}{\text{투자비용}} \times 100(\%)$

$= \dfrac{12억 - 10억}{10억} \times 100(\%) = 20\%$

• 실현수익률(%) $= \dfrac{\text{처분가} - \text{투자비용}}{\text{투자비용}} \times 100(\%)$

$= \dfrac{13억 - 10억}{10억} \times 100(\%) = 30\%$

91
정답 ③

① 원가방식은 원가비용 측면에서 접근하여 평가하는 방식으로서, 과거의 가격을 참고하여 파악하는 방식이다.
② 원가방식에는 가격을 구하는 원가법과 부동산의 임료를 구하는 적산법이 있다.
④ 비교방식은 시장성 측면에서 접근하는 평가방식으로, 현재의 가격을 참고하여 파악하는 평가기법이다.
⑤ 수익방식 접근방법에는 직접환원법과 할인현금흐름분석법이 있다.

정답 및 해설

핵심개념 부동산 가치평가를 위한 3방식 6방법

3방식	접근	참고 가격	6방법
원가방식	비용성	과거의 가격 (적산/복성)	원가법, 적산법
비교방식	시장성	현재의 가격 (비준/유추)	거래사례비교법, 임대사례비교법
수익방식	수익성	미래의 가격 (수익)	직접환원법, 할인현금흐름분석법

92 정답 ②

순현가법에서 미래가치를 현재가치로 환원할 때 사용하는 수익률은 요구수익률이다.

핵심개념 순현가법과 내부수익률법의 비교

구 분	순현가법	내부수익률법
개 념	투자로부터 발생할 미래의 모든 현금흐름을 요구수익률로 할인하여 현가로 나타내는 방법	현금유출의 현가와 미래 현금유입의 현가를 동일하게 만드는 할인율
투자결정	• 서로 독립적인 경우 순현가 ≥ 0 → 투자안 채택 순현가 < 0 → 투자안 기각 • 서로 배타적인 경우 순현가 ≥ 0을 만족시키는 투자안 중 순현가가 가장 큰 투자안 선택	• 서로 독립적인 경우 내부수익률 ≥ 요구수익률 → 투자안 채택 내부수익률 < 요구수익률 → 투자안 기각 • 서로 배타적인 경우 내부수익률 ≥ 요구수익률을 만족시키는 투자안 중 내부수익률이 가장 큰 투자안 선택
할인율	요구수익률	내부수익률
부의 극대화	언제나 달성 가능	달성 불가능
투자판단	언제나 가능	불가능 (복수의 내부수익률 존재)

93 정답 ③

주택가격 상승에 대한 한계가 나타나면서 자연적인 가치를 통한 휴식과 운동 등 건강에 도움이 되는 지역의 거주 선호도가 높아지고 있다.

94 정답 ⑤

분양권의 경우 분양계약일로부터 30일 이내에 신고해야 하며, 주택공급자 및 수분양자 모두 신고의무가 존재한다.

95 정답 ③

도시형생활주택은 부대 복리시설의 설치 의무가 없다. 이 외에도 도시형생활주택의 특징에는 기반시설이 부족하여 개발이 어려운 비도시지역에는 건설이 불가하고, 분양가 상한제의 적용을 받지 않으며, 일반 주택에 비해 주차장 설치 기준이 낮다는 점이다.

핵심개념 단독주택, 도시형생활주택, 전원주택의 투자전략

구 분	특 징
단독주택	• 고급 단독주택은 전통적인 부자들의 상징적인 주거 유형임(성북동, 한남동, 평창동, 삼성동) • 개발이 쉽지 않아 향후 미래가치에 한계가 있음 • 최근에는 다가구주택의 선호도가 높아지고 있음
도시형생활주택	• 기반시설이 부족하여 난개발이 우려되는 비도시 지역에서는 건설이 불가 • 분양가 상한제 적용을 받지 않음 • 부대 복리시설의 설치 의무가 없음 • 일반 주택에 비해 주차장 설치 기준이 낮음
전원주택	• 투자대상보다는 실수요자 중심의 접근 필요 • 도시에서의 접근성이 좋아야 함 • 개발 시에는 가급적 계곡 등을 바로 접할 수 있는 지역이 좋음 • 소규모 면적으로 개발 • 주변의 편의시설 등이 취약

96 정답 ④

개발행위허가제도에 대한 내용이다. 연접제한개발제도란 녹지, 관리, 농림, 자연환경보전지역에서 자연환경이나 농지 및 산림을 보전하고 무분별한 난개발을 방지하기 위해 연접해서 개발하는 경우에 개발행위면적을 제한하는 것을 말한다.

97 정답 ④

경매는 전 낙찰자의 재입찰 참여가 불가하며, 공매는 재입찰 참여가 가능하다.

핵심개념 경매와 공매의 차이점

구 분	경 매	공 매
명도 실현 수단	인도명령제도에 따른 보호	명도소송 (인도명령제도 없음)
입찰방법	법원에서 현장 입찰	온비드에서 온라인(전자) 입찰
대금 미납의 효과	재입찰 참여 불가	재입찰 참여 가능
추가기간에 잔금납부	연체이자 있음	연체이자 없음
적용원칙	채권자 평등원칙	국세 우선의 원칙
저당권부 채권의 상계 여부	상계 가능 (저당권자, 임차인)	상계 불허
잔금 납부기간 경과 후 대금 납부 가능 여부	가능 (단, 재경매일 3일 이전까지만)	가능 (잔금납부기일 경과로부터 10일간만)

98

정답 ③

과거에는 부동산이 소유투자 목적이었다면, 현재는 거주이용 목적이다.

핵심개념 부동산 자산시장의 트렌드 변화

구 분	과 거	현 재
부동산시장의 변화	• 부동산 PF시장의 침체 • 부동산금융의 고정화 • 부동산 직접투자 경향 • 양도차익 목적 • 부동산 공급자 중심시장 • 소유투자 목적(주거수요 단순화)	• 부동산 리츠 시장의 확대 • 부동산금융의 유동화 • 부동산 간접투자 경향 • 이용운영수익 목적 • 부동산 수요자 중심시장 • 거주이용 목적(주거수요 다양화)
부동산관리시장으로의 변화	• 부동산 유지보존관리 • 시설관리(FM, 시설·청소·경비·주차) • 자가관리(개별적·영세적·수동적 관리) • 인적건물관리회사(FMC)	• 부동산 수익운영관리 • 자산관리(PM, 임대차관리·시설관리) • 전문위탁관리(글로벌·시스템화·전문적 관리) • 전문자산관리회사(PMC)
부동산관리 대상의 복잡화	• 관리건축물의 저층화·단층화 • 개별적 로컬 설비시스템 • 비수익형 대형 부동산관리	• 관리건축물의 다양화·고층화 • 패키지 빌트인 시스템 • 인터넷 통합관리시스템 • 수익형 소형 부동산관리

99

정답 ④

주택금융은 장기대출, 저리대출, 개인대상, 채무불이행의 위험의 특성이 있다.

핵심개념 부동산금융과 주택금융

(1) 부동산금융

구 분	내 용
개 념	• 부동산 개발, 투자, 취득을 위해 부동산을 운용대상으로 하여 자기자본과 더불어 투자자본을 조달하기 위한 금융 • 모기지 기능이 있으며, 감가상각 및 차입금 이자에 대한 세금감면 혜택이 있음
기 능	• 부동산 공급 확대 기능 • 주택구입 능력 제고 기능 • 저당채권 유동화 기능

(2) 주택금융

구 분	내 용
개 념	주택의 구입이나 건설, 개량, 보수를 위해 금융기관에서 자금을 차입하는 것
특 징	• 장기대출 • 저리대출 • 개인(가계) 대상 • 채무불이행 위험

100

정답 ③

엄격한 대출채권 담보장치를 확보한 대출형부동산펀드의 대출이자는 상대적으로 낮고, 완화된 대출채권 담보장치를 확보한 대출형부동산펀드의 대출이자는 상대적으로 높다.

핵심개념 부동산개발금융(FP)

구 분	내 용
개 념	• 법적으로 독립된 프로젝트로부터 발생하는 미래현금흐름을 상환재원으로 하여 자금을 조달하는 방법 • 차주에 대한 상환청구권이 아닌, 프로젝트 관련 자산 및 미래현금흐름의 원리금 회수에 대부분 의존 • 일종의 대출형부동산펀드라고 할 수 있음
특 징	• 시행사로부터 대출채권 담보장치 요구 가능 • 자본시장법은 대출형부동산펀드가 시행사에게 대출 시 '담보권 설정과 시공사의 지급 보증' 등 대출금 회수를 위한 적절한 수단을 확보할 것을 규정 　– 엄격한 대출채권 담보장치 확보 → 대출이자가 상대적으로 낮음 　– 완화된 대출채권 담보장치 확보 → 대출이자가 상대적으로 높음
주요 점검사항	• 시행사의 사업부지 확보 관련 점검 • 시공사의 신용평가등급 및 건설도급순위 점검 • 시행사의 인허가 관련 점검 • 부동산개발사업의 사업성 관련 점검

제2회 정답 및 해설

01	02	03	04	05	06	07	08	09	10
②	④	①	③	②	③	④	④	③	⑤
11	12	13	14	15	16	17	18	19	20
③	②	⑤	③	③	①	②	③	①	①
21	22	23	24	25	26	27	28	29	30
②	③	④	⑤	②	④	②	①	⑤	⑤
31	32	33	34	35	36	37	38	39	40
①	④	①	③	①	③	③	④	②	③
41	42	43	44	45	46	47	48	49	50
④	③	⑤	④	④	①	④	④	③	③
51	52	53	54	55	56	57	58	59	60
③	②	②	②	⑤	③	②	①	③	④
61	62	63	64	65	66	67	68	69	70
③	③	④	④	③	②	①	③	②	①
71	72	73	74	75	76	77	78	79	80
④	④	⑤	④	③	④	③	⑤	⑤	④
81	82	83	84	85	86	87	88	89	90
②	②	③	③	①	⑤	④	④	④	④
91	92	93	94	95	96	97	98	99	100
②	③	①	①	②	④	③	⑤	③	⑤

제1과목 금융자산 투자설계(70문항)

01
정답 ②

수익성이 높으면 안전성이 떨어지고, 안전성이 높으면 수익성이 떨어지는 등 투자의 3요소는 서로 상반되는 관계에 있다.

핵심개념 투자의 3요소

구 분	내 용
안전성	금융상품의 원금 또는 원리금이 보호·보전될 수 있는 정도
수익성	• 확정금리형 : 높은 이자(금리) 수익을 지급받을 수 있는 정도 • 실적배당형 : 높은 가격상승(수익률) 수익을 기대할 수 있는 정도
유동성	보유한 금융상품을 필요시 언제든지 별다른 손해 없이 현금화할 수 있는 정도

02
정답 ④

MMDA는 시장 실세금리를 적용하는 단기 고금리 예금상품으로 기간별 예치금액에 따라 차등금리가 적용되며, 3개월마다 이자를 계산하여 원금에 가산한다.

핵심개념 MMDA(Money Market Deposit Account)의 특징

구 분	내 용
가입대상	• 실명의 개인 • 국가, 지방자치단체, 납세번호를 부여받은 임의단체, 법인 및 사업자등록증을 소지한 개인
저축기간	제한 없음
최고 가입한도	제한 없음
최저 가입금액	보통 5백만원 이상(통장 신규 개설 시에만 입금액에 제한이 있음)
이자지급방법	3개월 단위로 이자를 원금에 가산하는 방식
예금자보호	보 호

03
정답 ①

• 제권판결에 의한 수표대금 지급 시 제권판결을 선언한 날로부터 (1)개월이 경과한 경우에 수표대금을 지급한다.
• 사고신고된 수표가 선의취득자로부터 수표의 지급제시 기간 내에 제시되고 사고신고인이 동 수표와 관련하여 법적절차가 진행 중임을 증명할 수 있는 서류를 사고신고일로부터 (5)영업일 이내에 제출하지 아니한 경우 수표의 소지인에게 수표대금을 지급할 수 있다.

04
정답 ③

환매조건부채권은 시장 실세금리를 반영하는 금융상품으로 우량 채권을 대상으로 하기 때문에 안전성이 매우 높으나, 예금자보호법에 의하여 보호되지 않는 금융상품이다.

핵심개념 환매조건부채권의 특징

구 분	내 용
가입대상	제한 없음
가입한도	제한 없음
최저 저축한도	금융기간별 상이(통상 500만원 또는 1천만원 이상)
저축기간	최저 15일 이상
이자지급방법	만기이자지급방식
예금자보호	비보호

| 기 타 | • 중도해지, 담보대출, 잔액증명서 발급, 증서재발행 가능
• 설명의무 이행 : 판매 시 자본시장법에서 정한 일반투자자의 투자정보 확인서를 징구하여 투자자 정보를 파악한 후 설명의무를 이행해야 함 |

05　　　　정답 ②

종합금융회사의 CMA는 예금자보호법에 의해 보호받을 수 있지만, 증권회사의 CMA는 예금자보호법에 의해 보호받지 못한다.

핵심개념 어음관리구좌(CMA)의 특징

구 분	내 용
가입대상	제한 없음
최고 가입한도	제한 없음
최저 가입금액	금융기관별 상이(통상 1백만원 이상)
예탁기간	1년 이내
이자지급방법	• 인출 시 원금과 이자 지급 • 만기 후 미인출 시 예탁기간 연장(원리금이 자동 재예탁되는 방식)
예금자보호	• 종합금융회사의 CMA : 보호 • 증권회사의 CMA : 비보호
운용형태	• RP형 : 입금 시 해당 금융기관에서 고시한 고시금리를 지급하는 형태 • MMW* 또는 MMF형 : 실적배당형 상품

* MMW : 일임형 랩(Wrap) 계약 형태로 운영되는 CMA

06　　　　정답 ③

가입자가 다른 주택건설지역으로 주소지를 이전함에 따라 그 예치금액의 차액을 추가로 예치할 경우 그 차액의 예치는 반드시 주택공급 신청 전에 해야 한다.

핵심개념 주택청약종합저축의 특징

구 분	내 용
가입자격	실명의 개인(국내에 거주하는 재외동포 및 외국인 거주자 포함)
계약기간	별도의 만기 없음(가입한 날로부터 입주자로 선정된 날까지)
납입방법	• 약정 납입일 : 매월 신규가입일 해당일 • 약정 금액 : 2만원 이상 50만원 범위 내에서 자유납입
적용이율	한국은행이 발표하는 예금은행 정기예금 가중평균 수신금리 등을 고려하여 주택청약종합저축의 가입일부터 해지일까지의 기간에 따라 국토교통부장관이 정하여 고시하는 이자율
지급방법	해지 시 원금과 이자 지급(단, 가입일부터 1개월 이내에 해지하는 경우에는 이자 미지급)
예금자보호	비보호
신규가능여부	가 능
소득공제혜택	연간 납입액(300만원 한도) 40%의 범위 내(무주택자로서 총 급여액이 세법에서 정한 일정 금액 이하인 근로자)

07　　　　정답 ④

특별자산집합투자기구는 폐쇄형으로 설정되기 때문에 유동성이 낮고, 다른 펀드에 비하여 투자기간이 장기적이라는 특징이 있다.

08　　　　정답 ④

기업의 내재가치에 주목하여 저평가된 주식에 투자하는 주식형 펀드를 가치주 펀드라고 한다.

핵심개념 가치주 펀드와 성장주 펀드의 차이점

가치주 펀드	성장주 펀드
• 저평가된 주식에 투자 • 저PBR주, 저PER주, ROE대비 저PBR주 • Bottom-Up 방식 • 낮은 변동성과 매매회전율 • 낮은 시장민감도	• 성장가치가 높은 주식에 투자 • 고PBR주, 고PER주, ROE대비 고PBR주 • Top-Down 및 Bottom-Up 방식 병행 • 높은 변동성과 매매회전율 • 높은 시장민감도

09　　　　정답 ③

특정 클래스에서 다른 클래스로의 전환이 허용된다.

핵심개념 종류형 집합투자기구의 운용기준

- 각 클래스별 판매보수 및 판매수수료 체계가 달라야 함
- 각 클래스별 자산의 운용 및 평가방법을 다르게 할 수 없음
- 각 클래스별 운용보수, 수탁보수, 일반사무관리 보수율은 차별화할 수 없음(판매보수, 판매수수료, 환매수수료 제외)
- 각 클래스별 환매수수료 차별 가능
- 각 클래스별 펀드의 기준가격 산정 공고
- 클래스의 수에 제한 없음
- 특정 클래스에서 다른 클래스로의 전환 허용
- 기존 펀드도 약관변경을 통해 클래스 펀드로의 전환 가능
- 전체 수익자 총회와 클래스별 수익자 총회로 구분 운용
- 투자설명서에 클래스별 세부내용 기술

10　　　　정답 ⑤

상장지수 펀드는 지수에 투자하는 인덱스 펀드의 특징을 가지고 있으므로 개별 종목에 대한 별도의 분석이 필요치 않다.

11　　　　정답 ③

주가연계신탁(ELT)은 증권사에서 발행한 ELS를 기초자산으로 편입하여 판매하는 특정금전신탁으로, 형식적으로는 은행에서 판매하는 신탁상품이지만 실질적인 측면에서 보면 은행이 별도로 신탁상품을 구조화하거나 운용하는 것이 아니라 단순히 증권사가 발행하는 파생결합증권을 신탁의 기초자산으로 편입하여 판매하는 것에 불과하므로 투자자 입장에서 위험요인이나 상품의 특성은 사실상 ELS와 동일한 상품이라고 할 수 있다.

12 정답 ②

조기상환 조건 평가가격이 낮을수록, 평가 주기는 짧을수록 유리하다.

핵심개념 스탭다운형의 설계 구조

일정 단위의 평가기간마다 기초자산 가격을 평가하여 사전에 정한 상환조건을 만족하는 경우에는 조기상환일에 원금과 수익금을 상환하지만, 조건을 만족하지 못하는 경우에는 다음 평가기간 또는 만기까지 투자기간이 연장되면서 상환조건이 조금씩 낮아지는 구조로 설계된 상품이다.

13 정답 ⑤

보기에 제시된 것은 레인지형(범위형) 수익구조로, 기초자산 가격이 특정 범위 내에 있을 때는 사전에 정한 일정한 수익률을 지급하지만, 기초자산 가격이 특정 범위를 벗어나는 경우에는 원금만 지급하는 구조이다. 따라서 만기수익률 결정일에 기초자산인 KOSPI200의 지수가 최초기준지수와 동일한 경우 원금은 보장받고 수익률은 6.5%이다.

핵심개념 구조화 상품의 손익구조 구분

구 분	내 용
원금보장형	방향성 수익추구형 : 기초자산 가격 변동폭에 대한 참여율을 적용하면서 일정 베리어를 터치할 경우 낙아웃이 발생하는 구조 • 상승수익추구형 : 주가지수 하락 시 원본 보존, 주가지수 상승 시 참여율 적용 • 하락수익추구형 : 주가지수 상승 시 원본 보존, 주가지수 하락 시 참여율 적용
	범위형 : 기초자산 가격이 특정 범위 내에 있을 때는 사전에 정한 일정한 수익률을 지급하지만 기초자산 가격이 특정 범위를 벗어나는 경우에는 원금만 지급하는 구조
	디지털형 : 미리 정한 조건에 충족되면 수익을 지급하고, 그렇지 않으면 수익을 지급하지 않는 형태의 수익구조
원금비보장형	원금부분보장형 : 원금보장형에 비하여 원금보장을 위한 채권 등의 투자비중을 낮게 하는 대신, 그만큼 옵션 등의 투자비중을 증가시킴으로써 상품의 수익구조를 원금보장형보다 유리하도록 구성한 ELS 또는 ELF 상품
	원금비보장형 : 2가지 주가지수 또는 개별종목을 기초자산으로 하면서 수익상황 조건이 차츰 하락하여 (stepdown) 상환가능성을 높이는 구조의 ELS 상품 (2Star) 참고 3Star : 기초자산으로 3종목을 사용하는 경우

14 정답 ③

① 포괄근담보 : 담보 약정 시 대출종류가 아니라 채무자를 기준으로 채무자와 금융기관 간 모든 거래를 담보하는 담보권의 종류로 담보권이 말소될 때까지 포괄적으로 책임을 부담하게 된다.

② 특정채무담보 : 담보 약정 시 특별히 지정된 대출에 한하여 담보를 제공하는 담보권의 종류로 대출의 기한연장이나 갱신 등이 허용되지 않는다.

⑤ 특정근담보 : 담보 약정 시 특별히 지정된 대출과 관련하여 계속적으로 발생하는 대출을 담보하는 종류로 동일대출의 기한연장은 가능하다.

15 정답 ③

전신환매도율은 당발송금환의 취결과 타발추심의 결제, 외화예금의 입금 등에 사용되고, 전신환매입률은 타발송금, 수출환어음의 매입, 외화수표의 매입, 외화예금의 지급 등에 사용된다.

16 정답 ①

비밀번호 누설로 인하여 발생한 손해는 보상하지 않는 부정사용대금에 해당하지만, 신변위협에 의한 누설의 경우는 제외된다.

17 정답 ②

회사의 가치는 건물, 기계장비, 상품 등 가시적인 것뿐만 아니라 브랜드가치, 영업력이나 CEO의 능력 등 무형의 가치도 포함되기 때문에 회사가치가 주식이 갖는 가치와 반드시 일치하는 것은 아니다.

18 정답 ③

투자자는 발행시장에서 모집 또는 매출에 응해 최종적으로 유가증권을 취득함으로써 발행자에게 자금을 공급하는 역할을 한다.

핵심개념 발행시장과 유통시장의 주요 기능

발행시장	유통시장
• 자금조달 기능	• 환금성 제공
• 자본의 효율성 제고	• 공정가격의 제공
• 금융정책의 수단	• 가격결정의 지표
• 투자수단 제공	• 유가증권 담보력 제고

19 정답 ①

일반적으로 이자율과 주가는 역의 상관관계를 갖는다.

핵심개념 이자율과 주가

이자율 상승 → 요구수익률 상승 → 자산가치 감소 → 기업의 금융비용 증가 → 기업의 수익 감소 → 주가 하락

20
정답 ①

진입하려는 신규 기업에게 매력적인 시장은 보다 진입이 쉬운 시장이지만, 이미 진출해 있는 기존 기업들의 입장에서 가장 매력적인 산업이란 진입장벽이 높고, 철수장벽이 낮은 시장이다.

핵심개념 구매자의 교섭력과 공급자의 교섭력

구매자의 교섭력이 강한 경우	공급자의 교섭력이 강한 경우
• 구매자들이 조직화될 때	• 공급자가 소수이거나 조직화될 때
• 제품정보에 대해 많이 알고 있을 때	• 대체품이 거의 없을 때
• 제품이 비차별적일 때	• 공급되는 제품이 중요한 투입요소일 때
• 구매자의 전환비용이 낮을 때	
• 구매자들이 낮은 이윤 때문에 가격에 민감할 때	• 공급자를 변경하는 데 소요되는 전환비용이 높을 때
• 구매자들이 후방통합을 할 수 있을 때	• 공급자가 전방통합할 가능성이 높을 때

21
정답 ②

① 성장성 – 매출액증가율
③ 유동성 – 당좌비율
④ 수익성 – 자기자본이익률
⑤ 활동성 – 고정자산회전율

핵심개념 재무비율분석의 구분

구 분	내 용
수익성	• 총자본이익률(ROI) • 자기자본이익률(ROE) • 납입자본이익률 • 매출액순이익률
안정성	• 유동비율 • 부채비율 • 고정비율 • 이자보상비율
활동성	• 총자산회전율 • 고정자산회전율 • 재고자산회전율 • 매출채권회수기간
성장성	• 매출액증가율 • 총자산증가율 • 영업이익증가율
유동성	• 유동비율 • 당좌비율

22
정답 ③

① 도입기 : 광고 등 판매촉진비와 생산비가 크기 때문에 손실이 발생하고, 수익성은 낮은 반면 위험이 상대적으로 큰 시기
② 성장기 : 판매촉진이 효과를 보면서 매출이 증가하고 시장규모가 확대되는 단계
④ 쇠퇴기 : 신제품 또는 신기술의 등장으로 기존 산업의 수요가 지속적으로 감소하고 규모가 정체되거나 쇠퇴하는 단계

23
정답 ④

실제 PER에 비해 적정 PER이 더 낮을 경우에 주가가 고평가되어 있다고 할 수 있다. 따라서 A기업의 실제 PER은 100,000원/5,000원 = 20배이므로 A기업의 주가는 고평가되어 있다고 할 수 있다.

핵심개념 주가수익비율(PER)

구 분	내 용
의 미	주가를 주당순이익으로 나눈 것으로, 이 비율은 주당이익의 창출능력에 비해 주가가 높은지 낮은지를 판단하는 기준
해 석	기업의 PER이 동종업종 대비 또는 과거평균 대비 낮을 때 저평가된 것으로 판단할 수 있으나 효율적 시장에서는 그만큼 성장성이 낮은 것으로 해석

24
정답 ⑤

① 총자산증가율 $= \dfrac{(당기말총자산 - 전기말총자산)}{전기말총자산}$

② 총자산회전율 $= \dfrac{매출액}{총자산}$

③ 고정비율 $= \dfrac{고정자산}{자기자본}$

④ 재고자산회전율 $= \dfrac{매출액}{재고자산}$

25
정답 ②

정률성장 배당모형은 요구수익률이 일정하고, 성장률은 요구수익률보다 작다는 것을 전제로 한다.

핵심개념 정률성장 배당모형의 가정

• 이익과 배당이 매년 일정하게 성장
• 요구수익률, 유보율, 배당성향, 재투자수익률(ROE) 일정
• 요구수익률 > 성장률
• 필요자금은 내부자금만으로 조달

26
정답 ④

$$ROE = \frac{당기순이익}{자기자본} = \frac{200억원}{1,000억원} = \frac{1}{5} \times 100 = 20\%$$

$$PBR = ROE \times PER$$

$$= ROE \times \frac{주가}{주당순이익(EPS)}$$

$$= ROE \times \frac{주가}{\dfrac{당기순이익}{주식수}}$$

$$= \frac{1}{5} \times \frac{120,000원}{\dfrac{200억원}{100만주}} = \frac{1}{5} \times 6 = 1.2배$$

은행FP 자산관리사 2부

27 정답 ②

트레이너지수는 포트폴리오수익률에서 무위험이자율을 차감한 후에 펀드수익률의 민감성, 즉 베타로 나누어 산출한 것으로 특히 포트폴리오가 잘 분산되어 있는 펀드를 평가할 때 적합하며, 통상적으로 트레이너지수가 높을수록 펀드 성과가 좋은 것으로 평가한다.

핵심개념 위험이 조정된 성과 척도 공식

구 분	내 용
샤프지수	$\dfrac{\text{포트폴리오수익률 - 무위험채권이자율}}{\text{포트폴리오수익률의 표준편차}}$
트레이너지수	$\dfrac{\text{포트폴리오수익률 - 무위험채권이자율}}{\text{포트폴리오수익률의 베타계수}}$
젠센지수	(펀드의 실현수익률 - 무위험이자율) - 포트폴리오의 베타(시장수익률 - 무위험이자율)
정보비율	$\dfrac{\text{초과수익률}}{\text{비체계적 위험이 측정된 잔차표준편차}}$

28 정답 ①

트레이너지수가 펀드의 베타계수만을 고려하는 반면, 샤프지수는 전체 위험을 고려하는 표준편차를 사용하고 분산투자가 잘 되어 있지 않은 펀드를 평가할 때 유용한 방법이다.

29 정답 ⑤

PBR 평가모형은 미래의 수익발생능력을 반영하지는 못하기 때문에 계속기업을 전제로 한 평가기준이 되지 못하는 결점을 지닌다.

핵심개념 PBR 평가모형의 문제점

- 미래의 수익발생능력을 반영하지 못해, 계속기업을 전제로 한 평가기준이 되지는 못함
- 개별 자산의 단순한 합계에 불과하기 때문에 기업의 원천적 수익력을 평가할 수 없음
- 주당순자산 추정에서 인적 자본과 같은 항목이 제외되고, 역사적 취득원가 기준의 회계처리로 인해 시장가치와 장부가치의 괴리가 클 가능성이 있음

30 정답 ⑤

적극적인 투자운용 방법의 특징 중 하나는 여러 종목에 분산투자하는 소극적인 방법과 달리 소수 정예종목에 집중 투자하는 경향이 있다는 것인데, 이는 소수 정예종목을 선택하기 위해 시장을 조사하고 종목을 분석해야 하기 때문에 정보비용이 많이 드는 단점이 있다.

핵심개념 적극적 투자전략과 소극적 투자전략의 구분

적극적 투자전략	소극적 투자전략
• 시장투자적기포착 • 포뮬라 플랜	• 인덱스 펀드 투자전략 • 단순 매수 · 보유전략 • 평균투자법

31 정답 ①

가치투자 스타일에 의한 투자전략에서는 해당 종목의 미래 성장성보다는 현재의 시장가치를 중요하게 생각한다.

32 정답 ④

현재에 투자되는 금액을 기준으로 한 경우의 금리를 수익률이라 표현하고, 미래에 지급되는 금액을 기준으로 한 경우의 금리를 할인율이라 표현한다.

33 정답 ①

ⓒ · ② 주식의 특성

34 정답 ③

채권을 주식으로 전환할 수 있는 권리와 신주를 인수할 수 있는 권리를 갖는 대신 일반채권에 비해 보장금리가 상당히 낮다는 단점이 있다.

핵심개념 전환사채(CB ; Convertible Bond)의 투자위험 문제점

- 채권을 주식으로 전환할 수 있는 권리와 신주를 인수할 수 있는 권리를 갖는 대신 일반채권에 비해 보장금리가 상당히 낮음
- 주식 청구권을 행사할 경우에 신주가 발행되기 때문에 주식의 물량부담이 커짐에 따라 주가가 쉽게 상승하기 어렵다는 단점이 있음
- 주로 일반적인 회사채시장을 통한 자금조달이 어려운 기업들에 의해 발행되기 때문에 회사의 제반여건을 보다 면밀히 살펴봐야 함

35 정답 ①

일반적으로 BBB- 등급 이상을 투자등급 채권이라 하고, 그 미만을 투기등급 채권이라 한다.

36 정답 ③

만기가 긴 채권일수록 금리변동에 대한 가격 변동폭이 크다.

37 정답 ③

① - AAA
② - AA
④ - BBB
⑤ - BB

38

정답 ④

채권가격의 변동률 $= \left[(-) \times \dfrac{듀레이션}{1+r} \times \triangle r\right] +$
$\left[\dfrac{1}{2} \times 컨벡시티 \times (\triangle r)^2\right]$

수정듀레이션 $= \dfrac{듀레이션}{1+채권수익률} = 3$이므로

채권가격의 변동률 $= [(-) \times 3 \times 0.01] + \left[\dfrac{1}{2} \times 60 \times (0.01)^2\right]$

$= (-)0.03 + 0.003$

$= (-)0.027$

따라서 채권가격은 2.7% 하락한다.

39

정답 ②

기업어음의 신용등급에 상응하는 회사채 등급 구분

기업어음 등급	회사채 등급
A1(원리금 상환능력 최상)	AAA 및 AA등급 수준
A2(원리금 상환능력 우수)	A등급 수준
A3(원리금 상환능력 양호)	BBB등급 수준
B(상환능력은 있으나 단기적 여건변화에 따라 안정성에 불안요인 존재)	BB 및 B등급 수준
C(상환능력에 문제가 있음)	CCC ~ C등급 수준
D(상환 불능상태)	D등급 수준

40

정답 ③

특수채는 국채·지방채와는 달리 법인의 신용도에 따라 신용등급을 평가받는데, 대부분 공사채의 경우 국가의 보증 또는 신용보강을 수반하고 있기 때문에 최고 등급인 AAA를 부여받는다.

핵심개념 발행주체에 따른 채권의 종류

구 분	내 용
국 채	정부가 원리금 지급을 보장하기에 신용도가 가장 높은 무위험채권으로 간주되며, 가장 거래가 활발하고 실세금리를 민감하게 반영하는 등 채권시장에서 차지하는 비중이 높아 채권시장을 대표하는 지표채권으로서의 역할을 함
지방채	지방 공공기관인 특별시·광역시·군 등에서 지방재정법, 도시철도법 등의 규정에 의거 특수목적의 자금을 조달하기 위해 발행하는 채권
특수채	예금보험공사, 주택공사, 토지공사, 한전, 도로공사 등 특별법에 의해 설립된 법인들이 발행하는 채권
금융채	은행, 카드·캐피털사 등 특별법에 의해 설립된 금융기관들이 발행하는 채권
회사채	상법상의 주식회사가 발행하는 채권으로 회사의 채무이행 능력에 따라 AAA부터 D까지의 다양한 신용등급을 부여받음

41

정답 ④

신용스프레드가 가장 작은 (라)가 가장 호경기, 신용스프레드가 가장 큰 (가)가 가장 불황기라고 할 수 있다.

가. 9.0% - 4.0% = 5.0%

나. 8.0% - 3.8% = 4.2%

다. 7.5% - 3.5% = 4.0%

라. 7.0% - 3.3% = 3.7%

핵심개념 신용스프레드의 개념

시장에서는 신용등급을 부여받는 채권들을 보통 '크레딧물' 또는 '신용물'이라고 표현하며, 이 크레딧물과 무위험채권인 지표채권과의 금리 차이를 '크레딧스프레드' 또는 '신용스프레드'라고 한다.

예 국채 3년물의 금리가 3%, AA등급 회사채의 금리가 3.5%라면 AA등급 회사채의 신용스프레드는 50bp가 된다(채권시장에서는 흔히 0.01%의 금리단위를 1bp라고 함).

42

정답 ③

자본손익률 $= \dfrac{(매입금리 - 매도금리) \times 잔존듀레이션}{투자연수}$

$= \dfrac{(5\% - 3\%) \times 3년}{2년} = 3\%$

핵심개념 자본손익

자본손익은 채권을 보유하는 기간 동안 금리의 등락으로 발생한 평가손익 또는 매각손익이다.

- 매입금리 > 평가금리 또는 매도금리 : 자본이익 발생
- 매입금리 < 평가금리 또는 매도금리 : 자본손실 발생

43

정답 ⑤

통상 콜옵션부채권은 만기일 도래 전 시장금리가 급락하면 발행자가 이자부담을 줄이기 위해서 중도상환을 강제한다. 시장금리가 낮아진 상황에서 상환된 자금으로의 재투자금리가 상당부분 낮아져 있기 때문이다.

핵심개념 채권의 주요 위험

구 분	내 용
듀레이션위험	투자기간 동안 시장금리의 변동으로 인하여 투자수익률이 하락할 가능성
신용위험	채권발행자의 신용도 하락으로 채권의 가격이 절대적 또는 상대적으로 하락할 가능성 • 부도위험 : 채권발행자가 이미 정해진 원리금을 지급하지 않을 위험 • 신용등급하락위험 : 채권발행자 신용등급의 하락 또는 하락가능성으로 채권가격이 하락할 수 있는 위험 • 신용스프레드위험 : 시장의 수급이나 경기전망의 영향으로 회사채 등 크레딧채권의 가격이 국채의 가격에 비해 상대적으로 더 약세를 보이는 위험
유동성위험	현금이 필요해져 채권을 중도 매각하려 할 때 시장에서 적절한 매수자가 나타나지 않아 적정가격으로 매도하지 못하는 위험
중도상환위험	콜옵션부채권의 보유 도중 발행자가 중도상환을 강제함으로써 원래 기대했던 수익률을 얻지 못하는 경우

44   정답 ④

채권의 매매형태에 따른 투자전략 분류

구 분	내 용
만기보유전략	채권의 매입 후 그 채권의 만기까지 보유하며 순수하게 그 채권의 이자수익률만을 목적으로 하는 전략
중도매각전략	매입 후 일정 기간 보유 후 어느 시점에서 롤링효과를 누리며 매각하는 전략
교체매매전략	매각 직후 향후 많은 수익이 기대되는 채권을 재매입하는 방식
단기매매전략	단기간의 금리 움직임을 전망하여 자본수익을 얻기 위해 잦은 단기매매를 실행하는 전략

45   정답 ⑤

불렛형 만기전략은 중기채 위주로 채권의 보유를 지속하는 전략으로, 기대수익률이 우수한 특정 만기구간에 집중하여 투자하는 경우에 많이 사용된다.

핵심개념 바벨형 만기전략과 불렛형 만기전략

구 분	내 용
바벨형 만기전략	유동성이 높고 금리위험이 낮아 긴급한 현금흐름이 필요할 때 언제든 부담 없이 매도할 수 있는 단기채와 수익률 수준이 높으며 경제가 좋지 못할 경우 타 자산과의 전체 포트폴리오 성과를 크게 개선시킬 수 있는 장기채의 보유를 병행하는 투자전략
불렛형 만기전략	바벨형과는 반대로 중기채 위주로 채권의 보유를 지속하는 전략으로, 기대수익률이 우수한 특정 만기구간에 집중하여 투자하는 경우에 많이 사용

46   정답 ①

스프레드가 확대될 것으로 예상할 때에는 비싼 국채를 매수하고, 싼 회사채를 매도하는 전략을 취한다.

핵심개념 이종채권 간 전략

스프레드 확대 예상 시 (스프레드 매수 전략 = Long Spread)	스프레드 축소 예상 시 (스프레드 매도 전략 = Short Spread)
(비싼) 국채 매수, (싼) 회사채 매도	(비싼) 국채 매도, (싼) 회사채 매수

47   정답 ④

일일 정산 결과 계좌의 잔액이 유지증거금 수준 이하로 떨어져 선물회사가 마진콜을 통보하면, 고객은 다음 날 12시까지 선물회사에 추가증거금을 현금으로 납부해야 한다.

핵심개념 증거금제도
- 개시증거금 : 최초 계약체결 시 1계약당 선물회사에 납부하는 증거금
- 유지증거금 : 계약체결 후 계좌에서 유지해야 되는 잔액(일반적으로 개시증거금의 약 70% 수준)

- 마진콜 : 일일정산 결과 계좌의 잔액이 유지증거금 수준 이하로 떨어지면 선물회사가 마진콜 통보
- 반대매매 : 마진콜 통보 시 고객이 다음 날 12시까지 추가증거금을 납입하지 못하면 선물회사는 고객의 미결제약정에 대해 즉시 반대매매 이행

48   정답 ④

선물은 거래소가 계약이행을 보증하지만, 선도는 계약불이행 위험이 존재한다.

49   정답 ③

옵션스프레드거래는 만기는 같으나 행사가격이 다른 콜옵션 또는 풋옵션을 동시에 매수·매도하는 전략이다.

50   정답 ③

$$\text{선물의 이론가격} = 200 + 200(0.04 - 0.02) \times \frac{3}{12} = 201$$

선물의 시장가격 203이 이론가격 201에 비해 고평가되어 있으므로 거래비용이 없다면 고평가되어 있는 선물을 매도하고, 동시에 저평가되어 있는 현물을 매수하는 현물보유전략, 즉 매수차익거래로 무위험 수익을 얻을 수 있다.

51   정답 ③

$$\begin{aligned}\text{시장베이시스} &= \text{선물의 시장가격} - \text{현물가격} \\ &= 410.95 - 410.35 = 0.60\end{aligned}$$

$$\begin{aligned}\text{순보유비용(= 이론베이시스)} &= \text{선물의 이론가격} - \text{현물가격} \\ &= 411.35 - 410.35 = 1.0\end{aligned}$$

따라서 시장베이시스 + 순보유비용 = 0.60 + 1.0 = 1.60

52   정답 ②

매수가격보다 매도가격(청산가격)이 하락하였으므로 손실이 발생하는 거래이다. 선물매수는 상승 시 이익이 발생하지만, 매수가격보다 하락할 때 청산하면 손실이 발생한다. 거래의 손익은 항상 매도가격에서 매수가격을 차감하여 계산하고, 코스피200 지수선물에서 1포인트의 가격은 25만원이므로 매매손익은 다음과 같이 계산할 수 있다.

(청산가격 - 매수가격) × 20계약 × 25만원
= (201.10 - 207.05) × 20계약 × 25만원
= -2,975만원

따라서 2,975만원 손실이 발생한다.

53　　　정답 ②

주식 포트폴리오 보유자는 가치하락에 대비하여 주가지수선물을 매도하는 매도헤지가 필요하며, 이때 매도해야 할 지수선물의 계약 수(N)는 다음과 같이 구한다.

$$N = \frac{\text{주식 포트폴리오의 가치}}{\text{선물 1계약의 가치}}$$

$$= \frac{\text{주식 포트폴리오의 가치}}{\text{선물지수} \times \text{거래승수}}$$

$$= \frac{625억원}{250 \times 25만원} = 1,000$$

따라서 매도해야 할 지수선물의 계약 수는 1,000계약이다.

54　　　정답 ②

약세 콜옵션 스프레드전략은 초기에 프리미엄 순수입이 발생하며, 강세 콜옵션 스프레드전략은 프리미엄이 높은 콜옵션을 매수하고 프리미엄이 낮은 콜옵션을 매도하므로 초기에 프리미엄 순지출이 발생한다.

핵심개념 옵션스프레드전략

구 분		내 용
강세 스프레드 전략	강세 콜옵션 스프레드전략	• 강세가 예상되나 확신이 서지 않을 때 이용하는 보수적인 투자전략(행사가격이 낮은 콜옵션 매수, 행사가격이 높은 콜옵션 매도) • 프리미엄이 높은 콜옵션을 매수하고 프리미엄이 낮은 콜옵션을 매도하므로 초기에 프리미엄 순지출 발생
	강세 풋옵션 스프레드전략	• 강세가 예상되나 확신이 서지 않을 때 이용하는 보수적인 투자전략이란 측면에서 강세 콜옵션 스프레드전략과 유사하나, 콜옵션 대신 풋옵션을 활용한다는 점이 다름(행사가격이 낮은 풋옵션 매수, 행사가격이 높은 풋옵션 매도) • 프리미엄이 낮은 풋옵션을 매수하고 프리미엄이 높은 풋옵션을 매도하므로 초기에 프리미엄 순수입 발생
약세 스프레드 전략	약세 콜옵션 스프레드전략	• 약세가 예상되나 확신이 서지 않을 때 이용하는 보수적인 투자전략(행사가격이 낮은 콜옵션 매도, 행사가격이 높은 콜옵션 매수) • 초기에 프리미엄 순수입 발생
	약세 풋옵션 스프레드전략	• 약세가 예상되나 확신이 서지 않을 때 이용하는 보수적인 투자전략이란 측면에서 약세 콜옵션 스프레드전략과 유사하나, 콜옵션 대신 풋옵션을 활용한다는 점이 다름(행사가격이 낮은 풋옵션 매도, 행사가격이 높은 풋옵션 매수) • 프리미엄이 낮은 풋옵션을 매도하고 프리미엄이 높은 풋옵션을 매수하므로 초기에 프리미엄 순지출 발생

55　　　정답 ⑤

기초자산(선물)의 델타는 1이면 매수는 (+)로, 매도는 (−)로 표시한다. 따라서 전체 포지션의 델타 = 1 × (+2) + 0.4 × (−5) + (−0.5) × (+6) = −3이 된다. 전체 포지션의 델타가 −3이라는 것은 기초자산의 가격이 1단위 하락할 때마다 3배의 이익이 생기는 포지션, 또는 기초자산의 가격이 1단위 상승할 때마다 3배의 손실이 생기는 포지션이라는 의미이다.

56　　　정답 ③

스왑을 할 때 교환하는 원금은 같은 자산일 수도 있고, 다른 자산일 수도 있다.

57　　　정답 ②

시장상황에 따라 시장수익률보다 높은 수익률을 얻을 수 있다. 즉, 주가 · 금리의 방향성, 수익률곡선의 변화, 수익률 스프레드의 변화 등 주식 및 채권시장에 관한 투자자의 견해를 구조화 상품에 반영할 수 있다.

58　　　정답 ①

역변동금리채권은 전반적인 금리하락기 또는 경사가 급한 수익률곡선 상황 하에서 주로 발행된다.

핵심개념 금리연계상품의 유형별 투자전략

구 분	내 용
역변동금리채권	• 기준금리의 움직임과 반대방향으로 이자지급 조정이 이루어지는 채권 • 기준금리가 하락하면 이자지급액이 증가하는 구조를 가지므로 전반적인 금리하락 또는 경사가 급한 수익률곡선 상황 하에서 주로 발행
이중변동금리채권	• 장단기 금리 스프레드에 의해 이표가 결정되는 변동금리채권 • '(장기금리변동 − 단기금리변동) × 승수 + 가산금리'의 형태로 발행
금리상한 변동금리채권	• 전형적인 변동금리채권에 최대표면금리조건을 덧붙인 채권 • 발행기업은 금리지급의 상한을 설정받는 대신 변동금리에 추가되는 마진을 지불해야 함
레인지 채권	• 매 이표지급 시점 직전 일에 기준 충족 여부에 따라 상이한 이표를 지급하는 것 • 발행채권 기준금리가 사전에 정한 범위 안에 머무르면 높은 이자를 지급하고, 범위를 벗어나면 낮은 이자를 지급하는 것

정답 및 해설

59   정답 ③

상관계수가 0이면 두 개의 자산은 아무런 관계가 없다는 뜻이며, 상관계수가 −1이면 완전 음의 상관관계로 두 개의 자산은 정반대로 움직인다는 의미이다.

핵심개념 상관계수의 범위

$$-1 \leq \rho_{AB} \leq 1$$

- +1일 때 : 두 개의 자산은 완전한 양의 상관관계
- 0일 때 : 두 개의 자산은 아무런 관계가 없음
- −1일 때 : 두 개의 자산은 완전한 음의 상관관계로 정반대로 움직인 다는 의미

60   정답 ④

- 산술평균수익률 = $\dfrac{10\% + 4.9\%}{2}$ = 7.45%

- 기하평균수익률 = $\sqrt[2]{(1+0.1)(1+0.049)} - 1$
  $$= 0.07419 ≒ 0.0742 = 7.42\%$$

핵심개념 산술평균수익률과 기하평균수익률

- 항상 산술평균이 기하평균보다 더 높게 나타남
- 시간의 연속성이 있는 경우(투자수익률, 물가상승률 등)의 데이터는 기하평균이 합리적이고, 시계열성이 없는 경우(시험점수)의 데이터는 산술평균이 더 적합함

61   정답 ③

효율적 프론티어와 무차별곡선이 접하는 점 E에서 투자자의 효용이 최대가 된다.

62   정답 ③

분산투자를 하면 개별 자산의 기대수익률은 포트폴리오 수익률에 그대로 반영되는 반면, 위험은 개별 자산의 가중평균보다 작아진다.

63   정답 ④

포트폴리오의 체계적 위험을 통제하고자 하는 경우 주식 수는 상관없으며, 베타를 조정해야 한다.

핵심개념 단일지표모형에서의 체계적 위험과 기업고유위험

구분	내용
체계적 위험	• 각 주식의 체계적 위험은 시장요인에 의해서만 결정되므로 포트폴리오에 포함되는 주식 수가 아무리 많아지더라도 체계적 위험에 대한 분산투자 효과가 없음 • 포트폴리오의 체계적 위험을 통제하고자 하는 경우 주식 수는 상관없으며, 베타를 조정해야 함
기업고유위험	• 기업고유위험은 서로 독립적이기 때문에 포트폴리오에 포함되는 주식 수를 늘리면 위험의 영향들이 상쇄됨 • 기업고유위험은 포트폴리오에 포함된 주식 수를 충분히 늘림으로써 사실상 제거 가능

64   정답 ④

균형시장에서 자본시장선의 위험보상비율 값은 모든 투자자에게 동일하다.

핵심개념 자본시장선의 기울기

- 위험 1단위에 대한 위험보상정도를 나타내는 위험보상비율로 위험의 균형가격 또는 위험의 시장가격이라고도 함
- 균형시장에서 위험보상비율 값은 모든 투자자에게 동일함

$$\frac{[E(R_M) - R_f]}{\sigma_M}$$

- $E(R_M)$: 시장포트폴리오의 기대수익률
- R_f : 무위험수익률
- σ_M : 시장포트폴리오의 표준편차

65   정답 ③

증권시장선(SML)상에서 주식의 기대수익률(또는 요구수익률)은 다음과 같이 예측할 수 있다.

$$E(R_i) = R_f + \beta_i [E(R_M) - R_f]$$

- $E(R_i)$: 개별 증권 i의 기대수익률
- $E(R_M)$: 시장포트폴리오의 기대수익률
- R_f : 무위험수익률
- β_i : 개별 증권 i의 베타계수

따라서 주식 i의 기대수익률 = 4% + 1.2[8% − 4%] = 8.8%

66 정답 ②

인덱스 펀드를 매입하면 특정 종목을 선택하기 위한 분석이 필요 없고, 상대적으로 저렴한 비용으로 투자할 수 있다는 장점이 있다.

67 정답 ①

동일한 유형의 펀드 간에 샤프지수를 비교해야 한다. 한국 주식형 펀드와 글로벌 고수익 채권 펀드는 자산집단이 다르기 때문에 이들 간에 샤프지수를 비교하는 것은 적합하지 않다.

핵심개념 샤프지수 활용 시 유의점
• 한국 주식형 펀드와 글로벌 고수익 채권 펀드는 자산집단이 다르기 때문에 동일한 유형의 펀드 간의 샤프지수를 비교해야 함
  예 코스피200을 비교 지수로 하는 한국 주식형 펀드를 대상으로 각각의 샤프척도 비교
• 운용기간에 따라 수익률과 위험이 달라지므로 동일한 운용기간을 대상으로 샤프지수를 비교해야 함

68 정답 ③

㉠·㉡ 소극적 전략
㉢·㉣ 적극적 전략

69 정답 ②

시장의 중단기적인 변화에 따라 고객들의 투자성향이 바뀌는 경향이 있는데, 전략적 자산배분에서는 시장 상황 변화에 따른 일시적인 위험회피 성향 변화는 반영하지 않는다.

70 정답 ①

• 샤프지수 = $\dfrac{\text{펀드 연평균수익률 − 연평균 무위험수익률}}{\text{펀드의 표준편차}}$

  $= \dfrac{16\% - 1\%}{5\%} = 3$

• 트레이너지수 = $\dfrac{\text{펀드 연평균수익률 − 연평균 무위험수익률}}{\text{펀드의 베타계수}}$

  $= \dfrac{16\% - 1\%}{0.8} = 18.75$

제2과목 비금융자산 투자설계(30문항)

71 정답 ④

준부동산은 감정평가의 대상이 되며, 저당권의 목적이 될 수 있다.

핵심개념 부동산의 개념

법률적 측면	
광의의 부동산 = 협의의 부동산 + 준부동산	
협의의 부동산 (민법상의 부동산)	좁은 의미의 부동산이란 토지 및 그 정착물을 의미(민법 제99조 제1항~제2항)
준부동산 (의제부동산)	• 동산과 부동산의 결합물 또는 등기나 등록을 통해 물권변동을 공시하는 동산 • 감정평가의 대상이 되고, 저당권의 목적이 됨 • 공장재단, 광업재단, 어업권, 입목, 선박, 자동차, 항공기, 건설기계 등이 포함

72 정답 ④

임시적이고 일시적인 다른 용도에 사용되는 경우에는 지목을 변경해서는 안 된다.
② 1필 1목 원칙
③·④ 영속성의 원칙
⑤ 사용목적 추정의 원칙

73 정답 ⑤

재축이란 건축물이 천재지변이나 그 밖의 재해로 멸실된 경우 그 대지에 종전과 같은 규모의 범위에서 다시 축조하는 것을 말한다. 기존 건축물이 있는 대지에서 건축물의 건축면적, 연면적, 층수 또는 높이의 규모를 늘리는 것은 증축에 해당한다.

핵심개념 부동산 관련 용어

구 분	내 용
필 지	등기법상 등기단위로서 토지소유자의 권리를 구분하기 위한 법적 개념
획 지	인위적·자연적·행정적 조건에 따라 다른 토지와 구별되는 가격수준이 비슷한 토지(경제적·부동산학적 개념)
건 축	건축법에 따라 신축·증축·개축·이전하는 것
신 축	건축물이 없는 대지에 새로 건축물을 축조하는 것
증 축	기존 건축물이 있는 대지에서 건축물의 건축면적, 연면적, 층수 또는 높이의 규모를 늘리는 것
개 축	기존 건축물의 전부 또는 일부를 철거하고, 그 대지 안에 종전과 동일한 규모의 범위에서 건축물을 다시 짓는 것
재 축	건축물이 천재지변이나 그 밖의 재해로 멸실된 경우 그 대지에 종전과 같은 규모의 범위에서 다시 축조하는 것
대수선	건축물의 기둥, 보, 내력벽 등 그 구조나 외부형태를 수선·변경 또는 증설하는 것

정답 및 해설

대 지	공간정보의 구축 및 관리 등에 관한 법률에 따라 필지로 구획된 토지
건축선	건축법에 의해 도로와 접한 부분에서 건축행위를 하는 경우 도로와 건축물을 건축할 수 있는 경계선
건폐율	대지면적에 대한 건축면적의 비율
용적률	대지면적에 대한 건축물의 연면적 비율

74
정답 ④

LTV, DSR, DTI 비율을 하향 조정하게 되면 부동산시장의 규제가 강화되고, RTI 비율을 하향 조정하면 부동산 규제는 완화된다.

핵심개념 RTI(Rent To Interst)

부동산임대업 이자상환비율로서 담보가치 외에 임대수익으로 어느 정도까지 이자상환이 가능한지 산정하는 지표. 산출 방식은 (상가가치 × 임대수익률) ÷ (대출금 × 이자율)이다.

75
정답 ③

토지대장이란 토지의 현황을 명확히 하기 위하여 토지의 소재지·지번·지목·면적, 소유자의 주소·주민등록번호·성명, 기타 행정자치부령으로 정하는 사항 등을 기재한 것이다.

76
정답 ④

토지이용계획확인서란 토지에 대한 공법상의 규제 상태를 확인할 수 있는 기본적인 공적 장부이다. 용도지역·지구·지역, 도시·군계획시설, 지구단위계획구역, 개발행위제한, 건축행위제한, 토지거래 등 각각의 사항에 대한 해당 여부 및 관련 법규명이 기재되어 있다.

77
정답 ③

개별공시지가확인서를 통해 가격변동 추이를 확인할 수 있지만 공시지가를 통해 확인되는 가격이 실제거래가능금액과는 차이가 있으므로, 가격변동의 추이정보로만 활용하는 것이 바람직하다.

핵심개념 개별공시지가확인서

구 분	내 용
개 념	표준지공시지가를 바탕으로 각 시장·군수·구청장이 개별토지의 단위면적(m^2)당 적정가격인 개별공시지가를 결정한 내용이 기재된 공적장부
활 용	• 해당 토지의 가격변동 추이 확인 가능 • 공시지가가격과 실제거래가능금액과는 차이가 있음 • 개별공시지가는 매년 1월 1일 가격을 기준으로 동년 5월 31일에 공시

78
정답 ⑤

주택임대차보호법은 공부상의 표시만을 기준으로 하지 않고 실질 용도에 따라 판단한다. 주택임대차보호법이 적용되는 대상은 미등기·무허가·불법 등의 건축물, 가건물(비닐하우스 제외), 상가와 공장 등을 주거용으로 용도 변경한 건물에 적용될 수 있다.

핵심개념 주택임대차보호법의 이해

구 분	내 용
적용범위	주거용 건물의 일부 또는 전부 (공장 등을 주거용으로 용도 변경한 건물, 가건물(비닐하우스 제외), 무허가·미등기 건물도 적용)
보증금범위	제한 없음
대항력	계약 + 주택인도 + 전입신고 → 익일부터 발생
우선변제권	대항력 + 확정일자
최우선변제권	소액임차인이 대항력을 갖추면 확정일자를 받지 않아도 발생(보호받을 수 있는 소액임차보증금액의 합계액은 경매낙찰대금의 1/2 이내)
임대차 존속기간	2년
계약갱신 (묵시의 갱신)	• 임대인이 기간 만료 전 6월부터 2월까지 갱신거절 통지를 하지 않은 경우 • 임차인이 기간 만료 전 2월까지 갱신거절의 통지를 하지 않은 경우
계약갱신 불인정	2기 차임 연체 or 현저한 의무위반
차임증감	보증금의 5% 이내

79
정답 ⑤

대항력, 우선변제권, 최우선변제권, 임대차기간, 계약의 갱신은 주택임대차보호법과 상가건물임대차보호법에서 모두 보호되지만, 권리금의 회수기회 보호는 상가건물임대차보호법에서만 적용된다.

핵심개념 권리금의 회수기회 보호

임대인은 임대차기간이 끝나기 6개월 전부터 임대차 종료 시까지 정당한 사유 없이, 권리금 계약에 따라 임차인이 주선한 신규 임차인이 되려는 자로부터 권리금을 지급받는 것을 방해해서는 아니 된다.

• 임차인이 주선한 신규 임차인이 되려는 자에게 권리금을 요구하거나 임차인이 주선한 신규 임차인이 되려는 자로부터 권리금을 수수하는 행위
• 임차인이 주선한 신규 임차인이 되려는 자로 하여금 임차인에게 권리금을 지급하지 못하게 하는 행위
• 임차인이 주선한 신규 임차인이 되려는 자에게 상가건물에 관한 조세, 공과금, 주변 상가건물의 차임 및 보증금, 그 밖의 부담에 따른 금액에 비추어 현저히 고액의 차임과 보증금을 요구하는 행위
• 그 밖에 정당한 사유 없이 임대인이 임차인이 주선한 신규 임차인이 되려는 자와 임대차계약의 체결을 거절하는 행위

80

정답 ④

우리나라 부동산정책은 부동산시장에 큰 영향을 미친다. 가격상승기에 시행되는 규제책이, 가격하락기에 시행되는 부양책보다 효과가 더 크다.

핵심개념 부동산시장 영향요인 분석

구 분	내 용
경제상황	• 경제호황기 → 유동성 풍부 → 관련 투자 집중 → 부동산시장 활성화 • 경제불황기 → 관련 투자 위축 → 부동산시장 침체
금 리	• 금리 상승 → 금융부문에 유동성 흡수 → 투자수요 침체 → 부동산가격 하락 • 금리 하락 → 부동산시장에 자금 유입 → 투자수요 활성화 → 부동산가격 상승
구매력	• 수요자 소득 대비 부동산을 매입할 수 있는 여력 • PIR(Price to Income Ratio) 지수를 활용
대출규제	• 부동산시장에서 일정 부분 자금공급원으로서의 역할을 함 • 시장의 유동성 흐름을 좌우하는 변수 • 국회의 동의 없이 시장에 대응할 수 있는 강력한 규제책
수요와 공급	• 주택의 수요와 공급을 분석하는 것은 시장분석의 기본 • 국지성을 통한 분석 필요
전세가격	매매가격 대비 전세가격이 상승할 경우 매수로 전환하는 수요가 나타나는 것이 일반적
세 금	중과세나 비과세를 통해 시장에 영향을 주고 완급을 조절하는 변수 역할
유동성	시장에 유동성이 풍부해지면 보수적인 투자성향을 가진 경우 부동산시장에 유동성이 머물 가능성이 큼
인플레이션	부동산가격은 물가상승률 이상 상승하여 가치하락을 보전해 줌
부동산정책	가격상승기에 시행되는 규제책이 가격하락기에 시행되는 부양책보다 효과가 더 큼

81

정답 ②

금리가 상승하면 부동산시장은 상대적으로 투자수요의 침체가 나타날 수 있다.

82

정답 ②

2020년 미국 부동산시장은 코로나19 상황에도 불구하고 주택가격이 가파른 상승세를 유지하는 모습을 보였다.

83

정답 ③

③ 1~2인 가구의 비중 확대와 가구원 수의 감소로 중소형주택의 선호가 증가하면서, 주택의 다운사이징 현상은 지속되고 있다.

① 베이비부머가 은퇴해서 대규모로 주택을 매도하고 이사하기보다는 약 70~80% 정도는 현재의 거주지에서 살 가능성이 높다.

② 베이비부머는 농촌보다는 도시를 선호하기 때문에 고향이나 전원주택 등으로 귀농하는 경우는 극히 드물다.

④ 2023년 기준 1~2인 가구가 이미 66%를 넘는 비중을 차지함에 따라 주택수요는 여전히 유효하다.

⑤ 베이비부머 세대는 은퇴 후 노후준비가 미비한 편이다.

84

정답 ③

공공실버주택 공급은 박근혜 정부의 부동산정책으로 2015년에 실시되었다.

핵심개념 박근혜 정부의 부동산정책(부동산시장의 정상화)

구 분	내 용
서민 주거안정을 위한 주택시장 정상화 종합대책(13.04.01)	• 주택시장 정상화 방안 • 하우스푸어 및 렌트푸어 지원방안 • 서민 주거복지 강화방안
정부의 4 · 1 대책 점검 및 후속 조치방안 (13.07.24)	• 수도권 공공주택개발사업 조정 • 민간 주택공급 조절 및 분양주택의 임대주택 전환 촉진 • 임대주택 공급확대 등 임대시장 안정화
전월세시장 안정을 위한 대응방안(13.08.28)	• 주택시장 정상화로 전세수요의 매매전환 유도 • 임대주택 공급 확대 • 서민 · 중산층 전월세부담 완화
2014년 부동산정책 실시	• 다주택자 양도세 중과 폐지 • 취득세 영구인하 • 비사업용 토지 양도세 중과 유지 • 재건축 등 조합원에게 기존주택 전용면적 범위 내에서 2주택 허용 • 수직증축 리모델링 허용
주택시장 회복 및 서민 주거안정 강화방안(14.09.01)	**주택시장 회복** • 재정비 규제 합리화 • 청약제도 개편 • 국민 및 기업의 과도한 부담완화 • 주택 공급방식 개편 **서민 주거안정 강화** • 임대주택 단기공급 확대 • 임대시장 민간참여 활성화 • 무주택 서민 주거비 부담완화
서민 · 중산층 주거안정 강화방안(15.09.02)	**주거취약계층 지원강화** • 리모델링 임대 도입 및 전세임대 공급 확대 • 가을 이사철 매입 · 전세임대 조기공급 • 공공실버주택 공급 • 행복주택 · 행복기숙사 공급 활성화 • 주거취약계층 주거비 지원 강화 **뉴스테이 활성화** • 금년 시범사업 성과 가시화로 연내 1.4만호 인가 • 다양한 부지활용, 16년에 뉴스테이 2만호 공급 • 활성화를 위해 재무적 투자자 적극 참여유도 및 관계법령 정비 **정비사업 규제 합리화 및 투명성 제고** • 정비사업 규제 합리화 • 정비사업 투명성 제고

정답 및 해설

85   정답 ①

김영삼 정부는 1993년 금융기관 거래 시 본인의 실명으로 거래하는 제도인 금융실명제를 시행하였고, 이어 1995년에는 부동산실명제를 도입하였다.

86   정답 ⑤

재건축 안전진단 결과 56점 이상일 경우 유지 보수, 31점~55점일 경우 조건부 재건축, 30점 이하일 경우 재건축에 해당한다.

핵심개념 재건축 안전진단 기준 강화

	안전진단 절차

재건축 안전진단 기준 정상화 (18.02.20.)	• 주민요청 → 현지조사 → 안전진단 의뢰 → 안전진단 → 판정
	• 현지조사에 공공기관 참여, 전문성 및 객관성 확보 등 사전검증 필요
	• 안전진단 종합판정 항목별 가중치 조정, 구조안정성 강화
	  – 구조안정성 20% → 구조안정성 50%
	  – 주거환경 40% → 주거환경 15%
	  – 시설노후도 30% → 시설노후도 25%
	  – 비용분석 10% → 비용분석 10%
	• 주거환경 E등급(20점 이하) 시 다른 평가 없이 재건축 가능

	안전진단 결과
	재건축(30점 이하), 조건부 재건축(31~55점), 유지보수(56점 이상)

87   정답 ④

2018년 3월에 실시되었던 재건축 안전진단 기준 강화에서는 안전진단 평가항목별 가중치 중 구조안정성 비중을 현행 20%에서 50%로 상향 조정했다.

88   정답 ④

임대인(임대인의 직계가족 포함)이 목적 주택에 실제 거주하려는 경우 전세계약갱신청구권을 거부할 수 있다.

89   정답 ④

부동산은 매도를 원하는 시기에 적합한 매수자를 찾기 어려우므로 즉시 현금화가 어려운 단점을 가지고 있다.

핵심개념 부동산 투자의 특징과 장단점

(1) 부동산 투자의 특징
- 투자가 비교적 장기적이며, 다른 투자대상보다 많은 자본이 소요된다.
- 투자자의 능력에 의존하는 측면이 크다.
- 투자차익인 자본이득과 임대소득인 현금흐름을 기대할 수 있다.
- 감가상각에 의한 절세효과를 기대할 수 있다.
- 장래기대수익은 유동적이며, 확정적이지 않다.
- 도난·멸실의 위험이 거의 없다.
- 개발이익이 발생할 수 있다.

(2) 부동산 투자의 장단점

장 점	단 점
• 안전성과 수익성이 비교적 높음 • 자본이득의 발생 가능성이 있음 • 부동산에 저당권을 설정하여 자금을 융통하는 등의 방법으로 자금 유동화의 수단이 될 수 있음 • 세제상 감가상각과 자본이득에 대한 낮은 세율 등 절세가 가능	• 자본손실의 발생 가능성이 있음 • 시설의 개·보수 등의 수익적 지출과 자본적 지출이 발생함 • 시간의 경과·자연재해 등으로 인한 건물과 토지의 가치 감소로 재산적 손실이 발생 가능 • 환금성이 낮으며 특히 경기침체 시 거래량의 부족으로 환금성이 더욱 낮아짐

90   정답 ④

기대수익률(%) = (기대수익 − 투자비용) / 투자비용 × 100(%)

= (4억 8천만원 − 4억원) / 4억원 × 100(%)

= 8천만원 / 4억원 × 100(%)

= 1/5 × 100(%)

= 20%

※ 주어진 정보만으로는 요구수익률을 알 수 없다. 또한 실현수익률은 투자 이후 현실적으로 달성된 수익률을 말하므로 투자안 고려 시에는 실현수익률을 계산할 수 없다.

91   정답 ②

① 가격은 특정 부동산에 대한 교환의 대가로 매수인이 매도인에게 지불하는 금액이다.

③ 투자가치를 구할 때는 할인율로 요구수익률을 사용한다.

④ 원가방식에는 가격을 구하는 원가법과 부동산의 임료를 구하는 적산법이 있다.

⑤ 비교방식에는 가격을 구하는 거래사례비교법과 임료를 구하는 임대사례비교법이 있다.

핵심개념 가격과 가치의 구분

가 격	가 치
• 특정 부동산에 대한 교환의 대가 • 객관적이고 구체적 개념 • 과거의 값 • 주어진 시점에서 하나만 존재	• 장래에 기대되는 이익을 현재가치로 환원한 값 • 주관적이고 추상적 개념 • 현재의 값 • 주어진 시점에서 무수히 많이 존재

92　정답 ③

내부수익률 ≥ 요구수익률일 때 투자가 채택된다.

핵심개념 순현가법과 내부수익률법의 비교

구 분	순현가법	내부수익률법
개 념	투자로부터 발생할 미래의 모든 현금흐름을 요구수익률로 할인하여 현가로 나타내는 방법	현금유출의 현가와 미래 현금유입의 현가를 동일하게 만드는 할인율
투자결정	• 서로 독립적인 경우 순현가 ≥ 0 → 투자안 채택 순현가 < 0 → 투자안 기각 • 서로 배타적인 경우 순현가 ≥ 0을 만족시키는 투자안 중 순현가가 가장 큰 투자안 선택	• 서로 독립적인 경우 내부수익률 ≥ 요구수익률 → 투자안 채택 내부수익률 < 요구수익률 → 투자안 기각 • 서로 배타적인 경우 내부수익률 ≥ 요구수익률을 만족시키는 투자안 중 내부수익률이 가장 큰 투자안 선택
할인율	요구수익률	내부수익률
부의 극대화	언제나 달성 가능	달성 불가능
투자판단	언제나 가능	불가능 (복수의 내부수익률 존재)

93　정답 ①

포트폴리오 이론은 장기시장보다는 단기시장에 적합한 이론으로 장기시장인 부동산 시장에 적용하는 데는 한계가 있다.

핵심개념 부동산 포트폴리오의 한계와 위험

구 분	내 용
부동산 포트폴리오의 한계	• 부동산시장은 불완전시장이기 때문에 시장 포트폴리오 수익률의 계량화가 어려움 • 투자안에 따라 서로 다른 세율이 적용되므로 수익률을 산정하는 것이 어려움(평균적 수익률 도출 어려움) • 부동산 투자는 분할하는 것이 곤란하므로, 그 특성상 불가분성의 특징이 있음 • 장기시장보다는 단기시장에 더 적합한 이론이므로, 부동산시장에 적용하는 데는 한계가 있음

	체계적 위험	비체계적 위험
부동산 포트폴리오의 위험	• 경기변동, 인플레이션 심화 같은 시장위험으로 어느 누구도 피할 수 없는 위험 • 포트폴리오를 완벽하게 구성해도 피할 수 없음	• 개별 투자안에서 발생하는 위험으로 투자자산을 다양하게 구성함으로써 피할 수 있음 • 개별 투자안에 영향을 주지만 포트폴리오 구성을 다양화하면 감소시킬 수 있음

94　정답 ①

부동산의 수요와 공급은 시장에서 쉽게 조정되지 않는다. 부동산은 착공에서 완공까지 물리적 시간이 필요하기 때문에 수급의 불균형이 장기간 유지된다.

핵심개념 부동산 분석의 필요성

• 부동산은 다른 자산에 비해 유동성이 떨어진다.
• 부동산은 시간의 경과에 따라 감가상각을 한다.
• 부동산은 비대체성으로 인해 다른 부동산과 가격, 소득 등을 직접 비교하기 곤란하다.
• 부동산은 불완전경쟁시장이므로 비동질성, 비이동성, 정보의 부족 등의 어려움이 있다.
• 부동산은 여러 법적 제약이 많으므로 투자 분석이 필요하다.
• 부동산은 수명이 오래가기 때문에 투자를 잘못하면 원상회복이 어렵다.
• 부동산의 수요와 공급은 시장에서 쉽게 조정되지 않는다.

95　정답 ②

근린상가는 주거지가 중심이 되는 근린생활권에 입지한 빌딩으로 대체적으로 5층 미만이다.

핵심개념 수익형부동산 투자전략

구 분	내 용
상 가	• 경기침체 시 상가의 수익성 하락 가능성 있음 • 세입자의 월세 지불능력 중요함 • 프렌차이즈 등 비교적 큰 업체가 세입자일 경우 유리함 • 상가건물 매매가격은 대지면적 × 평당가격으로 산정함 • 리모델링을 통한 수익성 개선이 가능한지 사전 검토해야 함 • 상가건물 개발 가능성을 사전 검토해야 함
오피스텔	• 시세차익보다는 임대를 통해 투자수익을 창출함 • 상업기능과 업무기능이 높은 지역이 적합함
오피스 빌딩	• 안정적 투자상품으로, 경기에 대한 민감도가 높지 않음 • 오피스 빌딩 매매가격은 건물 연면적 × 단위 면적당 금액으로 계산함
테마상가	• 상권의 범위가 상대적으로 좁다는 단점이 있음 • 대형 할인매장, 백화점과 경쟁관계에 있는 테마쇼핑몰은 지양해야 함 • 위탁관리운영사의 관리운영에 대한 검증이 필요함 • 계약 시 점포 위치를 확정한 후 날인을 받아야 함 • 유명한 대형시설과 연계하여 분양받을 시 입점 취소의 경우, 계약해지에 관련된 특약사항을 점검해야 함

96　정답 ④

농지보전부담금은 해당 농지 개별공시지가의 30%와 ㎡당 5만원의 상한금액 중 적은 금액이다.

97　　　정답 ③

재경매에 대한 내용이다. 신경매란 매각기일에 입찰부동산에 대하여 매수신고인이 없거나 낙찰을 불허한 경우 매각기일을 새로이 지정해서 경매를 진행하는 것을 말한다.

핵심개념 경매 관련 용어

구 분	내 용
강제경매	확정된 이행판결문, 가집행선고부 판결, 확정된 지급명령 등의 채무명의를 보유한 채권자가 채무자 소유의 부동산이나 동산을 압류한 후 경매를 진행시켜 매각 대금에서 금전채권의 만족을 얻는 것
임의경매	담보권자가 전세권, 질권, 유치권, 저당권 등의 담보권 실행을 위해 담보물의 경매를 진행하여 매각 대금으로 피담보채권을 변제받는 것
재경매	경락인이 경락 후 경락대금을 지급하지 않는 경우에 재차 실시하는 경매
신경매	입찰을 실시했지만 낙찰자가 결정되지 않아 다시 기일을 지정하여 실시하는 경매
명도소송	대상 부동산을 점유할 권원이 없는 자에 대해 대상 부동산의 점유를 이전할 것을 청구하는 소송
인도명령	낙찰자가 낙찰대금을 완납했음에도 채무자가 낙찰부동산을 임의로 인도하지 않는 경우 대금완납 후 6월 이내에 집행법원의 집행관에게 낙찰부동산을 강제로 낙찰자에게 인도하게 하는 내용의 인도명령을 신청할 수 있음

98　　　정답 ⑤

부동산산업 측면에서 단순 중개업이 한계에 봉착하고 있어 자산가치 증대를 위한 새로운 사업영역의 구축이 필요하게 되었다. 전반적으로 개발에서 관리로의 변화가 진행되고 있다.

99　　　정답 ③

위탁관리방식은 관리비용이 저렴하고 안정적인 것이 장점이다.

핵심개념 부동산 자산관리 운영방식 비교

구 분	직접관리방식	위탁관리방식	혼합관리방식
관리방식	소유자 직접 관리방식	전문업자 대행 관리방식	전체는 직접 관리 / 일부만 위탁하는 방식
특 징	전통적 관리방식 (소규모 주택, 건물, 토지에 적합)	현대적 관리방식 (대형빌딩, 공동주택에 적합)	과도기적 관리방식 (대형·고층건물에 적합)

	직접관리방식	위탁관리방식	혼합관리방식
장 점	• 신속한 처리와 종합적 관리 • 기밀유지와 효율적인 관리 • 친절한 서비스 • 소유자의 지시 통제 강함 • 부동산설비에 대한 애착 강함	• 전문적인 관리 • 부동산소유자는 본업에 전념 • 타성화 방지 • 관리비용이 저렴	• 자가관리에서 위탁관리로 이행하는 과도기에 유리 • 일부 업무만을 위탁하여 전문성 확보
단 점	• 전문성 결여, 관리요원의 의욕저하 • 관리업무의 안일화 • 변화에 대한 대응력 부족	• 전문관리회사 신뢰 문제 • 애호정신이 낮음 • 기밀유지 및 보완 불완전	• 자가관리, 위탁관리 단점 노출 위험 • 자가관리요원과 위탁관리요원 간의 원만한 관계유지 곤란 • 책임소재 불분명

100　　　정답 ⑤

주택금융은 융자금의 상환능력이 융자대상자산의 수익성에 의존하지 않고 다른 여러 복합적인 요인에 의해 결정되는 가계 소득수준에 의존하므로 채무불이행 위험이 크다.

핵심개념 부동산금융과 주택금융

(1) 부동산금융

구 분	내 용
개 념	• 부동산 개발, 투자, 취득을 위해 부동산을 운용대상으로 하여 자기자본과 더불어 투자자본을 조달하기 위한 금융 • 모기지 기능이 있으며, 감가상각 및 차입금 이자에 대한 세금감면 혜택이 있음
기 능	• 부동산 공급 확대 기능 • 주택구입 능력 제고 기능 • 저당채권 유동화 기능

(2) 주택금융

구 분	내 용
개 념	주택의 구입이나 건설, 개량, 보수를 위해 금융기관에서 자금을 차입하는 것
특 징	• 장기대출 • 저리대출 • 개인(가계) 대상 • 채무불이행 위험

제3회 정답 및 해설

01	02	03	04	05	06	07	08	09	10
④	⑤	④	①	①	②	②	⑤	⑤	③
11	12	13	14	15	16	17	18	19	20
①	④	②	④	③	⑤	①	⑤	④	②
21	22	23	24	25	26	27	28	29	30
⑤	③	⑤	④	⑤	③	④	③	②	①
31	32	33	34	35	36	37	38	39	40
⑤	①	①	④	④	①	①	①	①	⑤
41	42	43	44	45	46	47	48	49	50
③	③	③	②	④	②	⑤	①	②	②
51	52	53	54	55	56	57	58	59	60
⑤	①	⑤	④	②	⑤	⑤	⑤	③	③
61	62	63	64	65	66	67	68	69	70
②	⑤	③	④	③	①	⑤	③	③	②
71	72	73	74	75	76	77	78	79	80
①	②	⑤	①	③	①	②	⑤	①	④
81	82	83	84	85	86	87	88	89	90
③	②	④	④	④	③	④	⑤	②	③
91	92	93	94	95	96	97	98	99	100
⑤	④	①	①	③	⑤	②	④	①	⑤

제1과목 금융자산 투자설계(70문항)

01
정답 ④

수익성이란 실적배당형의 경우 높은 가격상승(수익률) 수익을 기대할 수 있는 정도를 의미하며, 확정금리형의 경우 높은 이자(금리)수익을 지급받을 수 있는 정도를 의미한다.

핵심개념 투자의 3요소

구 분	내 용
안전성	금융상품의 원금 또는 원리금이 보호·보전될 수 있는 정도
수익성	• 확정금리형 : 높은 이자(금리) 수익을 지급받을 수 있는 정도 • 실적배당형 : 높은 가격상승(수익률) 수익을 기대할 수 있는 정도
유동성	보유한 금융상품을 필요시 언제든지 별다른 손해 없이 현금화할 수 있는 정도

02
정답 ⑤

표지어음은 중도해지는 불가능하지만 어음의 특성상 배서에 의한 양도는 가능하고, 비과세종합저축으로 가입할 수 없다는 점에 유의해야 한다.

핵심개념 표지어음의 특징

구 분	내 용
가입대상	제한 없음
가입한도	제한 없음
최저 가입금액	금융기간별 상이(통상 500만원 또는 1천만원 이상)
저축기간	최장 원 어음의 만기일 범위 내(통상 30일 ~ 1년 이내)
이자지급방법	할인식
예금자보호	보 호

03
정답 ④

양도성예금증서는 정기예금과 달리 중도해지 및 비과세종합저축으로 가입이 불가능한 예금상품이다.

핵심개념 양도성예금증서(CD)의 특징

구 분	내 용
발행대상	제한 없음
예치기간	30일 이상 제한 없음
최고 가입한도	제한 없음
최저 가입금액	금융기관별 상이(통상 500만원 또는 1천만원 이상)
이자지급방법	할인식
예금자보호	비보호
기 타	CD등록발행제도 : 통장식으로 발행된 CD의 경우에는 해당 금융기관에서 담보대출의 취급 가능

04
정답 ①

30% 낙-아웃 상승수익추구형의 경우 주가가 30% 범위 내에서 상승하면 상승에 따른 참여율로 수익률을 지급받지만, 기간 중 한 번이라도 30% 이상 상승하면 기존의 수익구조가 사라져 약정된 수익을 지급받지 못하거나 사전에 약정한 소정의 리베이트만을 지급받게 된다. 〈보기〉에서 가입 기간 중 최고 상승폭은 100pt로 5% 상승하였으나, 만기 시 주가지수는 50pt 하락하였으므로 만기시점의 주가지수가 기준지수보다 낮은 경우이다. 따라서 수익률은 원금보장인 0%가 된다.

핵심개념 30% 낙아웃(Knock-Out)형의 수익구조

• 만기시점의 주가지수가 기준지수보다 낮을 경우 : 0%
• 만기시점까지 주가지수가 기준지수보다 30% 이상 상승한 적이 없는 경우 : 주가지수상승률 × 참여율
• 만기까지 한 번이라도 30% 이상 상승한 적이 있을 경우 : 1%(리베이트)

05　　　　　　　　　　　　　　　　정답 ①

가입자가 다른 주택건설지역으로 주소지를 이전함에 따라 그 예치금액의 차액을 추가로 예치할 경우 그 차액의 예치는 반드시 주택공급 신청 전에 해야 한다.

핵심개념 주택청약종합저축의 특징

구 분	내 용
가입자격	실명의 개인(국내에 거주하는 재외동포 및 외국인 거주자 포함)
계약기간	별도의 만기 없음(가입한 날로부터 입주자로 선정된 날까지)
납입방법	• 약정 납입일 : 매월 신규가입일 해당일 • 약정 금액 : 2만원 이상 50만원 범위 내에서 자유납입
적용이율	한국은행이 발표하는 예금은행 정기예금 가중평균 수신금리 등을 고려하여 주택청약종합저축의 가입일부터 해지일까지의 기간에 따라 국토교통부장관이 정하여 고시하는 이자율
지급방법	해지 시 원금과 이자 지급(단, 가입일부터 1개월 이내에 해지하는 경우에는 이자 미지급)
예금자보호	비보호
신규가능여부	가 능
소득공제혜택	연간 납입액(300만원 한도) 40%의 범위 내(무주택자로서 총 급여액이 세법에서 정한 일정 금액 이하인 근로자)

06　　　　　　　　　　　　　　　　정답 ②

금융투자업자는 투자자 유형에 적합한 2개 이상의 포트폴리오를 제시해야 하며, 펀드와 마찬가지로 투자자에게 고객의 투자 성향보다 높은 위험등급의 모델포트폴리오를 제시하는 것은 불가하다.

핵심개념 ISA의 구분

ISA는 자산의 운용방법에 따라 신탁형과 일임형으로 구분됨

구 분	내 용
신탁형	투자자가 직접 종목이나 수량을 지정하여 운용지시하는 형태
일임형	• 투자자에게 투자일임을 받아 전문 운용인력이 자산을 직접 운용하고 그 결과를 투자자에게 귀속시키는 형태 • 사전 투자자의 위험성향별로 모델포트폴리오(MP)*를 구성하여 제시 • 분기 1회 이상 포트폴리오 재배분 실시 • 자산 처분 및 취득 시 투자자에게 사전통지의무를 이행

* 모델포트폴리오(MP) : 투자일임업자가 투자일임계약을 체결하기 이전에 투자자에게 제시하는 금융상품의 종류, 비중, 위험도 등의 내용이 포함된 포트폴리오

07　　　　　　　　　　　　　　　　정답 ②

기존 금융산업과 관련된 법률에서는 금융회사별로 각각 규율하는 법률이 상이하고 금융업 간 겸영을 엄격하게 제한하였지만, 자본시장법은 6개의 금융투자업 상호 간 겸영을 허용하고 있다.

08　　　　　　　　　　　　　　　　정답 ⑤

혼합형 펀드는 수익성 측면에서 보면 일반적으로 주식형 펀드보다는 낮고 채권형 펀드에 비해서는 높으며, 투자위험 측면에서 보면 일반적으로 채권형 펀드보다는 높고 주식형 펀드에 비하여는 낮은 관계에 있다고 할 수 있다.

핵심개념 증권집합투자기구의 분류

구 분	내 용
주식형 펀드	집합투자규약상 집합투자재산의 60% 이상을 주식 및 주식관련파생상품에 투자하는 증권 펀드
채권형 펀드	집합투자규약상 집합투자재산의 60% 이상을 채권 및 채권관련파생상품에 투자하면서 주식을 편입하지 않는 펀드
혼합형 펀드	주식 및 채권 등에 적절히 배분하여 투자하는 상품으로 집합투자규약상 주식의 최고편입비율이 50% 이상인 주식혼합형 상품과 주식의 최고편입비율이 50% 이하인 채권혼합형 상품으로 구분
파생상품 펀드	각 집합투자기구 집합투자재산의 10%를 초과하여 위험회피 이외의 목적으로 장내외파생상품 등에 투자하는 파생형 펀드(자본시장법에서는 파생상품 집합투자기구를 별도의 집합투자기구로서 분류하고 있지 않음)

09　　　　　　　　　　　　　　　　정답 ⑤

실무적으로는 대부분의 펀드가 한 가지 방식을 사용하기보다는 Top-Down 방식과 Bottom-Up 방식을 병행하여 사용하는 것이 일반적이다.

10　　　　　　　　　　　　　　　　정답 ③

가·나·마 : 적극적 전략

핵심개념 채권형 펀드의 자산배분 운용전략에 따른 구분

소극적 전략	중립적 전략	적극적 전략
• 만기보유전략 • 사다리형전략 • 바벨형전략 • 인덱스전략	• 채권면역전략 • 현금흐름일치전략	• 금리예측전략 • 스프레드운용전략 • 수익률곡선타기전략

11
정답 ①

MMF의 특징에는 장부가평가, 안정성 강화, 유동성 강화 등 세 가지가 있다. 장부가평가란 채권의 취득원가와 만기 액면가액의 차이를 상환기간에 걸쳐 유효이자율법에 의해 상각하는 방법이다.

12
정답 ④

주가연계파생결합사채(ELB)는 원금이 보장되는 구조로 설계되지만 예금자보호법에 의하여 보호받을 수 없다는 특징을 가지고 있다. ELB의 경우 원금이 보장되는 구조로 설계되기 때문에 손익구조 측면에서 보면 은행에서 판매하는 주가연계정기예금(ELD)과 유사하다고 할 수 있지만, 은행의 ELD는 정기예금이기 때문에 예금자보호법에 의하여 보호받을 수 있는 반면, ELB는 채권상품이기 때문에 예금자보호법에 의하여 보호받을 수 없다.

13
정답 ②

기초자산 가격이 특정 범위 내에 있을 때는 사전에 정한 일정한 수익률을 지급하지만 기초자산 가격이 특정 범위를 벗어나는 경우에는 원금만 지급하는 구조인 범위형(레인지형)의 수익구조이다.

핵심개념 구조화 상품의 손익구조 구분

구 분	내 용
원금보장형	**방향성 수익추구형** : 기초자산 가격 변동폭에 대한 참여율을 적용하면서 일정 베리어를 터치할 경우 낙아웃이 발생하는 구조 • 상승수익추구형 : 주가지수 하락 시 원본 보존, 주가지수 상승 시 참여율 적용 • 하락수익추구형 : 주가지수 상승 시 원본 보존, 주가지수 하락 시 참여율 적용
	범위형 : 기초자산 가격이 특정 범위 내에 있을 때는 사전에 정한 일정한 수익률을 지급하지만 기초자산 가격이 특정 범위를 벗어나는 경우에는 원금만 지급하는 구조
	디지털형 : 미리 정한 조건에 충족되면 수익을 지급하고, 그렇지 않으면 수익을 지급하지 않는 형태의 수익구조
원금비보장형	**원금부분보장형** : 원금보장형에 비하여 원금보장을 위한 채권 등의 투자비중을 낮게 하는 대신, 그만큼 옵션 등의 투자비중을 증가시킴으로써 상품의 수익구조를 원금보장형보다 유리하도록 구성한 ELS 또는 ELF 상품
	원금비보장형 : 2가지 주가지수 또는 개별종목을 기초자산으로 하면서 수익상황 조건이 차츰 하락하여 (Stepdown) 상환가능성을 높이는 구조의 ELS 상품 (2Star) **참고** 3Star : 기초자산으로 3종목을 사용하는 경우

14
정답 ④

나 · 다 · 마 : 재산신탁

15
정답 ③

① · ④ 포괄근담보
② 특정채무담보
⑤ 한정근담보

16
정답 ⑤

전신환매매율은 자금의 결제가 1일 이내에 완료되기 때문에 자금 결제 기간에 따른 금리요소가 개입되지 않는다.

17
정답 ①

② · ③ · ④ · ⑤ 기업 외적 요인

핵심개념 기업 내적 요인과 외적 요인

내적 요인	외적 요인	
	시장 내적 요인	
• 수익가치 • 자산가치 • 성장성 • 배당성향 • 경영자의 자질 • 노사관계 • 연구개발 능력 • 기술수준 • 주주현황	• 수급관계 • 기관투자자의 동향 • 시장규제 • 투자자의 심리동향 • 제도적 요인	
	시장 외적 요인	
	• 경기변동 • 물가와 이자율 • 환율 • 정치 · 사회적 변화	

18
정답 ⑤

기술적 분석은 기업의 수익성 등을 포함하는 내재가치보다는 과거의 주가 등 시장자료를 나타내는 차트에 의존한다. 기술적 분석에서 오랜 기간 동안의 차트를 통해 얻고자 하는 것은 패턴과 추세로, 이를 분석하여 매매시점을 포착한다.

19
정답 ④

정부가 발행시장에서 공개시장조작을 통해 통화를 조절함으로써 금리와 물가의 안정을 기할 수 있다.

핵심개념 발행시장과 유통시장의 주요 기능

발행시장	유통시장
• 자금조달 기능 • 자본의 효율성 제고 • 금융정책의 수단 • 투자수단 제공	• 환금성 제공 • 공정가격의 제공 • 가격결정의 지표 • 유가증권 담보력 제고

20　정답 ②

각 순환과정의 주기와 진폭이 서로 다르게 나타나고, 한 주기 내에서도 확장기와 수축기의 길이가 다르게 나타나는 것이 일반적이다.

21　정답 ⑤

경영위험이 낮은 시기는 성장기이다. 도입기에는 경영위험이 높다.

핵심개념 제품수명주기별 경영위험 수준

도입기	성장기	성숙기	쇠퇴기
높음	낮음	증가하기 시작	높음

22　정답 ③

- 유사기업의 EV/EBITDA × 상장기업의 EBITDA = 상장기업의 EV
  → 따라서 18 × 10,000,000 = 180,000,000.
  즉 EV = 180,000,000원
- 시가총액 = EV − 채권자가치(순차입금)
  → 따라서 180,000,000 − 100,000,000 = 80,000,000원
- 시가총액/발행주식수 = 주당가치
  → 따라서 80,000,000/100,000 = 800원
  즉, 주당가치는 800원이다.

23　정답 ⑤

$$PER = \frac{주가}{EPS}$$

적정주가 = EPS × PER

따라서 내년도 적정주가 = 내년도 예상 EPS × 업종평균 PER

EPS는 당기순이익을 발행주식수로 나눈 주당순이익이므로

$$\frac{100억원}{50만주} \times 15배$$

= 2만원 × 15배

= 30만원

24　정답 ④

ROA = 매출액순이익률 × 총자산회전율

10% = 매출액순이익률 × 0.5회

따라서 매출액순이익률 = 20%

핵심개념 총자본이익률(ROA 또는 ROI)

$$ROA \ 또는 \ ROI = \frac{당기순이익}{매출액} \times \frac{매출액}{총자본}$$

$$= 매출액순이익률 \times 총자본회전율^{*}$$

* 총자본회전율은 매출액을 총자본으로 나눈 것으로 총자산회전율이라고도 한다.

25　정답 ⑤

$$P_0 = \frac{D_0(1+g)}{k-g} = \frac{1,000(1+0.05)}{0.10-0.05} = \frac{1,050}{0.05} = 21,000원$$

핵심개념 정률성장 배당모형을 이용한 주식의 이론적 가치 계산 공식

$$P_0 = \frac{D_1}{k-g} = \frac{D_0(1+g)}{k-g}$$

- k : 요구수익률
- g : 배당성장률

26　정답 ③

사후적인 포트폴리오 수정과 투자성과 평정에 대한 내용도 투자계획서에 포함되어야 할 사항이다.

27　정답 ③

하향식 접근 시 섹터가 너무 포괄적이거나 세부적이지 않아야 최종적인 종목선정 과정이 수월해진다.

28　정답 ①

- 샤프지수 = $\dfrac{R_p - R_f}{\sigma_p} = \dfrac{12\% - 2\%}{20\%} = 0.50$

- 정보비율 = $\dfrac{젠센의 \ 알파}{잔차위험} = \dfrac{2\%}{4\%} = 0.50$

* 정보비율은 기준지표가 없을 경우 젠센의 알파를 잔차위험으로 나누어 계산한다.

29　정답 ②

인덱스 펀드 투자전략에서 정보비용과 거래비용을 최소화하는 방법은 인덱스 펀드와 국공채펀드의 투자비율을 고정시키는 것이다. 하지만 투자목표 달성을 위해 주식시장의 전망과 이자율 등 기대수익률을 예측함에 따라 인덱스 펀드와 국공채펀드의 비중을 조절하면 정보비용과 거래비용이 증가하게 된다.

30　정답 ①

정보비율은 펀드매니저의 능력을 측정할 수 있는 지표로, 높은 정보비율은 펀드매니저의 투자기법이 탁월하다는 것으로 해석되지만 어느 정도의 값이 높은 수준인지에 대해서는 이론적 근거가 없다.

31 정답 ⑤

가·나·라 : 소극적 투자전략

핵심개념 적극적 투자전략과 소극적 투자전략의 구분

적극적 투자전략	소극적 투자전략
• 시장투자적기포착	• 인덱스 펀드 투자전략
• 포뮬러 플랜	• 단순 매수·보유전략
	• 평균투자법

32 정답 ①

시중금리수준이 상승하면 일정 수익률을 내는 자산들의 수익가치는 하락한다.

33 정답 ①

채권은 정해진 만기일 전에는 상환받을 수 없으며, 1년 이상 만기물의 발행이 대부분이다.

34 정답 ④

발행시장에서는 복수의 증권사가 발행기관으로 참여하여 주간사, 인수사, 판매사 역할을 분담하거나 공동으로 수행한다.

35 정답 ④

금융채는 한국은행에서 발행하여 국채와 마찬가지의 신용도를 지니는 통안채 외에는 회사채와 마찬가지로 금융기업의 신용도에 따라 신용등급을 부여받는다.

핵심개념 발행조건에 따른 채권의 종류 구분

발행주체	이자지급방식
• 국 채	• 이표채
• 지방채	• 할인채
• 특수채	• 복리채
• 금융채	
• 회사채	

36 정답 ①

$S = 10,000 \times (1 + 0.08)^3 = 12,597$원

핵심개념 복리채 계산방법

연단위 복리채	3개월 단위 복리채
$S = F \times (1 + CR)^N$	$S = F \times \left(1 + \dfrac{CR}{m}\right)^{N \times m}$

S : 만기상환금, F : 액면금액, CR : 표면금리, N : 만기연수, m : 연간 복리횟수

37 정답 ①

말킬의 채권가격정리

• 정리1 : 채권가격은 수익률과 반대방향으로 움직인다.
• 정리2 : 채권의 잔존기간이 길수록 동일한 수익률변동에 대한 가격변동률은 커진다.
• 정리3 : 채권의 잔존기간이 길어짐으로써 발생하는 가격변동률은 체감적으로 증가한다.
• 정리4 : 동일한 크기의 수익률변동이 발생할 때, 수익률 하락 시의 채권가격변동률이 수익률 상승 시의 채권가격변동률보다 크다.
• 정리5 : 표면이율이 높을수록 동일한 크기의 수익률변동에 대한 가격변동률은 작아진다.

38 정답 ①

이자지급횟수가 많아진다는 것은 표면이자율이 높아진다는 것과 동일한 개념이다.

핵심개념 듀레이션의 개념

채권이론에서는 금리의 변화와 가격변동폭을 보다 정확히 측정하기 위해 듀레이션이라는 개념을 사용하는데, 채권의 듀레이션을 직역하면 채권지속기간이 된다.

39 정답 ①

채권가격변동률 $= (-) \times \dfrac{2.78}{(1 + 0.1)} \times (-)2\% = 5.05\%$

따라서 5.05% 상승한다.

핵심개념 듀레이션으로 측정하는 가격변동률

$$\frac{\triangle P}{P} = (-) \times \frac{Duration}{1+r} \times \triangle r$$

• $\dfrac{Duration}{1+r}$: 수정듀레이션
• $\triangle r$: 만기수익률의 변동폭

40 정답 ⑤

장단기 스프레드가 축소되는 것을 '불 플래트닝(Bull Flattening)', 장단기 스프레드가 확대되는 것을 '불 스티프닝(Bull Steepening)'이라고 표현한다.

핵심개념 불 플래트닝(Bull Flattening)과 불 스티프닝(Bull Steepening)

불 플래트닝	불 스티프닝
• 채권시장 강세	• 채권시장 강세
• 장단기 스프레드 축소	• 장단기 스프레드 확대
• 장기금리가 단기금리보다 빠르게 하락하여 수익률곡선이 평평해짐	• 단기금리가 장기금리보다 빠르게 하락하여 수익률곡선이 가팔라짐

41　　정답 ③

정부에서 발행한 국채, 한국은행에서 발행한 통안채, 지방행정기관들에서 발행한 지방채의 경우에는 무위험채권으로 간주되어 신용평가사들로부터 신용등급을 부여받지 않는다.

42　　정답 ③

채권기대수익률

= 1년간 채권이자수익률 + 1년간 롤링수익률

= 1년간 채권이자수익률 + (매입금리 − 1년 후 평가금리) × 잔존듀레이션

= 4.5 + (4.5 − 4) × 1년

= 5.0%

43　　정답 ③

기업어음의 신용등급에 상응하는 회사채 등급 구분

기업어음 등급	회사채 등급
A1(원리금 상환능력 최상)	AAA 및 AA등급 수준
A2(원리금 상환능력 우수)	A등급 수준
A3(원리금 상환능력 양호)	BBB등급 수준
B(상환능력은 있으나 단기적 여건변화에 따라 안정성에 불안요인 존재)	BB 및 B등급 수준
C(상환능력에 문제가 있음)	CCC ~ C등급 수준
D(상환 불능상태)	D등급 수준

44　　정답 ②

신용등급이 낮은 종목은 신용위험뿐만 아니라 유동성위험이 추가되어 채권수익률이 높게 형성된다(채권가격은 낮음).

핵심개념 채권의 주요 위험

구 분	내 용
듀레이션위험	투자기간 동안 시장금리의 변동으로 인하여 투자수익률이 하락할 가능성
신용위험	채권발행자의 신용도 하락으로 채권의 가격이 절대적 또는 상대적으로 하락할 가능성 • 부도위험 : 채권발행자가 이미 정해진 원리금을 지급하지 않을 위험 • 신용등급하락위험 : 채권발행자 신용등급의 하락 또는 하락가능성으로 채권가격이 하락할 수 있는 위험 • 신용스프레드 위험 : 시장의 수급이나 경기전망의 영향으로 회사채 등 크레딧채권의 가격이 국채의 가격에 비해 상대적으로 더 약세를 보이는 위험
유동성위험	현금이 필요해져 채권을 중도 매각하려 할 때 시장에서 적절한 매수자가 나타나지 않아 적정가격으로 매도하지 못하는 위험
중도상환위험	콜옵션부채권의 보유 도중 발행자가 중도상환을 강제함으로써 원래 기대했던 수익률을 얻지 못하는 경우

45　　정답 ④

• 자본손익률 $= \dfrac{(\text{매입금리} - \text{매도금리}) \times \text{잔존듀레이션}}{\text{투자연수}}$

$= \dfrac{(5\% - 4\%) \times 2년}{1} = 2\%$

• 이자수익률 = 5%

따라서 채권투자수익률 = 자본손익률 + 이자수익률 = 7%

46　　정답 ②

투자 자세에 따른 채권투자전략의 분류에서 (매칭전략, 사다리형 만기전략) 등과 같이 채권의 이자율을 중시하는 전략은 전형적인 소극적 투자전략으로 분류되고, (딜링, 교체매매) 등 추가적인 자본수익을 얻기 위해 많은 노력이 동반되는 전략은 적극적 투자전략으로 분류된다.

47　　정답 ⑤

CME Group의 주요 금리선물과 통화선물에는 가격제한폭이 없지만, KRX의 KOSPI200선물의 경우 상하 8~20%를 가격제한폭으로 설정하고 있다.

48　　정답 ①

선물거래의 가격은 매일 형성되며 성립된 거래를 만기 또는 결제전에 매매할 수 있지만, 선도거래는 동일거래에 대한 가격이 단 한번 형성된다.

핵심개념 선물과 선도의 차이점 구분

구 분	선 물	선 도
거래장소	거래소	특정장소 없음
거래방법	공개호가방식 또는 전자 결제시스템	거래당사자 간의 계약
거래금액	표준단위	제한 없음
가격형성	시장에서 형성	거래당사자 간의 협의로 형성
신용위험	거래소가 계약이행 보증	계약불이행 위험이 존재
증거금	증거금 납부	• 은행 간 거래 : 증거금 없음 • 대고객 거래 : 필요에 따라 증거금 요구
일일정산	일일정산 이루어짐	일일정산이 없고 만기일에 정산
실물인수도	실물인수도 비율 매우 낮음	NDF를 제외한 대부분이 실물인수도
만기일	특정 월의 특정일	거래당사자 간의 협의

49

정답 ②

최소호가단위는 0.05포인트이다(25만원 × 0.05 = 12,500원).

핵심개념 KOSPI200 지수선물의 특징

구 분	내 용
최소호가단위	0.05포인트(25만원[*1] × 0.05 = 12,500원)
결제월	3, 6, 9, 12월
최종거래일	각 결제월의 두 번째 목요일(공휴일인 경우 순차적으로 앞당김)
최종결제일	최종거래일의 다음 거래일
결제방법	현금결제방식
시장안정화장치	서킷브레이커즈(Circuit Breakers)[*2]

*1 거래승수
*2 가격제한폭과 프로그램매매호가를 일시적으로 중단

50

정답 ②

이자율이 배당수익률보다 높은 경우에는 보유비용이 양(+)이므로 선물가격이 현물가격보다 높고, 원월물 선물가격이 근월물 선물가격보다 높다. 이런 상황에서 스프레드가 확대되는 경우는 원월물 선물가격이 근월물 선물가격보다 더 많이 상승하거나 더 적게 하락하는 경우이다. 따라서 스프레드 확대가 예상될 때 근월물을 매도하고 원월물을 매수하는 스프레드 매수전략(약세 스프레드전략)을 취해야 한다.

51

정답 ⑤

수익률이 2% 상승하였으므로 채권가치는 하락한다. 따라서 채권가치의 변동폭을 계산하면 다음과 같다.
채권가치의 변동폭 = (-2.5 × 2%) × 100 = -5

핵심개념 듀레이션에 의한 채권가격의 변화율 계산

$$\frac{dP}{P} = -D_m \times dy \rightarrow dP = (-D_m \times dy) \times P$$

- $\frac{dP}{P}$: 채권가격변화율
- dP : 채권가격변동분
- D_m : 수정듀레이션
- dy : 금리변동폭

52

정답 ①

채권의 경우는 매입 후 만기까지 보유할 경우 발행인의 지급불능 상황이 발생하지 않는 한 이자지급 시와 만기 시 받는 현금흐름이 고정되어 있기 때문에 향후 받게 될 현금흐름에 대해 환리스크 헤지가 어렵지 않다. 반면, 주식과 같이 그 가치가 항상 변하는 자산에 투자할 경우 미래의 주식가치를 예측할 수 없고, 펀드를 통해 고객자산을 운용하는 경우 고객의 환매시기와 액수를 미리 알 수 없기 때문에 환리스크 헤지가 어려워진다.

53

정답 ⑤

기초자산을 매수한 포지션의 델타는 +1이기 때문에 델타를 중립(0)으로 만들기 위해서는 -1의 델타를 가지는 포지션을 추가해주면 된다. 따라서 델타가 -0.5인 풋옵션 2계약을 매수하면 '-0.5 × (+2) = -1'의 델타를 만들 수 있으므로 전체 포지션은 델타중립이 된다.

핵심개념 델타중립

포지션 전체의 델타를 0으로 만들어 기초자산의 변동과 무관한 포지션을 만드는 것

54

정답 ④

강세 풋옵션 스프레드전략과 약세 콜옵션 스프레드전략은 초기에 프리미엄 순수입이 발생하는 손익구조를 가진다. 초기에 프리미엄 순지출이 발생하는 전략은 강세 콜옵션 스프레드전략과 약세 풋옵션 스프레드전략이다.

핵심개념 옵션스프레드전략

구 분		내 용
강세 스프레드 전략	강세 콜옵션 스프레드 전략	• 강세가 예상되나 확신이 서지 않을 때 이용하는 보수적인 투자전략(행사가격이 낮은 콜옵션 매수, 행사가격이 높은 콜옵션 매도) • 프리미엄이 높은 콜옵션을 매수하고 프리미엄이 낮은 콜옵션을 매도하므로 초기에 프리미엄 순지출 발생
	강세 풋옵션 스프레드 전략	• 강세가 예상되나 확신이 서지 않을 때 이용하는 보수적인 투자전략이란 측면에서 강세 콜옵션 스프레드전략과 유사하나, 콜옵션 대신 풋옵션을 활용한다는 점이 다름(행사가격이 낮은 풋옵션 매수, 행사가격이 높은 풋옵션 매도) • 프리미엄이 낮은 풋옵션을 매수하고 프리미엄이 높은 풋옵션을 매도하므로 초기에 프리미엄 순수입 발생
약세 스프레드 전략	약세 콜옵션 스프레드 전략	• 약세가 예상되나 확신이 서지 않을 때 이용하는 보수적인 투자전략(행사가격이 낮은 콜옵션 매도, 행사가격이 높은 콜옵션 매수) • 초기에 프리미엄 순수입 발생
	약세 풋옵션 스프레드 전략	• 약세가 예상되나 확신이 서지 않을 때 이용하는 보수적인 투자전략이란 측면에서 약세 콜옵션 스프레드전략과 유사하나, 콜옵션 대신 풋옵션을 활용한다는 점이 다름(행사가격이 낮은 풋옵션 매도, 행사가격이 높은 풋옵션 매수) • 프리미엄이 낮은 풋옵션을 매도하고 프리미엄이 높은 풋옵션을 매수하므로 초기에 프리미엄 순지출 발생

정답 및 해설

55   정답 ③

스트래들 매수와 스트랭글 매수전략은 포지션을 장기적으로 보유할수록 시간가치소멸효과가 커서 손실이 발생하며, 스트래들 매도와 스트랭글 매도전략은 포지션을 장기적으로 보유할수록 이익이 발생한다.

56   정답 ③

칼라는 캡과 플로어가 결합된 형태로 캡의 행사금리를 플로어의 행사금리보다 더 높게 책정하므로 캡금리 이상으로 금리가 상승하여 손실이 발생할 불리한 리스크를 제거하고, 플로어 금리 이하로 금리가 하락하는 유리한 리스크를 포기한다.

57   정답 ②

만기 원금교환의 적용환율은 만기환율과 관계없이 최초 거래 시점의 현물환율이 동일하게 적용된다. 즉 거래초기에 교환한 원금액수 그대로 반대방향으로 재교환하는 것이다. 다만, 만기시점의 환율에 따라 각 당사자들의 실제 손익은 달라지게 된다.

핵심개념 통화스왑의 개념

구 분	내 용
정 의	• 이종통화 간에 원금과 이자를 교환하는 계약 • 환율 변동위험과 이자율 변동위험을 동시에 관리 가능
원금교환	• 거래 시작 시 : 원금교환 생략 가능 • 만기 시 : 초기의 원금교환과 반대방향으로 원금교환이 이루어짐 • 거래초기와 만기의 원금교환 시 적용환율 : 모두 거래초기의 현물환율 적용
이자교환	• 수취한 통화의 원금에 대한 이자를 지급하고, 지급한 통화의 원금에 대해서는 이자를 수취 • 한쪽은 고정금리이고 다른 한쪽은 변동금리이거나, 양쪽 다 고정금리 혹은 양쪽 다 변동금리일 수도 있음

58   정답 ⑤

낙아웃 목표 선물환 매도거래는 환율이 낙아웃 기준환율 이상에서 변동하는 한 일반 선물환 거래에 비해 유리한 가격으로 외화를 매도할 수 있지만, 그 이하가 되면 계약 자체가 소멸되므로 헤지 거래를 실행하지 않은 것과 같다.

59   정답 ③

투자 포트폴리오의 수익률은 개별 자산의 보유기간별 수익률에 총포트폴리오에서 차지하는 개별 자산의 비율을 곱하여 가중하여 합한 값인 가중평균수익률을 사용한다. 해당 포트폴리오의 가중평균수익률을 계산하면 다음과 같다.

$\{0.1 \times (-0.04)\} + (0.4 \times 0.02) + (0.5 \times 0.04)$
$= 0.024 = 2.4\%$

60   정답 ③

상관계수는 두 자산의 공분산을 각 자산의 수익률의 표준편차로 나누어 계산할 수 있다.

핵심개념 상관계수의 계산공식과 범위

A와 B 두 자산의 공분산을 각 자산의 수익률의 표준편차로 나누어 다음과 같이 상관계수를 계산할 수 있다.

$$\rho_{AB} = \frac{COV_{AB}}{\sigma_A \times \sigma_B}$$

$-1 \leq \rho_{AB} \leq 1$

• +1일 때 : 두 개의 자산은 완전한 양의 상관관계
• 0일 때 : 두 개의 자산은 아무런 관계가 없음
• −1일 때 : 두 개의 자산은 완전한 음의 상관관계로 정반대로 움직인다는 의미

61   정답 ②

투자설계 2단계에서 고객의 위험에 대한 감내도는 지속적으로 변하기 때문에 FP는 고객 스스로 채택한 투자성향을 기준으로 투자 포트폴리오를 제시해야 하는 것이 원칙이지만, 최근 금융시장의 급변에 따라 발생하는 잘못된 투자성향의 오류를 잘 걸러내고 고객이 위험에 대해 감정에 치우치지 않고 합리적으로 판단할 수 있도록 지속적으로 알려주는 것이 중요하다.

핵심개념 투자설계 프로세스 6단계

• 1단계 : 고객 기본정보 파악, 재무목표, 투자우선순위, 투자기간 설정
• 2단계 : 고객 재무상황 파악 및 경제·금융환경 분석
• 3단계 : 자산배분전략을 포함한 투자정책서 작성
• 4단계 : 투자 포트폴리오 수립 및 개별상품 선정
• 5단계 : 투자 실행
• 6단계 : 투자성과 평가 및 수정

62   정답 ⑤

대부분의 보험상품은 수수료가 선공제되기 때문에 아무리 좋은 보험도 환금성에 제약이 있다는 사실을 염두에 두어야 한다.

63 정답 ③

한계효용체감의 법칙에 따라 위험회피형 투자자들의 효용은 수익이 증가함에 따라 커지지만, 수익의 한 단위 증가에 따른 효용의 증가폭은 수익이 증가할수록 점차 감소한다.

64 정답 ④

자본배분선의 기울기가 클수록 더 좋은 투자안이다.

65 정답 ③

나. 포트폴리오에 포함되는 주식의 수가 아무리 많아지더라도 체계적 위험에 대한 분산투자 효과는 없다.

라. 포트폴리오의 체계적 위험을 통제하기 위해서는 주식의 수는 상관없고, 베타를 조정해야 한다.

핵심개념 단일지표모형 공식

$$R_i = \beta_i R_M + \alpha_i + e_i$$

- R_i : 주식 i의 수익률
- R_M : 시장지수의 수익률
- β_i : 시장수익률에 대한 주식 i 수익률의 민감도
- α_i : 주식 i의 알파계수
- e_i : 잔차

(1) 주식수익률(R_i)과 시장수익률(R_M)은 일정한 비례관계(β_i)

(2) 베타(β_i) : 시장수익률 변동에 대한 주식수익률의 반응으로 시장수익률에 대한 주식수익률의 상대적 민감도를 나타냄

(3) 베타가 클수록 주식수익률이 시장수익률에 대해 민감하게 반응

(4) 베타가 1보다 큰 주식은 경기민감주, 베타가 1보다 작은 주식은 방어주

(5) $\beta_i R_M$: 시장수익률의 변동에 따른 주식 i 수익률의 변동폭을 나타내는 것으로, 주식 i가 갖는 체계적 위험을 의미

(6) 알파(α_i) : 시장수익률이 0인 경우 얻을 수 있는 그 주식의 초과수익률
  → 양(+)의 알파는 주식이 적정가치보다 낮은 가격(저평가), 음(-)의 알파는 주식이 적정가치보다 비싼 가격(고평가)

(7) 잔차(e_i) : 기업고유위험

66 정답 ①

자본시장선(CML)은 무위험자산과 완전히 분산투자된 시장 포트폴리오를 이용한 효율적 포트폴리오의 기대수익률과 위험과의 선형관계를 나타낸 것으로 비효율적인 포트폴리오나 개별 자산의 기대수익률과 위험의 관계까지는 설명하지 못한다. 반면, 증권시장선은 비효율적인 포트폴리오나 개별 자산까지 포함한 모든 투자자산의 기대수익률과 위험의 관계를 설명할 수 있다.

67 정답 ⑤

전략적 자산배분을 실행할 때는 최초 자산배분 시 실행한 포트폴리오를 목표 기간까지 그대로 유지하는 것이 아니라, 편입 자산의 가격변화에 따른 투자비중에 변화를 반영하여 주기적으로 자산배분 비중을 조정해주어야 한다.

68 정답 ③

제3사분면을 선택한 투자자는 인덱스 펀드를 활용함으로써 증권선택에 따르는 비체계적 위험을 제거하고, 증권선택과 관련된 노력과 비용을 절감하고자 한다.

핵심개념 투자전략 매트릭스에 따른 투자관 구분

제4사분면	제2사분면

• 성공적인 시장 예측이 가능한가?
  예
• 우수한 증권선택이 가능한가?
  예
	• 성공적인 시장 예측이 가능한가?
	  아니오
	• 우수한 증권선택이 가능한가?
	  예

제3사분면	제1사분면

• 성공적인 시장 예측이 가능한가?
  예
• 우수한 증권선택이 가능한가?
  아니오
	• 성공적인 시장 예측이 가능한가?
	  아니오
	• 우수한 증권선택이 가능한가?
	  아니오

69 정답 ③

정액분할투자법은 전략적 자산배분이나 전술적 자산배분과 다른 별개의 전략이라기보다는 전략적·전술적 자산배분의 실행상 문제점을 보완해주는 전략이라고 할 수 있다.

핵심개념 정액분할투자법의 장·단점

장 점	단 점
• 소액으로 투자 가능 • 자금의 일시 투자에 따른 마켓타이밍 위험 감소 • 자산의 평균매입단가를 낮추는 효과 • 비이성적인 투자 방지	• 투자를 회수하는 시점의 가격하락 위험은 줄여주지 못함 • 적정 투자기간에 대한 기준은 제시하지 못함 • 자산가격의 적정성에 대한 기준을 제공하지 못함 • 전술적 자산배분과 상충되는 상황 발생 • 위험이 줄어드는 만큼 기대수익이 낮아짐

70

정답 ②

젠센의 알파는 다음과 같이 구할 수 있다.

$$R_p - R_f = \alpha_p + \beta_p(R_m - R_f)$$
$$\alpha_p = (R_p - R_f) - \beta_p(R_m - R_f)$$

- R_p : 펀드수익률
- R_f : 무위험수익률
- β_p : 포트폴리오수익률의 베타
- R_m : 시장포트폴리오 수익률

따라서 위 공식에 보기의 자료 값을 대입하여 젠센지수를 계산하면,

$(15\% - 3\%) - 1.2(12\% - 3\%)$
$= 12\% - 10.8\%$
$= 1.2\%$

제2과목 비금융자산 투자설계(30문항)

71

정답 ①

위치의 고정성(부동성)이란 위치를 이동시킬 수 없다는 것을 의미하며, 다른 지점의 토지와는 최소한 그 위치에 따른 속성이 다르다는 것을 의미한다. 토지의 비대체성이라는 특성은 개별성에 속한다.

핵심개념 토지의 자연적 특성

구 분	내 용
부동성	토지는 인위적으로 그 위치를 이동시킬 수 없음
개별성	• 물리적으로 완전히 동일한 토지는 없음 • 물리적인 면에서 대체가 불가능함
인접성	토지는 물리적으로 연결되어 접해 있음
부증성	토지는 생산비를 투입해도 물리적 절대량을 늘릴 수 없음
영속성	토지는 일반재화와는 달리 시간의 흐름이나 사용에 의해 소모되거나 마멸되지 않음

72

정답 ②

②는 답에 대한 내용이다. 전은 물을 상시적으로 이용하지 않고, 곡물・원예작물・약초・뽕나무 등의 식물을 주로 재배하는 토지와 식용을 위하여 죽순을 재배하는 토지이다.

핵심개념 지목의 종류와 그 의미

구 분	내 용
답	물을 상시적으로 직접 이용하여 벼・연・미나리 등의 식물을 주로 재배하는 토지
전	물을 상시적으로 이용하지 아니하고 곡물・원예작물・약초 등의 식물을 주로 재배하는 토지와 식용을 위해 죽순을 재배하는 토지
대	영구적인 건축물 중 주거・사무실・점포와 박물관・극장・미술관 등 문화시설과 이에 접속된 정원 및 부속시설물의 부지
임 야	산림 및 원야를 이루고 있는 수림지・죽림지・암석지・자갈땅・모래땅・습지 등의 토지
하 천	자연의 유수가 있거나 있을 것으로 예상되는 토지
잡종지	변전소, 도축장, 자동차운전학원, 쓰레기 및 오물처리장 등의 부지
공장용지	제조업을 하고 있는 공장시설물 부지와 같은 구역에 있는 의료시설 등 부속시설물의 부지
구 거	용수 또는 배수를 위해 일정한 형태를 갖춘 인공적인 수로・둑・그 부속시설물의 부지와 자연의 유수가 있거나 있을 것으로 예상되는 소규모 수로부지
유 지	물이 고이거나 상시적으로 물을 저장하고 있는 댐・저수지・연목 등의 토지와 연・왕골 등이 자생하는 배수가 잘 되지 아니하는 토지

73

정답 ⑤

준주거지역에 대한 설명이다.

핵심개념 주거지역의 종류

구 분	특 징
전용주거지역	양호한 주거환경을 보호하기 위해 필요한 지역 • 제1종 전용주거지역 : 단독주택 중심 • 제2종 전용주거지역 : 공동주택 중심
일반주거지역	편리한 주거환경을 조성하기 위해 필요한 지역 • 제1종 일반주거지역 : 저층주택 중심 • 제2종 일반주거지역 : 중층주택 중심 • 제3종 일반주거지역 : 중고층주택 중심
준주거지역	주거기능 위주로 이를 지원하는 일부 상업기능 및 업무기능을 보완하기 위해 필요한 지역

74

정답 ①

다가구주택은 지하층을 제외하고 주택으로 쓰는 층수가 3개층 이하이고, 1개 동의 주택용도 바닥면적의 합계가 660m² 이하이며, 19세대 이하가 거주해야 한다.

핵심개념 단독주택과 공동주택의 비교

구 분	주택명	특 징
단독주택	다중주택	• 주택사용 층수가 3개층 이하 • 바닥면적 합계 330m² 이하
	다가구주택	• 주택사용 층수가 3개층 이하 • 1개 동의 주택으로 쓰이는 바닥면적 660m² 이하 • 세대수 19세대 이하 거주
공동주택	아파트	• 주택사용 층수가 5개층 이상
	연립주택	• 주택사용 층수가 4개층 이하 • 1개 동의 주택으로 쓰이는 바닥면적 660m² 초과
	다세대주택	• 주택사용 층수가 4개층 이하 • 1개 동의 주택으로 쓰이는 바닥면적 660m² 이하

75

정답 ③

$$용적률 = 건축물의 연면적 / 대지면적 \times 100$$
$$= 1200m^2 / 800m^2 \times 100 = 150\%$$

핵심개념 연면적

하나의 건축물 각 층의 바닥면적의 합계를 말한다. 다만, 용적률을 산정할 때에는 다음에 해당하는 면적은 제외한다.
• 지하층의 면적
• 지상층의 주차용(해당 건축물의 부속용도인 경우만 해당)으로 쓰는 면적
• 초고층 건축물과 준초고층 건축물에 설치하는 피난안전구역의 면적
• 건축물의 경사지붕 아래에 설치하는 대피공간의 면적

76

정답 ①

① LTV(Loan To Value) : 담보인정비율로, 담보대출의 가치인정 비율을 의미한다.
② DTI(Dept To Income) : 총부채상환비율로, 총소득에서 부채의 연간 원리금 상환액이 차지하는 비율을 의미한다.
③ DSR(Dept Service Ratio) : 총부채원리금상환비율로, 대출자의 소득 대비 전체 금융부채의 원리금 상환액 비율을 의미한다.
④ CDO(Collateralized Debt Obligation) : 회사채나 금융회사의 대출채권 등을 한데 묶어 유동화시킨 신용파생상품을 의미한다.
⑤ ABS(Asset-Backed Securities) : 기업의 부동산을 비롯한 여러 가지 형태의 자산을 담보로 발행된 채권을 말한다.

77

정답 ②

갑구에는 소유권에 관한 사항(변동 및 변경사항, 경매신청, 압류, 가압류, 가등기, 가처분, 환매등기 등의 사항)이 기재되며, 을구에는 소유권 이외의 권리에 관한 사항(지상권, 지역권, 전세권, 저당권, 임차권)이 기재된다.

핵심개념 등기사항증명서의 우선순위 결정

등기한 순서대로 순위번호가 기재되므로, 동일한 구 안에서는 등기의 순위번호에 따라 우선순위가 결정된다.
• 주등기와 부등기의 관계 : 주등기의 순위에 따라 부등기의 순위가 결정된다.
• 가등기와 본등기의 관계 : 가등기상의 순위는 보전되는 효력이 있으므로 가등기에 기하여 본등기를 하는 경우에는 가등기의 순서대로 순위가 결정된다.

78

정답 ⑤

약정한 차임 또는 보증금이 임차건물에 관한 조세·공과금 기타 부담의 증감이나 경제사정의 변동으로 인해 상당하지 않게 된 때 당사자는 장래에 대해 그 증감을 청구할 수 있다. 그러나 증액의 경우에는 약정한 차임 등의 (5%)를 초과하지 못한다.

핵심개념 상가건물임대차보호법의 이해

구 분	내 용
적용범위	사업자등록 대상 건물 (동창회 사무실, 종교단체, 자선단체 등 비영리단체의 건물은 미적용)
보증금범위	• 서울 : 9억원 • 수도권 과밀억제권역 및 부산 : 6억 9천만원 • 광역시(과밀억제권역, 군지역, 부산 제외), 세종, 파주, 화성, 안산, 용인, 김포, 광주 : 5억 4천만원 • 그 밖의 지역 : 3억 7천만원
대항력	계약 + 건물인도 + 사업자등록신청 → 익일부터 발생
우선변제권	대항력 + 확정일자
최우선변제권	소액임차인이 대항력을 갖추면 확정일자를 받지 않아도 발생(보호받을 수 있는 소액임차보증금의 합계액은 경매낙찰대금의 1/2 이내)
임대차 존속기간	1년
계약갱신 (갱신요구권)	• 임대인은 임차인의 총 임대기간이 10년을 초과하지 않는 한 정당한 사유 없이 갱신거절 금지 • 임차인 갱신요구 가능 기간 : 기간 만료 전 6월~1월까지
계약갱신 불인정	3기 차임 연체 or 현저한 의무위반
차임증감	보증금의 5% 이내

79 정답 ①
2020년 2월 21일 이후부터 체결된 부동산 거래 계약은 반드시 계약일로부터 (30일) 이내에 신고해야 한다. 만일 신고기한 내 신고하지 아니하면 최대 300만원의 과태료가 부과된다.

80 정답 ④
수요와 공급을 부동산시장에 적용할 때는 부동산의 특성인 국지성을 통해 분석해야 한다. 부동산은 지역 간 대체가 어려우므로, 수요와 공급 문제는 세부적인 범위 내에서 구체적으로 분석하고 대응해야 시장의 문제점을 해결할 수 있다.

핵심개념 부동산시장 영향요인 분석

구 분	내 용
경제상황	• 경제호황기 → 유동성 풍부 → 관련 투자 집중 → 부동산시장 활성화 • 경제불황기 → 관련 투자 위축 → 부동산시장 침체
금 리	• 금리 상승 → 금융부문에 유동성 흡수 → 투자수요 침체 → 부동산가격 하락 • 금리 하락 → 부동산시장에 자금 유입 → 투자수요 활성화 → 부동산가격 상승
구매력	• 수요자 소득 대비 부동산을 매입할 수 있는 여력 • PIR(Price to Income Ratio) 지수를 활용
대출규제	• 부동산시장에서 일정 부분 자금공급원으로서의 역할을 함 • 시장의 유동성 흐름을 좌우하는 변수 • 국회의 동의 없이 시장에 대응할 수 있는 강력한 규제책
수요와 공급	• 주택의 수요와 공급을 분석하는 것은 시장분석의 기본 • 국지성을 통한 분석 필요
전세가격	매매가격 대비 전세가격이 상승할 경우 매수로 전환하는 수요가 나타나는 것이 일반적
세 금	중과세나 비과세를 통해 시장에 영향을 주고 완급을 조절하는 변수 역할
유동성	시장에 유동성이 풍부해지면 보수적인 투자성향을 가진 경우 부동산시장에 유동성이 머물 가능성이 큼
인플레이션	부동산가격은 물가상승률 이상 상승하여 가치하락을 보전해 줌
부동산정책	가격상승기에 시행되는 규제책이 가격하락기에 시행되는 부양책보다 효과가 더 큼

81 정답 ③
금리가 상승하면 부동산 매입이 감소하여 부동산 거래가 침체된다.

82 정답 ②
② 인플레이션 헤지 : 부동산 투자의 목적 중 하나로, 인플레이션으로 하락한 돈의 가치를 실물에 투자하여 그 가치하락을 보전받을 수 있다.
① 유동성 : 부동산시장에 지속적인 영향을 미치는 변수로, 경제 호황기에는 유동성이 풍부하여 투자가 집중된다.
③ 구매력 : 수요자 소득 대비 부동산을 매입할 수 있는 여력을 나타내며, 주택시장에서 자주 활용하는 지표로는 PIR(Price to Income Ratio)지수가 있다.
④ 전세가격 : 매매가격 대비 전세가격이 상승할 경우 수요는 매수로 돌아서는 경향이 있다.
⑤ 세금 : 중과세나 비과세를 통하여 시장의 완급을 조절하고 시장에 영향을 미친다.

83 정답 ④
부동산은 국지적 성향이 강하기 때문에 그 지역의 특수성이 많이 반영된 시장이다. 그러므로 우리나라의 부동산시장 상황과 같은 기준으로 투자판단을 해서는 안 된다.

84 정답 ④
문재인 정부는 2017.8.2. 부동산 대책을 통해 실수요 중심의 주택 수요 관리를 강화하였다. 대표적으로 다주택자의 양도소득세를 중과하고, 장기보유특별공제를 배제하였다.

85 정답 ④
투기과열지구 내 재건축 조합원 지위양도 금지 예외 사유로는 1주택자로서 장기 소유자(10년 보유, 5년 거주)인 경우, 상속·이혼으로 인한 양도·양수, 근무상·생업상 사정이나 질병치료·취업·결혼·세대원 해외이주로 세대원 모두 이전하는 경우, 공공 및 금융기관에 채무불이행에 따른 경매·공매 등이다.

86 정답 ③
무주택자가 9억원 초과 고가주택을 구입하면 1년 내 전입하는 조건으로 주택담보대출이 가능하였다.

87 　　　　　　　　　　　　　　　　　정답 ④

1주택자 임대소득 과세 고가주택 기준이 기준시가 9억원에서 12억원으로 인상되었다.

핵심개념 윤석열 정부의 부동산정책

구 분	내 용
임대차 시장 안정 방안(22.6.21)	• 상생임대인 지원제도 개선(비과세 및 장기보유특별공제 혜택) • 갱신만료 서민 임차인 대상 전세대출 지원 강화 • 월세 세액공제 확대
22년 세제개편(22.7.21)	• 다주택자 중과제도 폐지 및 세율 인하 • 기본공제 금액 상향(6억원 → 9억원) • 일시적 2주택, 상속주택은 1세대 1주택 판정 시 제외(일시적 2주택은 2년 내에서 3년 내로 변경) • 주택임대소득 과세 고가주택 기준 인상(9억원 → 12억원)
국민 주거안정 실현방안(22.8.16)	• 재개발 · 재건축 사업 정상화 • 신규택지 조성 확대
공공분양 50만호 공급(22.10.26)	• 전용모기지 지원으로 부담 완화 • 민간분양 청약제도 개편(청년층 수요가 높은 중소형 평형 추첨제 확대, 4050 중장년층 수요가 많은 대형 평형 가점 확대)
부동산 시장 현안 대응방안(22.11.10)	• 주택공급 기반 위축 방지 • 실수요자 내 집 마련 관련 규제 정상화
재건축 안전진단 합리화 방안(22.12.8)	• 평가항목 배점의 비중 개선(구조안전성 점수 비중 30% ↓, 주거환경 및 설비노후도 비중 30% ↑) • 조건부 재건축 범위 축소(30점 초과 → 45점 초과)
2022년 세제개편 후속 시행령 개정안(24.1.18)	• 전세사기 피해 방지를 위한 미납국세열람 실효성 강화 • 지방 저가주택(종부세) 및 농어촌주택(양도세) 특례 적용 확대 • 다주택자 취득세 중과 완화 • 종합부동산세 개편(과세표준 12억원 이하 및 조정대상지역 2주택에 대한 중과세율 폐지)
2023년 세법개정 후속 시행령 개정안(24.1.23)	• 소형 신축주택 및 지방 준공 후 미분양주택에 대한 양도세 · 종부세 중과 배제 • 다주택자 양도세 중과 한시 배제 기한 1년 연장 • 장기주택저당차입금 이자상환액 소득공제 대환 요건 완화
재건축초과이익환수법 하위법령 입법예고(24.2.1)	• 장기감면을 위한 1세대 1주택 요건 • 고령자 납부유예(60세 이상) • 재건축부담금 면제구간 : 초과이익 3천만원 이하에서 8천만원 이하로 상승

88 　　　　　　　　　　　　　　　　　정답 ⑤

국토교통부 등 정부 발표자료에는 실거래가격, 주택거래량, 미분양주택, 지가변동률 및 토지거래량이 있다.

핵심개념 국토교통부 등 정부 발표자료 및 확인방법
• 실거래가격 : 국토교통부 홈페이지에서 확인할 수 있다.
• 주택거래량 : 국토교통부 홈페이지에서 '국토교통부뉴스 > 보도자료 > 주택토지' 항목으로 가면 확인할 수 있다.
• 미분양주택 : 국토교통부에서 매월 28일 전후에 전월기준 자료를 발표한다.
• 지가변동률 : 국토교통부에서 매월 25일 전후로 전월기준 자료를 발표하며, 전반적인 지역별 토지시장을 분석하는 자료로 활용할 수 있다.

89 　　　　　　　　　　　　　　　　　정답 ②

부동산은 다른 투자대상물 가운데 안전성과 수익성이 비교적 높은 편이다.

90 　　　　　　　　　　　　　　　　　정답 ③

③ 실현수익률이란 투자가 이루어진 후 현실적으로 달성된 수익률을 의미하며, 사후적 수익률, 역사적 수익률이라고도 한다.
① 투자에 따라 기대되는 예상수익률을 기대수익률 또는 내부수익률이라 한다.
② 요구수익률에는 시간에 대한 비용과 위험에 대한 비용이 포함된다.
④ 부동산 투자분석 시 실현수익률을 알 수는 없다.
⑤ 요구수익률이 기대수익률보다 클 경우에는 투자기각이 결정된다.

91 　　　　　　　　　　　　　　　　　정답 ⑤

레버리지 효과는 수익률과 이자율뿐만 아니라 절세 효과도 있다. 일반적으로 상가를 매입할 경우 대출이자는 소득세 납부 시 지급이자로 처리되어 경비로 공제받을 수 있기 때문에 절세 효과가 발생한다.

핵심개념 레버리지

구 분	내 용
레버리지 정의	낮은 비용의 부채를 이용하여 투자자의 수익을 증대시키는 것
레버리지 비율	총자본에 대한 부채(대출금)의 비율
대출의 활용	• 기대수익률이 대출이자율보다 높을 때 : 자기자본 대비 투자수익률이 높음 • 기대수익률과 대출이자율이 같을 때 : 자기자본만 활용하는 때와 수익률이 같음, 중립적인 관점에서 운용이 필요함 • 기대수익률이 대출이자율보다 낮을 때 : 자기자본 대비 투자수익률이 낮음, 대출상환계획 등을 별도로 수립

92   정답 ④

① 가치는 장래의 기대되는 이익을 현재가치로 환원한 값이다.

② 가격은 부동산에 대한 과거의 값이고, 가치는 현재의 값이다.

③ 주어진 시점에서 부동산에 대한 가격은 하나뿐이지만 가치는 무수히 많다.

⑤ 가격은 특정 부동산에 대한 교환의 대가이다.

핵심개념 가격과 가치의 구분

부동산에서는 가격과 가치를 엄격하게 구별한다.

가 격	가 치
• 특정 부동산에 대한 교환의 대가 • 객관적이고 구체적 개념 • 과거의 값 • 주어진 시점에서 하나만 존재	• 장래에 기대되는 이익을 현재가 치로 환원한 값 • 주관적이고 추상적 개념 • 현재의 값 • 주어진 시점에서 무수히 많이 존재

93   정답 ①

체계적 위험은 포트폴리오를 완벽하게 구성해도 피할 수 없는 위험이다.

94   정답 ①

재건축사업은 강남지역 등 기반시설이 양호한 신시가지 등에서 시행되고, 재개발사업은 강북지역 등 기반시설이 부족한 기성시가지 등에서 시행된다.

95   정답 ③

재건축사업의 절차

계 획	기본계획 수립 → (안전진단) → 정비구역 지정 → 조합설립추진위원회 구성 및 승인
시 행	→ 조합설립인가 → 사업시행인가 → 관리처분계획인가
인 가	→ 준공 및 이전고시 → 청산등기 → 조합해산

96   정답 ⑤

토지에 대한 양도담보는 토지거래허가를 필요로 하는 계약이다.

핵심개념 토지거래허가 대상 기준

구 분	내 용
토지거래허가가 필요한 계약	• 토지에 대한 대물변제 계약 • 토지에 대한 대물변제 예약 • 토지에 대한 양도담보 • 토지에 대한 매도담보 • 토지에 대한 유저당계약 • 토지에 대한 가등기담보 • 부담부 증여
토지거래허가가 필요하지 않은 계약	• 건물에 대한 소유권 이전계약 • 토지에 대한 전세권·임차권·저당권(근저당 포함) 설정계약 등 • 증여·사용대차 등의 무상계약 • 상속, 유증, 사인증여 등

97   정답 ②

경매는 채권자 평등원칙이, 공매는 국세 우선의 원칙이 적용된다.

핵심개념 경매와 공매의 차이점

구 분	경 매	공 매
명도 실현 수단	인도명령제도에 따른 보호	명도소송 (인도명령제 없음)
입찰방법	법원에서 현장 입찰	온비드에서 온라인(전자) 입찰
대금 미납의 효과	재입찰 참여 불가	재입찰 참여 가능
추가기간에 잔금납부	연체이자 있음	연체이자 없음
적용원칙	채권자 평등원칙	국세 우선의 원칙
저당권부 채권의 상계 여부	상계 가능 (저당권자, 임차인)	상계 불허
잔금 납부기간 경과 후 대금 납부 가능 여부	가 능 (단, 재경매일 3일 이전까지만)	가 능 (잔금 납부기일 경과로부터 10일간만)

98　　　　정답 ④

임대료를 갱신하기 위해 충분히 사전조사를 한 후 무작정 인상한다는 통보를 하는 것이 아니라, 단계별 임대료 갱신절차를 통해 임차인에게 고지하고 합의하는 결정을 해야 한다.

99　　　　정답 ①

지역 분석은 국가 경제가 지역에 미치는 영향과 대상 개발사업이 시장에 미칠 수 있는 공간적 범위 등을 분석하는 것이다. 근린시장 분석은 근린 지방경제가 개발대상 부지에 미치는 영향을 분석하는 것이다. 따라서 부동산 자산의 투자 및 운용에 직접적 영향을 미치는 범위 내의 산업, 교육, 교통 등의 지역경제 수준을 분석한다.

핵심개념 보유 부동산 자산분석

구 분	내 용
지역 분석	국가 경제가 지역에 미치는 영향 및 개발사업이 시장에 미치는 공간적 범위 등을 분석
근린시장 분석	근린 지방경제가 개발대상 부지에 미치는 영향을 분석
대상 부동산 개별 분석	보유 부동산에 대한 분석과 계획
시장경쟁 분석	부동산이 갖는 경쟁 부동산과의 장단점을 평가하기 위한 것
대체방안 분석	부동산 소유자의 목표를 달성하기 위해 최대유효 이용 상태가 되도록 하는 부동산 자산가치에 대한 분석방안
재무석 분석	각 대체방안을 실행하면서 '비교 편익 분석방법'을 통해 검정하는 단계

100　　　　정답 ⑤

PFV의 설립을 위해서는 설립자본금 50억원 이상, 금융기관의 지분참여는 5% 이상이어야 한다.

남에게 이기는 방법의 하나는 예의범절로 이기는 것이다.

-조쉬 빌링스-

2024~2025 은행FP 자산관리사 2부 [최신출제동형 100문항＋모의고사 3회분＋특별부록] PASSCODE

개정2판1쇄 발행	2024년 07월 15일 (인쇄 2024년 07월 04일)
초 판 발 행	2023년 01월 05일 (인쇄 2022년 10월 07일)
발 행 인	박영일
책 임 편 집	이해욱
편 저	시대금융자격연구소
편 집 진 행	김준일 · 이보영
표지디자인	하연주
편집디자인	김기화 · 하한우
발 행 처	(주)시대고시기획
출 판 등 록	제10-1521호
주 소	서울시 마포구 큰우물로 75 [도화동 538 성지 B/D] 9F
전 화	1600-3600
팩 스	02-701-8823
홈 페 이 지	www.sdedu.co.kr

I S B N	979-11-383-7405-7 (14320)
	979-11-383-7403-3 (세트)
정 가	17,000원

특별부록

핵심포인트
파이널체크 O/X 퀴즈

시대
에듀

금융자산 투자설계

제**1**장 금융상품(16문항 대비)

01 투자의 3요소에는 (   ), (   ), (   )이 있다.

02 ⃞○⃞× 투자의 3요소는 상호 보완관계에 있다.

03 보통예금은 입·출금이 자유롭고 가입대상이나 예치금액에 제한을 두지 않는 가장 전통적인 (   )으로 적용 금리가 매우 (낮다 / 높다)는 특징을 가지고 있다.

04 저축예금이 일반 보통예금에 비하여 (낮은 / 높은) 금리가 적용되지만, 동일한 요구불성예금인 MMDA(시장금리부 우대저축예금)에 비해서는 (낮은 / 높은) 금리가 적용된다.

05 ⃞○⃞× MMDA는 통장 신규개설 시에만 입금액의 제한을 두고 있으며, 계좌 개설 이후에는 금액에 제한 없이 거래가 가능하다.

06 ⃞○⃞× 당좌예금의 지급은 통장으로 입·출금이 불가능하다.

정답 **01** 안전성, 수익성, 유동성

02 × ▸ 수익성이 높으면 안전성이 떨어지고, 안전성이 높으면 수익성이 떨어지는 등 투자의 3요소는 서로 상반되는 관계에 있다.

03 요구불예금, 낮다 ▸ 최근에는 동일한 용도이면서 고금리를 받을 수 있는 저축예금, 자유저축예금, MMDA 등이 새롭게 출시됨에 따라 현재는 특별한 경우를 제외하고 거의 거래가 없는 요구불예금상품이다.

04 높은, 낮은

05 ○ ▸ 최저 가입금액은 보통 5백만원이다.

06 × ▸ 당좌예금의 지급은 원칙적으로 예금주가 발행한 어음이나 수표를 결제하는 방식으로 처리되지만 당좌거래 통장으로도 입·출금이 가능하다.

07 당좌예금의 임의해지사유란 당좌거래가 (　　　) 이상 중지되거나 당좌거래처의 당좌거래약관 위배, 거래불량 등으로 인하여 수표·어음의 유통질서를 해칠 우려가 있다고 인정되는 경우에는 금융기관에서 임의로 당좌거래를 해지하는 것을 말한다.

08 (　　　　　)이란 당좌예금계정과 신용한도를 연결한 제도로, 당좌예금계정을 가진 고객에게 신용한도를 미리 설정해두고 수표가 당좌예금 잔액을 초과하여 발행되더라도 그 설정한도까지는 결제가 가능하도록 하는 제도이다.

09 일반적으로 별단예금의 대부분을 차지하는 것은 (　　　　　　　　　)이라고 할 수 있다.

10 사고신고된 수표가 선의취득자로부터 수표의 지급제시 기간 내에 제시되고 사고신고인이 동 수표와 관련하여 법적 절차가 진행 중임을 증명할 수 있는 서류를 사고신고일로부터 (　　　　) 이내에 제출하지 아니한 경우 수표의 소지인에게 수표대금을 지급할 수 있다.

11 제권판결에 의한 수표대금 지급 시 제권판결을 선언한 날로부터 (　　　)이 경과한 경우에 수표대금을 지급하며, 제권판결이 있는 경우라고 하더라도 사고수표의 소지인이 선의취득자로서 그 권리를 다투고자 할 경우에는 수표대금의 지급을 보류한다.

12 ○×　증권회사의 CMA는 예금자보호법에 의해 보호받을 수 있으나 종합금융회사의 CMA는 보호받지 못한다.

13 ○×　정기적금은 비과세종합저축으로 가입이 가능하다.

14 상호부금은 대출을 목적으로 납입한다는 것 이외에는 일반 정기적금과 큰 차이가 없는 적립식 상품으로, 통상 대출을 받기 위해 예금주가 의무적으로 납부해야 하는 월부금의 회차는 총 납입회차의 (　　　) 또는 (　　　) 기간이 되며, 예금주가 이에 해당하는 월부금을 정상적으로 납입한 경우 금융기관은 사전에 약정한 대출금을 예금주에게 급부해야 할 의무가 있다.

정답　**07** 6개월
　　　08 당좌대월
　　　09 자기앞수표 발행대전
　　　10 5영업일
　　　11 1개월
　　　12 ×　▶ 종합금융회사의 CMA는 예금자보호법에 의해 보호받을 수 있으나 증권회사의 CMA는 보호받지 못한다.
　　　13 ○
　　　14 1/4, 1/3

---

15 ○× 신용부금은 일정회차를 납입하지 않더라도 신규가입 즉시 계약금액 범위 내에서 대출을 받을 수 있다.

16 ○× 2015년 말 기준으로 재형저축의 신규가입이 가능하다.

17 재형저축의 가입자격은 가입일 현재 소득세법상 거주자로서 다음 중 하나에 해당하는 자이다.
  ① 총 급여액이 (   ) 이하인 자로서 직전 과세기간에 근로소득만 있거나 근로소득 및 종합소득과세표준에
      합산되지 않는 종합소득이 있는 경우
  ② 직전 과세기간 종합소득과세표준에 합산되는 종합소득금액이 (   ) 이하인 자

18 재형저축은 총 급여액 (   ) 이하 또는 종합소득금액 (   ) 이하인 거주자이거나 대통령령으로 정하는
중소기업에 근무하는 청년근로자에 해당하는 경우에는 (   )년 이상이면 비과세혜택이 가능하다.

19 ○× 농어가목돈마련저축은 예금자보호법에 의한 보호대상이다.

20 ○× 정기예금은 가입원금의 일정범위 내에서 예금담보대출은 가능하지만, 비과세종합저축으로의 가입은 불가능
하다.

21 (낙-아웃 콜형 / 낙-아웃 풋형)은 주가지수 하락 시 원금을 보장하면서 주가지수 상승 시 참여율을 적용하여 수익률
이 정해지지만 주가지수가 사전에 정해진 일정지수 이상을 터치할 경우 옵션의 효력이 무효화되거나 사전에 정한
소정의 리베이트만을 받게 되는 수익구조이다.

22 ○× 신용협동기구는 예금자보호법에 의해 보호받을 수 있다.

정답 **15** ○
   16 × ▸2015년 말 기준으로 비과세 재형저축의 일몰시한이 도래함에 따라 기존 가입자의 추가납입은 가능하지만 신규가입은 불가하다.
   17 5,000만원, 3,500만원
   18 2,500만원, 1,600만원, 3
   19 × ▸농어가목돈마련저축은 예금자보호법에 의해 보호받지 못한다.
   20 × ▸정기예금은 가입원금의 일정범위 내에서 예금담보대출이 가능할 뿐만 아니라 비과세종합저축으로도 가입이 가능하다.
   21 낙-아웃 콜형
   22 × ▸신용협동기구는 예금자보호법에 의한 예금보호 대상 금융기관에 속하지 않으므로 신용협동기구에서 취급하는 모든 예탁금은 예금
      자보호법에 의해 보호받을 수 없다.

23 ○× 양도성예금증서를 실물로 발행하는 경우에는 증서인도만으로 양도가 가능하여 양도가 자유롭다.

24 환매조건부채권의 대상채권들은 안전성이 매우 (낮다 / 높다).

25 표지어음의 발행기간은 ( ) 이상으로 하되 원어음의 최장 만기일을 초과하여 발행할 수는 없으며, 중도해지는 (가능 / 불가능)하지만 어음의 특성상 배서에 의한 양도는 (가능 / 불가능)하고 비과세종합저축으로 가입할 수 (있다 / 없다).

26 ○× 기업어음은 원칙적으로 매출 금융기관에서 원리금상환에 대한 책임을 지지 않는다는 것에 유의해야 한다.

27 ○× 주택청약종합저축에 가입하여 민영주택에 청약하는 경우, 최초 주택의 규모를 선택한 후에도 그 납입한 금액의 범위 내에서 선택한 주택 규모를 변경할 수 있는데, 이 경우 주택 규모를 변경하더라도 순위 산정일은 변경일이 아닌 당초 가입일로 한다.

28 주택청약종합저축은 청약순위 산정에 있어서 적립금의 연체 또는 선납이 있는 경우 연체 총일수에서 선납 총일수를 차감하는 방법으로 산식에 따라 회차별 납입인정일을 산정하게 되는데, 이때 ( ) 미만은 산입하지 아니한다.

29 주택청약종합저축은 해지 시에 원금과 이자를 지급하나, 가입일부터 ( ) 이내에 해지하는 경우에는 이자를 지급하지 아니한다.

30 개인종합자산관리계좌(ISA)는 자산의 운용방법에 따라 크게 ( )과 ( )으로 구분된다.

정답 **23** ○
24 높다 ▶ 환매조건부채권의 대상채권들은 대부분 국채, 지방채, 금융채 등 우량 채권을 대상으로 하므로 안전성이 매우 높다.
25 30일, 불가능, 가능, 없다
26 ○
27 ○
28 1일
29 1개월
30 신탁형, 일임형

31 ISA의 일임형은 사전 투자자의 위험성향별로 (   )를 구성하여 제시하여야 하고, 분기 (   ) 이상 포트폴리오 재배분을 실시해야 한다.

32 ISA의 총납입한도는 1억원 이하로서 연간 (   ) 한도 중 미납입분에 대한 이월납입이 가능하다.

33 자본시장법에서는 금융투자상품의 정의를 투자성이 있는 모든 금융상품으로 추상적인 개념으로 정의하는 (   )방식을 채택하고 있다.

34 (   )를 제외한 모든 집합투자기구는 증권, 파생상품, 부동산, 실물자산, 특별자산 등에 투자할 수 있도록 하고 있다.

35 자본시장법 및 동법 시행령에서는 판매보수의 경우 집합투자재산 연평균가액의 (   )를 한도로 하고 있다.

36 자본시장법 및 동법 시행령에서는 판매수수료의 경우 납입금액 또는 환매금액의 (   )를 한도로 하고 있다.

37 증권집합투자기구란 집합투자재산의 100분의 (   )을 초과하여 증권에 투자하는 집합투자기구로 증권펀드라고도 한다.

38 (액티브 / 패시브)형 펀드는 펀드의 운용성과에 있어서 펀드매니저의 능력에 대한 의존도가 높고 보수가 높은 편이며, (액티브 / 패시브)형 펀드는 펀드의 의존도와 매매회전율이 낮고 각종 비용이 저렴하다.

정답   **31** 모델포트폴리오, 1회
       32 2천만원
       33 포괄주의
       34 단기금융집합투자기구(MMF)
       35 1%
       36 2%
       37 50
       38 액티브, 패시브

39 (Top-Down / Bottom-Up) 방식이란 거시경제분석 - 경기분석 - 산업분석 - 개별기업 가치분석 순으로 종목을 선정하는 방식이고, (Top-Down / Bottom-Up) 방식이란 개별기업 가치분석 - 산업분석 - 경기분석 - 거시경제분석의 순으로 종목을 선정하는 방식을 말한다.

40 ○× 가치주 펀드는 성장주 펀드에 비해 상대적으로 높은 변동성과 매매회전율 및 높은 시장민감도를 특징으로 한다.

41 채권의 잔존기간이 길면 수익률이 (상승 / 하락)한다.

42 채무불이행 위험이 커지면 당해 채권의 수익률이 (상승 / 하락)한다.

43 MMF는 증권을 대여하거나 차입하는 방법으로 운용하지 아니할 것을 요건으로 하면서 남은 만기가 (   ) 이상인 국채증권에 집합투자재산의 (   ) 이내에서 금융위원회가 고시하는 범위에서 운용해야 한다.

44 ○× 종류형 집합투자기구는 각 클래스별로 판매보수 및 판매수수료 체계가 달라야 한다.

45 ○× 종류형 집합투자기구는 각 클래스별로 자산의 운용 및 평가방법을 다르게 할 수 있다.

46 ○× 모펀드에 투자할 수 있는 투자자는 자펀드에 한한다.

47 판매회사에서 투자자에게 판매하는 펀드는 (모펀드 / 자펀드)이다.

정답 **39** Top-Down, Bottom-Up
40 × ▸ 성장주 펀드는 가치주 펀드에 비해 상대적으로 높은 변동성과 매매회전율 및 높은 시장민감도를 특징으로 한다.
41 상승
42 상승
43 1년, 100분의 5
44 ○
45 × ▸ 종류형 집합투자기구는 각 클래스별로 자산의 운용 및 평가방법을 다르게 할 수 없다.
46 ○
47 자펀드

48 상장지수펀드(ETF) 집합투자증권의 환매는 허용되어야 하고, 상장지수펀드(ETF) 집합투자증권에 대하여 집합투자기구 설립 또는 설정일로부터 (　　　) 이내에 증권(거래소)시장에 상장하도록 하고 있다.

49 (　　　) 구조화 상품은 기초자산 가격이 특정 범위 내에 있을 때는 사전에 정한 일정한 수익률을 지급하지만, 기초자산 가격이 특정 범위를 벗어나는 경우에는 원금만 지급하는 구조이다.

50 (　　　)란 특정한 재산권을 수탁자에게 위탁하는 자로서 신탁의 설정자를 의미한다.

51 (　　　)란 위탁자로부터 특정한 재산권의 운용 및 처분에 관한 권리를 인수하는 자를 의미한다.

52 (　　　)는 신탁행위의 당사자가 아니므로 신탁 설정행위 당시에 반드시 특정하거나 존재할 필요는 없다.

53 ○× 신탁재산의 운용실적에 의한 총손익은 수탁자의 고유재산 또는 다른 신탁재산과 구별하여 관리하도록 하고 있다.

54 연금의 수령요건은 최소 납입기간인 (　　　) 이상 경과하고 만 (　　　) 이상이면서 수령기간은 (　　　) 이상 연단위로 수령 가능하다.

55 (　　　)란 금융기관에서 가장 우량한 고객에게 적용하는 최우대금리로 보통 '대출우대금리' 또는 '기본금리'라고도 한다.

정답 **48** 30일
49 범위형
50 위탁자
51 수탁자
52 수익자
53 ○
54 5년, 55세, 10년
55 프라임레이트

56 (　　　　)란 담보 약정 시 지정된 대출종류에 대하여 현재부터 미래에 완납할 때까지 지속적으로 책임을 부담하는 담보권의 종류로 기한연장이나 재대출 등이 가능하다.

57 (　　　　)은 주택을 소유하고 있으나 다른 소득이 없는 고령자의 노후생활안정자금을 지원하고자 하는 공적 목적의 대출로 국내에서는 한국주택금융공사에서 공적보증을 제공하여 '주택연금'이라는 명칭으로 취급하고 있다.

58 자국통화표시법에서 환율의 상승은 자국 통화가치의 (상승 / 하락)을 의미하고, 환율의 하락은 자국 통화가치의 (상승 / 하락)을 의미한다.

59 우리나라의 환율은 외환의 수요와 공급에 의해 결정되는 (　　　　)가 적용된다.

60 신용카드의 본인회원은 만 (　　) 이상으로서 결제능력 심사기준에 의하여 결제능력이 있는 실명의 개인을 말한다.

61 ○×　신용카드는 미성년자의 경우 법정대리인의 동의에 의하여 발급이 가능한데, 이때 법정대리인의 동의서와 미성년자의 소득증빙서류 등을 제출해야 한다.

62 신용카드의 사고사유가 분실 및 도난인 경우 회원의 신고 시점 이후에 발생한 사용대금 및 신고 전 (　　　) 이내에 발생된 카드사용에 대해서는 전액 카드사로부터 보상을 받을 수 있다.

정답　**56** 한정근담보
　　　　57 역모기지론
　　　　58 하락, 상승
　　　　59 시장평균환율제도
　　　　60 18세
　　　　61 ○
　　　　62 60일

제2장 주식투자(15문항 대비)

01 (기본적 / 기술적) 분석은 과거의 증권가격 및 거래량의 추세와 변동 패턴에 관한 역사적 정보를 이용하여 미래 증권가격의 움직임을 예측하는 분석기법이고, (기본적 / 기술적) 분석은 해당 기업의 주가가 장기적으로 기업의 내재가치를 반영한다고 전제하고 그 기업의 내재가치를 분석하는 방법이다.

02 (   )이란 이미 발행된 증권에 대한 거래가 진행되는 곳이므로 2차 시장이라고도 칭한다.

03 ○× 정부는 유통시장에서 공개시장조작을 통해 통화를 조절함으로써 금리와 물가의 안정을 기할 수 있다.

04 ○× 유통시장에서 형성된 가격은 향후 발행될 증권가격을 결정하는 기준을 제공한다.

05 주가수익비율(PER)은 주가를 (   )으로 나눈 개념이다.

06 이자율이 상승하면 주가가 (상승 / 하락)하고, 이자율이 하락하면 주가는 (상승 / 하락)한다.

07 단기적으로 통화량이 증가할 경우 주가가 (상승 / 하락)할 가능성이 높아진다.

08 포터는 특정 산업의 경쟁강도 및 그 산업에서의 궁극적인 이윤잠재력이 진입장벽, (   ), 기존 경쟁업체 간의 경쟁구도, (   ), (   ) 등 다섯 가지 요인에 의해 결정된다고 보았다.

정답 **01** 기술적, 기본적

02 유통시장

03 × ▸정부는 발행시장에서 공개시장조작을 통해 통화를 조절함으로써 금리와 물가의 안정을 기할 수 있다.

04 ○

05 주당순이익

06 하락, 상승 ▸일반적으로 이자율과 주가는 역의 상관관계를 갖는다.

07 상승 ▸단기적으로 통화량이 증가할 경우 명목금리 하락에 따른 자산대체 효과로 대체자산인 주식에 대한 수요가 증가하고, 기업의 조달비용 하락 등 금융비용 절감으로 수익성 개선이 이루어지며 주가가 상승할 가능성이 높아진다.

08 대체가능성, 구매자의 교섭력, 공급자의 교섭력

09 기존 기업들의 입장에서 가장 매력적인 산업이란 진입장벽이 (높고 / 낮고), 철수장벽이 (높은 / 낮은) 시장이다.

10 제품수명주기 중 (　　　)는 기업들이 안정적인 시장점유율을 차지하게 되나, 시장이 포화상태에 이르러 매출성장이 둔화되는 시기이다.

11 제품수명주기에서 도입기에는 경영위험이 (높고 / 낮고) 성장기에는 경영위험이 (높다 / 낮다).

12 $ROI = \dfrac{당기순이익}{(\qquad)}$

13 $ROE = \dfrac{당기순이익}{(\qquad)}$

14 유동비율, 부채비율, 고정비율, 이자보상비율은 (　　　) 관련 재무비율에 해당된다.

15 ○× 매출액증가율, 총자산증가율, 영업이익증가율은 활동성 관련 재무비율에 해당한다.

16 ○× PBR은 주가를 1주당 순자산으로 나누어 계산한다.

17 PSR은 (　　　)의 단점을 보완해주는 역할을 한다.

정답 **09** 높고, 낮은

10 성숙기

11 높고, 낮다

12 총자본 ▸ 총자본이익률(ROI)은 기업의 생산활동에 투입된 자본이 효율적으로 운영되고 있는가를 측정하는 것이다.

13 자기자본 ▸ 자기자본이익률(ROE)은 주주지분의 수익성을 나타내는 것으로, 타인자본을 제외한 순수한 자기자본의 효율적 운영측면을 알아보고자 함이 목적이다.

14 안정성

15 × ▸ 성장성 관련 비율이다.

16 ○ ▸ PBR(주가순자산비율)은 다른 말로 시장가치 대 장부가치비율이라고도 하는데, 그 이유는 주가는 시장에서 가치가 결정되고 주당순자산은 재무상태표에 나와 있는 순자산을 발행주식수로 나누어 계산한 것이어서 분모는 장부가치를, 분자는 시장가치를 사용하기 때문이다.

17 PER ▸ 주가매출액비율(PSR)은 영업성과에 대한 객관적인 자료를 제공하기 때문에 주가수익비율(PER)의 단점을 보완해주는 역할을 한다.

18 토빈의 q가 1보다 (크면 / 작으면) 기업의 투자자들로부터 조달된 자본을 잘 운영하여 기업가치가 증가한다고 해석할 수 있고, 1보다 (크면 / 작으면) 자산의 시장가치가 대체비용에 비해 저렴하게 평가되어 있으므로 M&A의 대상이 되기도 한다.

19 정률성장 배당모형에 의하면 다음과 같은 세 가지 사실을 알 수 있다.
① 배당이 클수록 주가는 (상승 / 하락)한다.
② 요구수익률이 클수록 주가는 (상승 / 하락)한다.
③ 배당성장률이 클수록 주가는 (상승 / 하락)한다.

20 ○✕ 제로성장 배당모형은 배당평가모형에서 가장 단순한 모형으로 기업이 성장 없이 현상유지만 하는 경우이다.

21 ○✕ 정률성장 배당모형은 요구수익률이 일정하고, 성장률이 요구수익률보다 크다는 것을 전제로 한다.

22 ○✕ PBR 계산을 위한 회계정보는 재무상태표상에서 쉽게 구할 수 있고, 부(-)의 EPS기업에도 적용 가능하다는 장점이 있다.

23 (　　　　　) 비율은 해당 업체의 내재가치와 기업가치를 비교하는 투자지표로 사용된다.

24 (상향식 / 하향식) 접근은 종목선정보다 섹터, 산업, 테마의 선정을 강조하는 방법이다.

25 (샤프지수 / 트레이너지수)가 펀드의 베타계수만을 고려하는 반면, (샤프지수 / 트레이너지수)는 전체 위험을 고려하는 표준편차를 사용하고 최소 1개월 이상의 수익률 데이터를 필요로 한다.

정답 **18** 크면, 작으면 ▶ 토빈의 q는 기업자산의 시장가치와 현시점에서 자산을 재구입할 경우 소요되는 대체원가와의 관계를 나타낸다.
19 상승, 하락, 상승
20 ○
21 ✕ ▶ 정률성장 배당모형은 요구수익률이 일정하고, 요구수익률이 성장률보다 크다는 것을 전제로 한다.
22 ○
23 EV/EBITDA
24 하향식
25 트레이너지수, 샤프지수

26 샤프지수는 ( )에서 ( )을 뺀 값을 ( )로 나누어 계산한다.

27 통상적으로 트레이너지수가 (낮을수록 / 높을수록) 펀드성과가 좋은 것으로 평가한다.

28 젠센지수 = {( ) - 무위험이자율} - 포트폴리오의 베타 × {( ) - 무위험이자율}

29 젠센지수 값이 (낮을수록 / 높을수록) 펀드의 성과가 우수함을 나타내고, ( )를 나타내면 시장수익률보다 못함을, ( )을 나타내면 특정 펀드에 대한 정확한 분석이 이루어졌음을 의미한다.

30 실무적으로 미국에서는 정보비율이 ( ) 이상인 경우에는 '우수', ( ) 이상인 경우에는 '매우 우수', ( ) 이상인 경우에는 '탁월'로 평가한다.

31 인덱스 펀드 투자전략은 (소극적 / 적극적) 투자전략이다.

32 시장투자적기포착은 (소극적 / 적극적) 투자전략이다.

33 ○× 평균투자법은 적극적 투자전략이다.

34 ○× 포뮬라 플랜은 소극적 투자전략이다.

35 강세시장에서는 베타계수가 (높은 / 낮은) 종목군을 선정하고, 약세시장에서는 베타계수가 (높은 / 낮은) 종목군을 포트폴리오에 포함시킴으로써 시장에 대응한다.

정답 **26** 펀드수익률, 무위험채권 이자율, 펀드수익률의 표준편차
27 높을수록
28 펀드의 실현수익률, 시장수익률
29 높을수록, 마이너스, 0
30 0.5, 0.75, 1.0
31 소극적
32 적극적
33 × ▸ 소극적 투자전략이다.
34 × ▸ 적극적 투자전략이다.
35 높은, 낮은

제3장 채권투자(15문항 대비)

01 물가상승률을 고려한 이자율을 (명목 / 실질)이자율이라고 한다.

02 현재에 투자되는 금액을 기준으로 한 경우의 금리를 (할인율 / 수익률)이라 표현하고, 미래에 지급되는 금액을 기준으로 한 경우의 금리를 (할인율 / 수익률)이라 표현한다.

03 (단리 / 복리)는 일정 기간이 지나는 동안 원금에 대해서만 일정비율만큼 수익이 더해지는 방식임에 반해 (단리 / 복리)는 일정 기간 경과하여 발생한 이자가 원금과 함께 재투자되어 추가적인 수익이 창출되는 방식이다.

04 단순히 겉으로 표기되어 드러난 금리를 (   )라고 하는 반면 실제 정확한 기준으로 평가되어 부담하게 되는 금리를 (   )라고 한다.

05 자금시장에서 자금의 수요와 공급에 따라 결정되는 금리를 (   )라고 한다.

06 ○× 정부에서 국채발행을 증가시켜 확장 재정정책을 시행하면 시장금리는 하락한다.

07 주식은 의결권이 (있다 / 없다).

08 ○× 채권은 정해진 만기 시 상환한다.

정답 **01** 실질
02 수익률, 할인율
03 단리, 복리
04 표면금리, 실효금리
05 시장금리
06 × ▸ 정부에서 국채발행을 증가시켜 확장 재정정책을 시행하면 시장금리는 상승하고, 국채발행을 감소시켜 축소 재정정책을 시행하면 시장금리는 하락한다.
07 있다
08 ○

09 (   )에 따른 채권의 종류에는 국채, 지방채, 특수채, 금융채, 회사채 등이 있다.

10 (   )는 예금보험공사, 주택공사, 토지공사, 한전, 도로공사 등 특별법에 의해 설립된 법인들이 발행하는 채권이며 대부분이 공사에서 발행하기 때문에 공사채라고도 한다.

11 (   )란 한국은행이 시중의 통화량을 조절하기 위해 발행하는 채권이다.

12 시중의 유동성을 흡수하기 위해서는 통안채 발행량을 만기량보다 (적게 / 많게) 하고, 시중에 유동성을 공급하기 위해서는 통안채 발행량을 만기량보다 (적게 / 많게) 한다.

13 ⊙⊠ 통안채도 은행채이므로 금융채에 포함되어 신용등급이 부여된다.

14 (   )방식에 따른 채권의 종류에는 이표채, 할인채, 복리채 등이 있다.

15 발행이율이 7%인 4년 만기 연복리채 10,000원의 경우 4년 후 만기일에 원금과 복리로 재투자된 이자가 합산된 (   )을 지급받게 될 것이다.

16 회사채로 발행되어 소정의 이자가 지급되고, 발행 시 정해진 일정 기간이 지난 후에 투자자가 청구할 경우 주식으로 전환할 수 있는 채권을 (   )라고 한다.

17 ⊙⊠ 채권수익률과 채권가격은 반대로 움직인다.

정답 **09** 발행주체
10 특수채
11 통안채
12 많게, 적게
13 ✕ ▸통안채도 은행채이므로 금융채에 포함되지만 국채와 함께 신용등급이 부여되지 않는 무위험채권으로 분류된다.
14 이자지급
15 13,107원 ▸10,000 $\times$ (1 + 0.07)^4 = 13,107원
16 전환사채(CB)
17 ○

18 금리가 하락할 때의 가격상승폭이 금리가 상승할 때의 가격상승폭보다 (크다 / 작다).

19 ⊙✕ 표면이자율이 낮은 채권이 표면이자율이 높은 채권보다 금리변동에 따른 가격 변동폭이 작다.

20 같은 금리폭의 움직임이라도 금리가 (상승 / 하락)할 때의 가격상승폭이 금리가 (상승 / 하락)할 때의 가격하락폭보다 크다.

21 채권시장이 전반적으로 강세를 보이는 국면을 (베어리쉬 / 불리쉬)하다고 표현하며, 반면 채권시장이 전반적으로 약세를 보이는 국면을 (베어리쉬 / 불리쉬)하다고 표현한다.

22 장단기 스프레드가 확대되면 일드커브 (스티프닝 / 플래트닝)으로, 장단기 스프레드가 축소되면 일드커브 (스티프닝 / 플래트닝)으로 표현한다.

23 일반적으로 (   ) 등급 이상을 투자등급 채권이라 하고, 그 미만을 투기등급 채권이라고 한다.

24 원리금 지급능력이 우수하나 경제여건 및 환경변화에 영향을 받을 수 있는 신용등급은 (   )등급이다.

25 기업어음의 신용등급 A2에 상응하는 회사채 등급은 (   )등급이다.

26 우상향하는 정상적인 수익률곡선 하에서 채권 보유기간이 경과하면 자동적으로 금리수준이 하향하여 자본이익이 발생하는데 이를 (   )이라고 한다.

정답 **18** 크다
19 ✕ ▸ 표면이자율이 낮은 채권이 표면이자율이 높은 채권보다 금리변동에 따른 가격 변동폭이 크다.
20 하락, 상승
21 불리쉬, 베어리쉬
22 스티프닝, 플래트닝 ▸ 장단기 스프레드가 확대되면 기울기가 가팔라지므로 일드커브 스티프닝으로, 장단기 스프레드가 축소되면 기울기가 평평해지므로 일드커브 플래트닝으로 표현한다.
23 BBB⁻
24 A
25 A
26 롤링수익

27 채권투자수익률 = ( )수익률 + ( )손익률

28 채권 시가평가액 = 채권 ( ) ± 채권 ( )

29 보유하는 채권의 듀레이션이 길면 길수록, 보유하는 채권의 금액이 많으면 많을수록 듀레이션 위험은 (증가 / 감소) 한다.

30 ( )위험은 현금이 필요해져 채권을 중도매각하려 할 때 시장에서 적절한 매수자가 나타나지 않아 적정가격으로 매도하지 못하는 위험이다.

31 ( )은 보유채권에서 나오는 이자와 만기금액 등의 현금흐름들을 각 기간별로 분산시켜 유지하는 전략을 말한다.

32 ☐☒ 불렛형 만기전략은 단기채와 장기채의 보유를 병행하는 투자전략이다.

정답 **27** 이자, 자본
28 장부가평가액, 평가손익
29 증 가
30 유동성
31 사다리형 만기전략
32 ☒ ▶불렛형 만기전략은 중기채 위주로 채권의 보유를 지속하는 전략이고, 바벨형 만기전략은 단기채와 장기채의 보유를 병행하는 투자 전략이다.

핵심포인트 O/X 퀴즈

제4장 파생금융상품투자(12문항 대비)

01 (　　　)은 거래당사자가 결제를 이행하지 않을 경우 결제당사자가 결제대금으로 사용할 수 있도록 파생상품 거래자가 증권회사나 선물회사에 예치한 담보금을 의미한다.

02 유지증거금의 잔액은 일반적으로 개시증거금의 약 (　　)% 수준을 유지해야 한다.

03 일일정산 결과 계좌의 잔액이 (　　　) 수준 이하로 떨어지면 선물회사는 마진콜을 통보한다.

04 마진콜 통보 시 고객은 다음 날 (　　)시까지 추가증거금을 (　　)으로 납입해야 한다.

05 ○× 선물의 가격은 거래 당사자 간에 협의로 형성되지만, 선도의 가격은 시장에서 형성된다.

06 ○× 선물의 거래금액은 표준단위이지만, 선도의 거래금액에는 제한이 없다.

07 ○× 선물의 실물인수도 비율은 매우 낮지만, 선도는 대부분이 실물인수도이다.

08 (선물 / 선도)(은/는) 거래소에서 거래되지만, (선물 / 선도)(은/는) 거래되는 특정한 장소가 없다.

09 ○× KOSPI200 지수선물의 최종결제일은 최종거래일의 다음 거래일이며, 결제방법은 현금결제방식을 택하고 있다.

정답 **01** 증거금
02 70
03 유지증거금
04 12, 현금
05 × ▸선도의 가격은 거래 당사자 간에 협의로 형성되지만, 선물의 가격은 시장에서 형성된다.
06 × ▸선도의 거래금액은 표준단위이지만, 선물의 거래금액에는 제한이 없다.
07 ○
08 선물, 선도
09 ○

---

10 KOSPI200 계약금액은 KOSPI200 선물가격에 거래승수 (　　　)을 곱하여 산출한다.

11 스프레드가 확대될 것으로 예상하는 경우 (원월물 / 근월물)을 매수하고 (원월물 / 근월물)을 매도한다.

12 스프레드가 축소될 것으로 예상하는 경우 (원월물 / 근월물)을 매수하고 (원월물 / 근월물)을 매도한다.

13 베타를 조정할 때 매도 또는 매수해야 할 지수선물 계약 수는 다음과 같이 결정된다.

$$N = \{(\quad) - (\quad)\} \times \frac{\text{주식 포트폴리오의 현재가치}}{\text{주가지수선물 한 계약의 현재가치}}$$

14 지수선물 계약 수(N)가 음($-$)이면 (매수 / 매도) 포지션을 취해야 할 지수선물 계약 수를 의미하고, 지수선물 계약 수(N)가 양($+$)이면 (매수 / 매도) 포지션을 취해야 할 지수선물 계약 수를 의미한다.

15 채권운용자는 금리하락이 예상되면 듀레이션을 (감소 / 증가)시키기 위해 단기채권을 장기채권으로 대체함으로써 포트폴리오 또는 자산의 구성을 변화시킬 수 있다.

16 수익률곡선 스티프닝 전략은 장기물의 수익률 상승폭이 단기물의 수익률 상승폭보다 커서 수익률곡선이 스티프닝해 질 것으로 예상하는 경우 (단기물 / 장기물)을 매도하고 (단기물 / 장기물)을 매수한다.

17 수익률곡선 플래트닝 전략은 단기물의 수익률 상승폭이 장기물의 수익률 상승폭보다 커서 수익률곡선이 플래트닝해 질 것으로 예상하는 경우 (단기물 / 장기물)을 매도하고 (단기물 / 장기물)을 매수한다.

정답　**10** 25만원
　　　11 원월물, 근월물
　　　12 근월물, 원월물
　　　13 β_T, β_P ▸ β_T는 포트폴리오의 목표베타, β_P는 주식 포트폴리오의 시장 인덱스에 대한 베타이다.
　　　14 매도, 매수
　　　15 증가
　　　16 장기물, 단기물
　　　17 단기물, 장기물

18 ◻ ☒ 글로벌 투자 시 주식투자에서 환리스크 헤지비율이 채권투자에서 환리스크 헤지비율보다 상대적으로 높은 것이 일반적이다.

19 주가와 환율이 반대방향으로 움직이는 경우에는 주가와 환율 간의 공분산이 (양 / 음)이 되어 포트폴리오의 리스크가 (증가 / 감소)된다.

20 해외주식투자에 수반되는 환리스크를 헤지한 이후 원화가치가 지속적으로 상승한다면 (환차익 / 환차손)을, 원화가치가 하락한다면 (환차익 / 환차손)이 발생하게 된다.

21 기초자산을 매수할 수 있는 권리를 (콜옵션 / 풋옵션), 매도할 수 있는 권리를 (콜옵션 / 풋옵션)이라고 한다.

22 (미국형 / 유럽형) 옵션은 만기일 전에도 행사가 가능한 반면, (미국형 / 유럽형) 옵션은 만기일에만 행사가 가능하다.

23 주가가 강세일 것으로 예상하고 가격변동성도 증가할 것으로 예상하는 경우 (콜옵션 / 풋옵션)을 매수하는 전략이 바람직하다.

24 주가가 약세일 것으로 예상하고 가격변동성도 증가할 것으로 예상하는 경우 (콜옵션 / 풋옵션)을 매수하는 전략이 바람직하다.

25 강세 콜옵션 스프레드전략은 만기가 같은 콜옵션 중에서 행사가격이 낮은 콜옵션을 (매수 / 매도)하고, 행사가격이 높은 콜옵션을 (매수 / 매도)한다.

정답 **18** ☒ ▸ 글로벌 투자 시 주식투자에서 환리스크 헤지비율이 채권투자에서 환리스크 헤지비율보다 상대적으로 낮은 것이 일반적이다.
    19 음(−), 감소
    20 환차익, 환차손
    21 콜옵션, 풋옵션
    22 미국형, 유럽형
    23 콜옵션
    24 풋옵션
    25 매수, 매도

26 약세 콜옵션 스프레드전략은 만기가 같은 콜옵션 중에서 행사가격이 낮은 콜옵션을 (매수 / 매도)하고, 행사가격이 높은 콜옵션을 (매수 / 매도)한다.

27 ○× 강세 풋옵션 스프레드전략은 프리미엄이 낮은 풋옵션을 매수하고 프리미엄이 높은 풋옵션을 매도하므로 초기에 프리미엄 순수입이 발생한다.

28 ○× 약세 풋옵션 스프레드전략은 프리미엄이 낮은 풋옵션을 매도하고, 프리미엄이 높은 풋옵션을 매수하므로 초기에 프리미엄 순지출이 발생한다.

29 (양 / 음)의 델타는 기초자산 가격이 상승할 경우 이익이 발생함을 의미하고, (양 / 음)의 델타는 기초자산 가격이 하락할 경우 이익이 발생함을 의미한다.

30 쎄타는 시간가치감소를 측정하는 것으로, 콜옵션 또는 풋옵션의 매수는 (양 / 음)의 쎄타를 가지며 시간이 지남에 따라 가치가 소멸된다.

31 옵션포지션의 델타가 (양 / 음)이면 기초자산을 매도함으로써, 옵션포지션의 델타가 (양 / 음)이면 기초자산을 매수함으로써 델타중립으로 만든다.

32 ○× 버터플라이 매도는 주가가 당분간 안정적일 것으로 예상하지만 이익과 손실을 제한시키고자 하는 전략이다.

33 ○× 캡(Cap)이란 계약상의 최저금리 이하로 기준금리가 하락하면 캡 매도자가 캡 매수자에게 차액만큼 지급하기로 하는 계약이다.

정답 **26** 매도, 매수
27 ○
28 ○
29 양(+), 음(-)
30 음(-)
31 양(+), 음(-)
32 × ▸ 버터플라이 매수는 주가가 당분간 안정적일 것으로 예상하지만 이익과 손실을 제한시키고자 하는 전략이고, 버터플라이 매도는 주가의 변동성이 커질 가능성이 높지만 이익과 손실을 제한시키고자 하는 전략이다.
33 × ▸ 캡(Cap)이란 계약상의 최고금리 이상으로 기준금리가 상승하면 캡 매도자가 캡 매수자에게 차액만큼 지급하기로 하는 계약이고, 플로어(Floor)란 계약상의 최저금리 이하로 기준금리가 하락하면 플로어 매도자가 플로어 매수자에게 차액만큼을 지급하기로 하는 계약이다.

34 (콜옵션 / 풋옵션)을 매수하는 경우에는 환율의 하한선을 설정하는 효과를 가져오며, (콜옵션 / 풋옵션)을 매수하는 경우라면 환율의 상한선을 설정하는 효과를 가져온다.

35 ○× 콜옵션을 이용한 매수헤지는 최대손실을 일정한 범위 내에서 통제하는 환리스크 관리기법이라고 할 수 있다.

36 ○× 스왑을 할 때 교환하는 원금은 같은 자산이어야 한다.

37 변동금리와 고정금리에 따른 이자지급을 교환하는 이자스왑의 형태를 (베이시스 / 쿠폰)스왑이라 하고, 한 변동금리와 다른 변동금리에 따라 결정되는 이자지급을 교환하는 이자스왑의 형태를 (베이시스 / 쿠폰)스왑이라 한다.

38 ○× 자산스왑은 금융회사들이 고정금리자산을 변동금리자산으로 전환하기 위한 수단으로 활용하고 있다.

39 ○× 전형적인 통화스왑의 거래구조에서 원금교환 시 적용환율은 스왑계약 시점의 현물환율을 사용한다.

40 ○× 국내기업의 경우 외화(U$)표시 부채를 가지고 있을 때, 외화의 강세가 예상되고 자국통화의 금리하락이 예상되는 경우, 외국통화의 변동금리 지급자로 통화스왑을 하면 환위험을 회피하고 차입비용의 감소를 기대할 수 있다.

41 ○× 외화(U$)표시의 자산을 가지고 있는 국내 투자자가 외화의 약세가 예상되고 자국통화의 금리하락이 예상되는 경우, 원화의 변동금리 수취자로 통화스왑을 하면 환위험을 회피하고 투자수익의 감소를 예방할 수 있다.

42 투자자들이 옵션 스프레드 전략을 택하는 이유는 (   )가 없어 옵션 포지션의 장기보유가 가능하기 때문이다.

정답 **34** 풋옵션, 콜옵션

35 ○

36 × ▶ 스왑을 할 때 교환하는 원금은 같은 자산일 수도 있고, 다른 자산일 수도 있다.

37 쿠폰, 베이시스

38 ○

39 ○

40 × ▶ 국내기업의 경우 외화(U$)표시 부채를 가지고 있을 때, 외화의 강세가 예상되고 자국통화의 금리하락이 예상되는 경우, 자국통화의 변동금리 지급자로 통화스왑을 하면 환위험을 회피하고 차입비용의 감소를 기대할 수 있다.

41 × ▶ 외화(U$)표시의 자산을 가지고 있는 국내 투자자가 외화의 약세가 예상되고 자국통화의 금리하락이 예상되는 경우, 원화의 고정금리 수취자로 통화스왑을 하면 환위험을 회피하고 투자수익의 감소를 예방할 수 있다.

42 시간가치소멸효과

43 (   )은 기준금리의 움직임과 반대방향으로 이자지급 조정이 이루어지는 채권을 의미한다.

44 (   )은 장단기 금리 스프레드에 의해 이표가 결정되는 채권이다.

45 [O][X] 레인지채권은 발행채권의 기준금리가 사전에 정한 범위 안에 머무르면 낮은 이자를 지급하고, 범위를 벗어나면 높은 이자를 지급하는 것이다.

46 [O][X] 레인지 선물환은 콜옵션과 풋옵션의 행사가격이 상이한 구조로 설계된다.

47 [O][X] 목표 선물환은 일반 선물환가격 대비 가격 개선효과는 큰 편이지만 환율이 큰 폭으로 상승할 경우 시장 환율에 비해 낮은 가격으로 두 배에 해당하는 거래를 이행해야 하는 리스크를 부담하게 된다.

정답 **43** 역변동금리채권
44 이중변동금리채권
45 X ▶레인지채권은 발행채권의 기준금리가 사전에 정한 범위 안에 머무르면 높은 이자를 지급하고, 범위를 벗어나면 낮은 이자를 지급하는 것이다.
46 O
47 O

핵심포인트 O/X 퀴즈

제5장 금융상품 투자설계 프로세스(12문항 대비)

01 일반적으로 산술평균은 기하평균보다 (낮다 / 높다).

02 투자 포트폴리오의 수익률은 개별 자산의 보유기간별 수익률에 총 포트폴리오에서 차지하는 개별 자산의 비율을 곱하여 가중하여 합한 값인 (   )을 사용한다.

03 (   )이란 어떤 사건이 발생할 확률에 그 사건이 발생할 경우의 수익률을 곱한 기댓값으로 산출한다.

04 (   )는 각 상황별 수익률이 기대수익률의 평균에서 벗어난 편차를 제곱한 값들의 기댓값의 제곱근으로 정의된다.

05 (   )은 미래의 확률변수가 주어져 있다면 각 상황별 자산의 수익률과 해당 자산의 수익률 평균과의 차이를 확률 값에 곱하여 이를 전체 합산하여 구한다.

06 A, B 두 자산의 상관계수는 두 자산의 공분산을 각 자산의 수익률의 (   )로 나누어 계산할 수 있다.

07 ⃞○⃞× 상관계수는 0에서 +1의 범위를 가진다.

08 두 자산의 상관계수가 (   )인 경우는 두 개의 자산이 아무런 관계가 없다는 뜻이다.

09 두 자산의 상관계수가 (   )보다 작은 경우라면 투자 포트폴리오를 구성하여 투자위험을 줄일 수 있다.

정답 **01** 높다 ▶산술평균은 각 기간별 수익률을 단순 평균한 것으로, 복리계산을 무시하기 때문에 일반적으로 산술평균은 기하평균보다 높다.
02 가중평균수익률
03 기대수익률
04 표준편차
05 공분산
06 표준편차
07 × ▶상관계수는 −1에서 +1의 범위를 가진다.
08 0
09 1

10 ○× 고객의 위험에 대한 감내도는 지속적으로 변한다.

11 ○× 동일한 무차별곡선상에 있는 모든 기대수익과 위험의 조합은 투자자에게 동일한 만족을 준다.

12 ○× 위험회피자는 모두 동일한 무차별곡선을 갖는다.

13 ( )란 위험이 동일한 투자대상들 중에는 기대수익이 높은 것을 선택하고, 기대수익이 동일한 투자대상들 중에는 위험이 가장 작은 것을 선택하는 것을 말한다.

14 분산투자를 하면 개별 자산의 기대수익률은 포트폴리오 수익률에 그대로 반영되는 반면, 위험은 개별 자산의 가중평균보다 (커진다 / 작아진다).

15 ○× 효율적 프런티어의 아래에 위치한 포트폴리오들은 효율적 프런티어에 의해 지배되므로 선택할 수 없다.

16 ○× 효율적 프런티어와 무차별곡선이 접하는 점에서 투자자의 효용이 최대가 된다.

17 무위험자산이 포함될 때의 투자기회선을 ( )이라고 한다.

18 ○× 투자자의 위험회피성향과 상관없이 자본배분선의 기울기가 일정하다는 것은 위험자산과 무위험자산의 투자비중을 어떻게 변경하든지 위험 한 단위에 대한 보상은 항상 일정하다는 의미이다.

정답 **10** ○

11 ○

12 × ▸ 투자자들이 위험을 싫어하는 정도에 따라 위험에 대해 요구하는 보상의 정도가 달라지기 때문에 위험회피자라고 해서 모두 동일한 무차별곡선을 갖는 것은 아니다.

13 지배원리

14 작아진다

15 ○

16 ○

17 자본배분선(CAL)

18 ○

---

19 자본배분선의 기울기가 (작을수록 / 클수록) 더 좋은 투자안이라고 할 수 있다.

20 ○× 포트폴리오의 체계적 위험을 통제하고자 하는 경우 베타는 상관없으며 주식 수를 조정해야 한다.

21 ○× 기업고유위험은 포트폴리오에 포함된 주식 수를 충분히 늘림으로써 사실상 제거할 수 있다.

22 ( )은 시장 포트폴리오를 위험자산으로 사용한 자본배분선을 말한다.

23 ○× 자본시장선은 비효율적인 포트폴리오나 개별 자산까지 포함한 모든 투자자산의 기대수익률과 위험과의 관계를 설명할 수 있다.

24 ○× 자본자산가격결정모형(CAPM)이 성립하는 경우 시장균형 상태에서 모든 증권은 SML상에 위치해야 한다.

25 시장균형 하에서 완전히 분산된 시장 포트폴리오에 투자함으로써 얻게 되는 최적 포트폴리오는 (CML / SML) 상에 표시되며, 이러한 시장 포트폴리오를 편입한 최적 포트폴리오는 (체계적 / 비체계적) 위험이 완전히 제거되고 (체계적 / 비체계적) 위험만 남아 CML과 SML이 동일하다.

26 ( )란 동일한 자산이 서로 다른 가격으로 거래될 경우 싼 것을 매입하고 비싼 것을 공매함으로써 투자자금과 위험부담 없이 수익을 얻는 것을 말한다.

27 ○× CAPM과 APT는 상호 배타적인 모형이다.

정답 **19** 클수록

20 × ▸ 포트폴리오의 체계적 위험을 통제하고자 하는 경우 주식 수는 상관이 없으며, 베타를 조정해야 한다.

21 ○

22 자본시장선

23 × ▸ 자본시장선은 비효율적 포트폴리오나 개별 자산의 기대수익률과 위험과의 관계는 설명하지 못하지만 증권시장선은 비효율적인 포트폴리오나 개별 자산까지 포함한 모든 투자자산의 기대수익률과 위험과의 관계를 설명할 수 있다.

24 ○

25 CML, 비체계적, 체계적

26 차익거래

27 × ▸ 자본자산가격결정모형(CAPM)과 차익거래가격결정이론(APT)은 상호 배타적인 모형이 아니다. CAPM은 설명 요인이 하나인 모형이고, APT는 설명 요인이 다수인 모형이라는 점에서는 차이가 있지만, 자산의 기대수익률은 공통요인에 대한 체계적 위험과 선형관계를 갖는다는 점에서 동일한 결론에 도달한다.

28 ☐○ ×☐ 시장예측전략과 증권선택전략은 적극적 전략에 해당한다.

29 ☐○ ×☐ 제2사분면을 선택한 투자자는 시장예측을 통해 선제적으로 자산을 재배분하거나 적절한 매수·매도시점을 선택하는 데는 성공할 수 있지만, 우월한 증권을 통해 지속적으로 초과수익을 얻는 것은 어렵다고 생각한다.

30 제(   )사분면 투자관은 단기적으로 어떤 자산군이 가장 좋은 수익률을 줄지는 알 수 없지만, 각 자산군 내에서 가장 좋은 수익을 줄 수 있는 우수한 증권은 선택할 수 있다고 믿는다.

31 (전략적 / 전술적) 자산배분은 고객의 재무목표를 달성하기 위해 이루어진 장기적 관점에서의 최적 자산배분을 말한다.

32 (전략적 / 전술적) 자산배분은 시장의 변화를 예측하여 사전적으로 자산구성을 변동시켜 나간다는 점에서 시장예측 전략과 유사한 점이 있다.

33 (   )방법은 일정한 기간 단위로 정해진 금액을 계속적으로 투자하는 방법을 말한다.

34 ☐○ ×☐ 정액분할투자법은 전략적 및 전술적 자산배분의 실행상 문제점을 보완해주는 전략이다.

35 정액분할투자법은 자산의 평균매입단가를 (낮추는 / 높이는) 효과가 있다.

36 ☐○ ×☐ 정액분할투자법은 소액으로도 투자가 가능하여 목돈이 필요하지 않다.

정답	
28	○
29	× ▶ 제3사분면 투자관에 대한 설명이다.
30	2
31	전략적
32	전술적
33	정액분할투자
34	○
35	낮추는
36	○

37 ○× 정액분할투자법은 자산가격의 적정성에 대한 기준을 제공한다.

38 ○× 벤치마크는 투자설계의 이후 단계에서 사용된다.

39 ○× 내부수익률법은 시간 가중 수익률이 된다.

40 (금액 가중 / 시간 가중) 수익률은 현금의 유출입이 매일 발생하는 펀드 등 간접투자상품에 적용되는 가장 정확한 수익률 계산방법이다.

41 ○× 샤프지수는 동일한 운용기간을 대상으로 비교해야 한다.

42 (샤프 / 트레이너)지수는 체계적 위험인 베타 1단위를 부담할 때 초과수익이 얼마인지 구하는 지표이다.

43 (   )는 투자 포트폴리오의 수익률이 균형 상태에서의 수익률보다 얼마나 높은지를 나타내는 지표이다.

정답 **37** × ▶ 정액분할투자법은 자산가격의 적정성에 대한 기준을 제공하지 않는다.
38 × ▶ 벤치마크는 투자설계의 전 단계에서 사용된다.
39 × ▶ 투자기간 중 현금유입에서 현금유출을 차감한 순현금흐름을 할인하여 0으로 만드는 내부수익률이 금액 가중 수익률이 된다.
40 시간 가중
41 ○
42 트레이너
43 젠센의 알파

비금융자산 투자설계

제1장 부동산 상담 사전 준비(9문항 대비)

01 ○× 민법 제99조에서 부동산은 '토지 및 그 정착물'로 정의한다.

02 ○× 준부동산은 감정평가의 대상이 되며, 저당권의 목적이 될 수 있다.

03 ○× 부동산은 점유를 통해 공시의 효과를 가지나, 동산은 등기를 통해 공시의 효과를 가진다.

04 ○× 부동산은 용익물권 모두 설정할 수 있다.

05 ○× 부동산은 선의취득에 한해 공신력이 인정된다.

06 토지의 자연적 특성 중 (   )으로 인해 토지는 다른 토지로 대체될 수 없다는 비대체성을 갖게 된다.

07 지목의 설정원칙 중 (   )은 1필지에서 토지의 일부가 주된 사용목적과 다른 용도로 사용되거나 주된 사용목적과 종속관계에 있을 때에는 주된 사용목적에 따른 지목을 설정해야 한다는 원칙이다.

정답 **01** ○
02 ○
03 × ▸ 부동산은 등기, 동산은 점유를 통해 공시의 효과를 가진다.
04 ○
05 × ▸ 부동산은 공신력이 인정되지 않는 반면, 동산은 선의취득에 한해 공신력이 인정된다.
06 개별성
07 주지목 추종의 원칙

08 지목의 종류 중 (　　　)은 물을 상시적으로 이용하지 아니하고 곡물·원예작물·약초 등의 식물을 주로 재배하는 토지와 식용을 위해 죽순을 재배하는 토지를 말한다.

09 지목의 종류 중 (　　　)은 물을 상시적으로 직접 이용하여 벼·연·미나리 등의 식물을 주로 재배하는 토지를 말한다.

10 용도지역은 (　　　), (　　　), (　　　), (　　　)으로 크게 나뉜다.

11 ○× 용도지역은 토지의 이용, 건축물의 용도, 건폐율, 용적률, 높이 등을 제한한다.

12 도시지역 내 주거지역 중 (　　　)은 주거기능을 위주로 이를 지원하는 일부 상업기능 및 업무기능을 보완하기 위해 필요한 지역을 말한다.

13 다가구주택은 주택으로 쓰는 층수가 (　　　) 이하여야 한다.

14 ○× 오피스텔은 준주택에 포함한다.

15 (　　　)는 인위적·자연적·행정적 조건에 따라 가격수준이 비슷한 토지로, 경제적·부동산학적 단위개념이다.

16 ○× 재축은 기존 건축물이 있는 대지에서 건축물의 건축면적, 연면적, 층수 또는 높이를 늘리는 것을 말한다.

정답 **08** 전
　　09 답
　　10 도시지역, 관리지역, 농림지역, 자연환경보전지역
　　11 ○
　　12 준주거지역
　　13 3개층
　　14 ○
　　15 획 지
　　16 × ▸증축에 대한 설명이다. 재축이란 건축물이 천재지변이나 그 밖의 재해로 멸실된 경우 그 대지에 종전과 같은 규모의 범위에서 다시 축조하는 것을 말한다.

17 ( )은 대지면적에 대한 건축물의 연면적 비율로 주로 건축물의 높이 및 층 규모를 규제하기 위한 수단으로 사용된다.

18 [O][X] DSR은 담보대출의 가치인정 비율을 의미하며, 담보인정비율이라고 한다.

19 ( )는 시장·군수·구청장이 매년 결정·공시하는 개별토지의 단위면적당 가격으로, 토지 관련 국세 등의 세금과 각종 부담금 부과를 위한 지가산정에 활용된다.

20 [O][X] 등기사항증명서 갑구에는 압류, 가압류, 경매신청, 가등기 등의 사항이 기재된다.

21 ( )는 용도지역·지구·지역, 도시·군계획시설, 지구단위계획구역, 개발행위제한, 건축행위제한, 군사시설, 농지, 산림, 자연공원, 토지거래 등 각각의 사항에 대한 해당 여부 및 관련 법규명이 기재되어 있다.

22 [O][X] 주택임대차보호법에서 상가, 공장 등을 주거용으로 용도 변경한 경우에는 주거용으로 인정되지 않는다.

23 [O][X] 주택임대차보호법상 주택의 인도와 전입신고만 있으면 등기가 없더라도 그 다음 날부터 대항력이 발생한다.

24 임차인은 계약갱신청구권을 ( ) 행사할 수 있으며, 갱신되는 임대차 존속기간은 ( )으로 본다.

25 주택임대차보호법상 계약 갱신 시 증액은 ( ) 이내로 한다.

정답 **17** 용적률
18 X ▸LTV(Loan To Value)에 대한 설명이다. DSR(Dept Service Ratio)은 총부채원리금상환비율로 대출자의 소득 대비 전체 금융부채의 원리금 상환액 비율을 의미한다.
19 개별공시지가
20 O
21 토지이용계획확인서
22 X ▸상가, 공장 등을 주거용으로 용도 변경한 경우 주거용으로 인정된다.
23 O
24 1회, 2년
25 5%

26 ☐○☐× 상가건물임대차보호법상 대항력이 성립하려면 임차인이 임차 대상 건물을 인도받아 점유해야 하고, 상가건물을 주소지로 하는 사업자등록을 구비해야 한다.

27 주택은 임대차 존속기간이 (　　　)인 데 반해, 상가는 (　　　)이다.

28 ☐○☐× 상가건물임대차보호법상 최우선변제권을 인정받기 위해서는 대항력만 있으면 된다.

29 ☐○☐× 주택임대차보호법과 상가건물임대차보호법 모두 최우선적으로 보호되는 소액임차보증금액의 합계액이 경매 낙찰대금의 2분의 1을 초과할 수 없도록 규정하고 있다.

30 부동산거래신고에 관한 법률상 거래당사자는 부동산 등의 매매계약을 체결한 경우 거래계약체결일로부터 (　　　) 이내에 그 실제 매매가격 등을 부동산 소재지의 관할 시장·군수·구청장에게 공동으로 신고해야 한다.

정답　**26** ○

27 2년, 1년

28 × ▸최우선변제권을 인정받기 위해서는 대항력을 갖춰야 하고, 보증금이 지역별 소액임차보증금 이하여야 한다.

29 ○

30 30일

제2장 부동산시장 및 정책분석(9문항 대비)

01 ○× 금리 상승 시 예금금리 상승으로 인해 시장의 유동성이 금융부문에 흡수됨에 따라 부동산시장이 침체된다.

02 ○× 주택시장에서 구매력을 분석할 때에는 PIR지수보다 구매력지수(PPP)가 더 자주 사용된다.

03 ○× 주택보급률을 계산할 때 국지성을 적용하면 전국적인 통계 산정은 큰 의미가 없다.

04 부동산 투자의 목적 중 하나는 (   ) 헤지이다.

05 ○× 매매가격 대비 전세가격이 상승할 경우 매수로 전환하는 수요가 나타나는 것이 일반적이다.

06 해외 부동산은 취득 후 (   ) 이내에 지정거래외국환은행에 취득보고서를 제출해야 한다.

07 ○× 해외 부동산 투자에서 신고 대상 부동산은 주거 이외의 목적 부동산과 거주자 또는 거주자의 배우자가 해외에서 3년 이상 체재할 목적의 주거용 주택이다.

08 ○× 투자자가 해외 부동산에 투자하는 경우에는 송금액이 1억원 이하여야 한다.

09 ○× 우리나라는 2018년을 정점으로 인구가 감소하면서 주택시장의 수요 감소로 인한 주택시장의 가격 하락을 예상하였지만 주택시장의 수요 감소는 실제로 나타나지 않았다.

정답
01 ○
02 × ▸주택시장에서 구매력을 분석할 때에는 구매력지수(PPP)보다 PIR지수가 더 자주 사용된다.
03 ○
04 인플레이션
05 ○
06 3개월
07 × ▸해외에서 2년 이상 체재할 목적의 주거용 주택이다.
08 × ▸실수요자뿐만 아니라 국내 거주자가 해외에 투자하는 투자금액·송금액 제한이 폐지되었다.
09 ○

10 ○× 인구구조 변화로 인해 중소형주택의 선호 추세가 강화된 것으로 전망된다.

11 부동산정책의 필요성 중 (   )은 부동산은 복지사회건설을 위한 유효자원이며, 형평성 도모를 위해 공적 개입을 통해 조정되어 가야 한다는 논리이다.

12 ○× 대출의 한도와 금액, 대출자격을 직접 제한하는 것은 금리보다 간적접으로 부동산시장에 영향을 주는 정책이다.

13 ○× 김영삼 정부는 1993년 금융기관 거래 시 본인의 실명으로 거래해야 하는 제도인 (   )를 시행하였다.

14 ○× 김대중 정부는 주택건설촉진법상 분양권 전매제한제도를 폐지하였다.

15 ○× 노무현 정부는 종합부동산세를 신설하고, 다주택자 대상 양도세를 감면하였다.

16 ○× 노무현 정부는 매매계약체결일로부터 3개월 이내에 시·군·구청에 실거래가를 신고하는 실거래가 제도를 시행하였다.

17 ○× 노무현 정부는 공동주택의 수직증축 리모델링을 허용하고, 주택바우처를 도입하였다.

18 ○× 이명박 정부는 보금자리주택과 도시형생활주택 관련 정책을 도입하였다.

정답 10 ○
11 최유효이용론
12 × ▸ 대출정책이 금리보다 직접적으로 부동산시장에 영향을 준다.
13 금융실명제
14 ○
15 × ▸ 노무현 정부는 다주택자 대상 양도세를 중과하였다.
16 × ▸ 노무현 정부는 매매계약체결일로부터 30일 이내에 시·군·구청에 실거래가를 신고하는 실거래가 제도를 시행하였다.
17 × ▸ 박근혜 정부의 부동산정책에 해당한다.
18 ○

19 ⃞ᵒ ⃞ˣ 이명박 정부는 주택담보대출 리스크 강화 방안으로 수도권 전 지역에 LTV를 강화하였다.

20 ⃞ᵒ ⃞ˣ 이명박 정부는 주택거래 촉진을 위해 미분양주택 양도세를 감면하였다.

21 ⃞ᵒ ⃞ˣ 문재인 정부는 하우스푸어 및 렌트푸어 지원방안을 발표하였다.

22 ⃞ᵒ ⃞ˣ 문재인 정부는 주택담보대출규제를 강화하고, 3기 신도시 정책을 실시하였다.

23 2018년 3월 국토교통부는 재건축 안전진단 기준 강화를 발표하였는데, 변경된 구조안정성 비율은 (　　　)이다.

24 투기과열지구 내 재건축 조합원 지위양도 금지 예외 사항으로는 해당 주택을 (　　) 이상 보유하고 (　　) 이상 거주한 1주택자라면 조합원 지위양도 제한 시점과 무관하게 언제든지 조합원 지위양도가 가능하다.

25 ⃞ᵒ ⃞ˣ 문재인 정부는 2017.8.2. 부동산대책에서 투기과열지구 내 재건축 조합원 지위양도 제한을 강화하였다.

26 ⃞ᵒ ⃞ˣ 윤석열 정부는 2023년부터 주택분 종합부동산세 기본공제 금액을 6억원에서 9억원(1세대 1주택자는 11억원에서 12억원)으로 상향 조정하였다.

27 ⃞ᵒ ⃞ˣ 윤석열 정부는 일시적 2주택 양도세 및 종부세 특례 처분기한을 4년으로 연장하였다.

정답 **19** ○ ▸LTV 담보비율을 60% 이내에서 50% 이내로 변경하였다.
20 ○
21 ✕ ▸박근혜 정부는 하우스푸어 및 렌트푸어 지원방안을 발표하였다.
22 ○
23 50% ▸구조안정성 비율은 윤석열 정부의 재건축 안전진단 합리화 방안(22.12.8)에서 30%로 하향되었다.
24 10년, 5년
25 ○
26 ○
27 ✕ ▸윤석열 정부는 일시적 2주택 양도세 및 종부세 특례 처분기한을 3년으로 연장하였다.

28 ⊙☒ 윤석열 정부는 종부세 개편에서 과세표준 12억원 이하 및 조정대상지역 2주택에 대한 중과세율을 폐지하였다.

29 국토부 등 정부 발표자료에는 (　　　), (　　　), (　　　), (　　　) 등이 있다.

30 (　　　)은 종전 거래사례 금액을 파악함으로써 현재 매매가격이 종전 거래가격에 비해 어떤 수준인지 파악할 수 있게 한다.

31 (　　　)은 시장동향을 나타내는 중요한 지표이다.

32 (　　　)의 주택시장에 대한 영향력은 전국을 대상으로 한 획일적인 해석보다는, 해당지역별 수급동향을 중심으로 하여 세분화된 분석과 대응이 필요하다.

정답　**28** ○
　　　29 실거래가격, 주택거래량, 미분양주택, 지가변동률
　　　30 실거래가격
　　　31 주택거래량
　　　32 미분양주택

제3장 부동산 투자전략(9문항 대비)

01 ◯✕ 부동산 투자는 다른 투자수단에 비해 투자기간이 비교적 장기이다.

02 ◯✕ 부동산 투자는 일반적인 투자수단에 비해 비교적 적은 자본을 필요로 한다.

03 부동산 투자는 투자차익인 (   )과 정기적인 현금흐름인 (   )을 기대할 수 있다.

04 ◯✕ 부동산 투자는 여러 투자대상 중에서 안전성과 수익성이 비교적 낮다.

05 ◯✕ 부동산은 매도를 원하는 시기에 적합한 매수자를 찾기 어려워 즉시 현금화가 어려운 단점이 있다.

06 투자에 따라 기대되는 예상수익률을 (   ) 또는 (   )이라고 한다.

07 (   )은 투자가 이루어진 후에 현실적으로 달성된 수익률을 말한다.

08 ◯✕ 기대수익률 ≥ 요구수익률일 경우 투자기각이 결정된다.

09 (   )이란 총자본에 대한 부채의 비율이다.

10 ◯✕ 기대수익률보다 대출이자율이 높으면 자기자본 대비 투자수익률이 낮아진다.

정답
01 ◯
02 ✕ ▸부동산 투자는 일반적인 투자수단에 비해 비교적 많은 자본을 필요로 한다.
03 자본이득, 임대수익
04 ✕ ▸안전성과 수익성이 비교적 높다.
05 ◯
06 기대수익률, 내부적 수익률
07 실현수익률
08 ✕ ▸기대수익률 ≥ 요구수익률일 경우 투자채택이 결정된다.
09 레버리지 비율
10 ◯

11 ( )(은/는) 대상 부동산에 대한 과거의 값이지만, ( )(은/는) 현재의 값이다.

12 부동산 가치평가방식에는 ( ), ( ), ( ) 세 가지 방식이 있다.

13 ○× 원가방식은 수요와 공급을 반영할 수 있다는 장점이 있다.

14 ○× 수익방식에는 부동산의 가격을 구하는 수익환원법과 임료를 구하는 수익분석법이 있다.

15 ( )이란 미래에 일정금액을 만들기 위해 매 기간 납입해야 할 금액을 말한다.

16 미래가치를 현재가치로 전환할 때 사용하는 이자율을 ( )이라고 한다.

17 연금의 미래가치는 연금에 연금의 ( )를 곱하여 계산한다.

18 ○× 투자안들이 상호배타적인 경우, 순현가법에 따르면 순현가 ≥ 0의 투자안 중 순현가가 가장 큰 투자안을, 내부수익률법에 따르면 내부수익률 ≥ 요구수익률의 투자안 중 내부수익률이 가장 큰 투자안을 선택한다.

19 (순현가법 / 내부수익률법)은 현금유출의 현가와 미래 현금유입의 현가를 동일하게 만드는 할인율이다.

20 순현가법은 할인율로 ( )수익률을 사용하고, 내부수익률법은 할인율로 ( )수익률을 사용한다.

21 ○× 포트폴리오 이론은 장기시장보다는 단기시장에 적합하므로 부동산시장에 적합하다.

정답 **11** 가격, 가치
    12 원가방식, 비교방식, 수익방식
    13 × ▸원가방식은 수요와 공급을 반영하지 못한다는 한계가 있다.
    14 ○
    15 감채기금
    16 할인율
    17 내가계수
    18 ○
    19 내부수익률법
    20 요구, 내부
    21 × ▸포트폴리오 이론은 단기시장에 적합한 이론으로, 비교적 장기시장인 부동산시장에 적용하기에는 한계가 있다.

22 (체계적 위험 / 비체계적 위험)이란 인플레이션 심화, 경기변동, 이자율의 변동 같은 시장위험으로 어느 누구도 피할 수 없는 위험이다.

23 부동산은 (　　　　　)으로 인해 다른 부동산과 가격, 소득 등을 직접 비교하기 곤란하다.

24 ○× 주택청약종합저축의 경우 매월 50만원까지 납입할 수 있지만, 국민주택에 청약하는 경우에는 월납입액을 20만원까지만 인정한다.

25 청약예금(부금)에 가입하면 (　　　)주택에만 청약할 수 있으며, 청약저축에 가입하는 경우에는 (　　　)주택에만 청약할 수 있다.

26 투기과열지구 및 조정대상지역의 1순위 자격을 취득하기 위해서는 청약통장 가입 후 (　　　)이 경과해야 하고 납입횟수 (　　　)를 충족해야 한다.

27 (　　　　　)란 무주택기간, 부양가족 수, 청약통장 가입기간에 따라 가중치를 부여하여 종합점수를 산정함으로써, 동일 순위 내의 경쟁자들 간의 순서를 결정하여 청약당첨자를 결정하는 제도이다.

28 (주택재개발사업 / 주택재건축사업)은 정비기반시설은 양호하나 노후불량건축물이 밀집한 지역에서 주거환경개선을 위해 시행하는 사업이다.

29 ○× 도시형생활주택은 일반 주택에 비해 주차장 설치 기준이 높다.

30 ○× 전원주택은 환금성이 낮으므로 투자대상보다는 실수요자 중심의 접근이 필요하다.

정답 **22** 체계적 위험
　　23 비대체성
　　24 × ▸국민주택을 청약하는 경우에는 월납입액을 10만원까지만 인정한다.
　　25 민영, 국민
　　26 2년, 24회
　　27 청약가점제
　　28 주택재건축사업
　　29 × ▸도시형생활주택은 일반 주택에 비해 주차장 설치 기준이 낮다.
　　30 ○

---

31 (   )(은/는) 2012년 주택법 개정으로 준주택으로 분류되어, 주택임대사업자로의 등록이 가능하다.

32 농업인은 농업경영을 통한 농산물의 연간 판매액이 (   ) 이상인 자를 말한다.

33 (   )(은/는) 녹지, 농림, 자연환경보전지역에서 자연환경이나 농지 및 산림을 보전하고 무분별한 난개발을 방지하기 위한 것이다.

34 ○× 토지에 대한 저당권을 설정할 때에는 토지거래허가를 받지 않는다.

35 ○× 건물의 소유권 이전계약을 할 때에는 토지거래허가를 받지 않는다.

36 ○× 경매에는 국세 우선의 원칙이 적용되고, 공매에는 채권자 평등원칙이 적용된다.

37 (재경매 / 신경매)란 입찰을 실시했지만 낙찰자가 결정되지 않아 다시 기일을 지정하여 실시하는 경매이다.

38 낙찰자가 대금을 완납하였음에도 채무자가 낙찰부동산을 임의로 인도하지 않는 경우 낙찰자가 인도명령을 신청할 수 있는 기간은 대금완납 후 (   ) 이내이다.

39 경매는 1회 유찰 시마다 다음 회차 진행 시 감정평가액의 (   )씩 낮게 조정된다.

40 (   )이란 금융권의 무수익여신, 미회수채권, 부실채권을 말한다.

정답 31 오피스텔
      32 120만원
      33 연접개발제한제도
      34 ○
      35 ○
      36 × ▸ 경매에는 채권자 평등원칙이, 공매에는 국세 우선의 원칙이 적용된다.
      37 신경매
      38 6개월
      39 20%
      40 NPL

제**4**장 　부동산 자산관리 전략(3문항 대비)

01 ⊙⊠ 적극적 의미의 자산관리는 전체자산의 운영과 총괄적인 포트폴리오를 포함한 전문적이고 종합적인 자산관리이다.

02 ⊙⊠ 부동산시장은 부동산 수요자 중심에서 공급자 중심으로 변화되었다.

03 부동산 자산관리는 크게 부동산 ( ), 부동산 ( ), 부동산 ( )로 구분된다.

04 직접관리방식은 ( ) 관리방식이며, 위탁관리방식은 ( ) 관리방식이다.

05 ( )방식은 과도기적 관리방식으로 대형 · 고층건물에 적합하다.

06 ⊙⊠ 임대수익률을 증대하기 위한 임대관리 전략으로서, 임차인 선정 시 공실관리 측면에서 대규모 임차업체 위주로만 구성하는 것이 바람직하다.

07 ⊙⊠ 부동산금융은 주택금융과는 다르게 모기지 기능이 있다.

08 ⊙⊠ 주택금융은 단기의 저리대출을 전제조건으로 한다.

09 ⊙⊠ 주택금융은 채무불이행의 위험이 크다.

10 ⊙⊠ 부동산 직접투자의 경우 취득세와 양도소득세의 감면 등 세제혜택이 있다.

정답	01	○

정답
01 ○
02 ✕ ▸부동산시장은 부동산 공급자 중심에서 수요자 중심으로 변화되었다.
03 자산관리, 재산관리, 시설관리
04 전통적, 현대적
05 혼합관리
06 ✕ ▸공실관리를 위해 업체의 신용 및 규모를 대 · 중 · 소의 비율로 5:3:2 정도로 혼합하면 안정적으로 유치가 가능하다.
07 ○
08 ✕ ▸주택금융은 장기의 저리대출을 전제조건으로 한다.
09 ○
10 ✕ ▸부동산의 간접투자의 경우 취득세와 양도소득세의 감면 등 세제혜택이 있다.

11 ⃞○⃞× 부동산 간접투자는 소액으로 안정적이고 검증된 대형 부동산 투자가 가능하다.

12 ⃞○⃞× 부동산펀드는 부동산 관련 증권에는 투자할 수 있지만 파생상품에는 투자가 불가능하다.

13 ⃞○⃞× 자기관리형 리츠는 상법상 주식회사형태로 상근임직원을 두어야 한다.

14 ⃞○⃞× 구조조정형 리츠는 한시적인 Paper Company를 만들어 활용한다.

15 ⃞○⃞× 국내 리츠는 미국 리츠처럼 개발사업이나 단기매매 등의 제한이 없으며, 법인세가 면제된다.

16 ⃞○⃞× 부동산개발금융(PF)은 부동산개발사업주체의 신용이나 일반재산이 대출 채무의 담보가 된다.

17 (   )(은/는) 건축자금이나 전문지식이 없는 부동산 소유자가 부동산의 소유권을 부동산신탁회사에 이전하고 부동산신탁회사는 소유자의 의견에 자사의 자금과 지식을 결합하여 신탁재산을 효과적으로 개발하여 이익을 올려주는 사업이다.

18 (   )(은/는) 저축은행과 캐피탈사를 통해 단기적으로 대출을 받고 인허가 후 은행권의 대출을 받아 상환하는 대출이다.

19 PFV를 설립하기 위해서는 설립자본금 (   ) 이상, 금융기관의 참여지분이 (   ) 이상 되어야 한다.

20 ⃞○⃞× 부동산개발금융(PF)은 프로젝트 수행에서 금융기관의 관여가 상대적으로 강화되고, 시행사의 결정권한은 약화된다.

정답 **11** ○
12 × ▸부동산펀드는 부동산을 기초자산으로 한 파생상품에 투자할 수 있다.
13 ○
14 ○
15 × ▸국내 리츠는 개발사업이나 단기매매 등을 제한하며, 법인세 면제혜택이 없다는 점에서 미국 리츠와 차이가 있다.
16 × ▸부동산개발금융(PF)은 프로젝트의 사업성 자체가 대출 채무의 담보가 된다.
17 토지(개발)신탁
18 PF브리지론
19 50억원, 5%
20 ○

배우기만 하고 생각하지 않으면 얻는 것이 없고,

생각만 하고 배우지 않으면 위태롭다.

– 공자 –

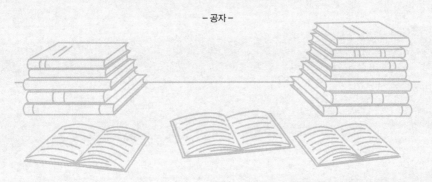

최신출제동형
100문항

문항 및 시험시간

평가영역	문항 수	시험시간	비 고
자산관리사(FP) 2부	100문항	100분	

※ 이 자료는 저작권법에 의해 보호를 받는 저작물이므로 동영상 제작 및 무단전재와 복제를 금합니다.

최신출제동형 100문항

제1과목 금융자산 투자설계(70문항)

01 다음 중 표지어음에 대한 설명으로 옳지 않은 것은?
★★☆

① 표지어음은 은행, 종합금융회사, 상호저축은행 등에서 취급하며 가입대상 및 최고 예치한도의 제한은 없다.

② 표지어음의 최저 가입금액은 통상 5백만원 또는 1천만원 이상이다.

③ 표지어음의 발행기간은 60일 이상으로 하되 원어음의 최장 만기일을 초과하여 발행할 수는 없다.

④ 표지어음은 중도해지는 불가능하지만 어음의 특성상 배서에 의한 양도는 가능하다.

⑤ 표지어음은 예금자보호법에 의해 보호된다.

02 다음 중 농어가목돈마련저축에 대한 설명으로 옳지 않은 것은?
★★☆

① 가입대상은 일반 및 저소득 농어민으로 구분된다.

② 농어민의 생활안정과 재산형성을 지원하기 위해 도입된 특별우대 비과세 저축으로, 지역농협이나 지구별·업종별 수협에서 취급하는 3년 이상의 장기저축상품이다.

③ 가입 직전 3개 과세기간 중 2회 이상 금융소득종합과세자에 해당하는 경우에는 이자소득에 대하여 과세된다.

④ 가입기간 중 일반중도해지 시에는 이자소득에 대하여 과세된다.

⑤ 농어촌의 계절적인 자금사정을 고려하여 분기 또는 반년 납부도 가능하며, 납입한도 범위 내에서 여러 구좌로 나누어 가입할 수 있다.

03 다음 중 목돈운용을 위한 거치식 상품에 대한 설명으로 옳지 않은 것은?
★★☆

① 거치식 예금은 중도에 자금이 필요한 경우에는 중도 해지가 되지 않거나 매우 낮은 중도 해지 이율을 적용받을 수 있다.

② 통상 만기 후 이자는 당초 약정이자의 1/2 수준 이하에서 결정되므로 가급적 만기일에 해지하여 원리금을 수령한 후 다시 재예치하는 것이 유리하다.

③ 정기예탁금은 비과세종합저축과 별도로 조합원에 대해 1인당 5천만원 한도 내에서 별도의 세금 혜택을 부여한다.

④ 양도성예금증서를 실물로 발행하는 경우에는 증서인도만으로 양도가 가능하여 양도가 자유롭지만 분실 또는 도난을 당한 경우에는 증서 재발급이 불가능하다.

⑤ 환매조건부채권은 일반적으로 만기 후 이자는 지급하지 않으나 중도 해지가 가능하며, 비과세종합저축으로도 가입이 가능하다.

04 다음 주가지수연동정기예금의 만기 지급수익률은 얼마인가?
★★★

> • 1년 만기 20% 베리어 상승추익추구형
> • 참여율 : 30%
> • 리베이트 조건 : 0.5%
> • 주가지수 상승률 : 10%(최고상승률 15%, 최저하락률 25%)

① 0%
② 0.5%
③ 3%
④ 20%
⑤ 30%

05 다음 중 주택청약종합저축에 대한 설명으로 옳지 않은 것은?
★★★

① 국민주택 또는 민영주택에 청약하려는 자는 입주자모집공고일 현재 주택청약종합저축에 가입되어 있어야 한다.
② 입주자저축의 가입자가 청약하는 주택의 면적을 변경하고자 하는 경우에는 청약신청일까지 변경하여야 한다.
③ 적용이율은 한국은행에 발표하는 예금은행 정기예금 가중평균 수신금리 등을 고려하여 주택청약종합저축의 가입일 부터 해지일까지의 기간에 따라 국토교통부장관이 고시하는 이자율을 적용하여 산정한다.
④ 무주택세대주로서 총 급여액이 세법에서 정한 일정 금액 이하인 근로자의 경우 연간 납입액 300만원 한도의 40% 범위 내에서 소득공제가 가능하다.
⑤ 주택청약종합저축의 가입자 명의변경은 반드시 주택공급 신청 전에 하여야 한다.

06 다음 중 개인종합자산관리계좌(ISA)에 대한 설명으로 옳지 않은 것은?
★★★

① 만 19세 이상 거주자 또는 만 15세 이상 만 19세 미만으로서 근로소득이 있는 자면 누구나 가입이 가능하나, 직전 3개년도 중에서 1회 이상 금융소득종합과세 대상자에 해당하는 경우에는 가입이 불가능하다.
② 연간납입한도는 2,000만원 이하이나, 조세특례제한법에 따라 재형저축 또는 장기집합투자증권저축에 가입한 경우에는 연간 계약금액 총액을 차감한다.
③ 일반형의 비과세 한도는 200만원이고, 서민형과 농어민형의 비과세 한도는 400만원이다.
④ 의무가입기간은 5년이며, 총 납입한도는 1억원 이하로서 연간 2천만원 한도 중 미납입분에 대한 이월납입이 가능하다.
⑤ 일임형 ISA는 투자자의 위험성향별로 모델포트폴리오(MP)를 구성하여 제시하여야 하고, 분기 1회 이상 포트폴리오 재배분을 실시해야 한다.

07 금융소비자보호법상 청약의 철회 및 위법계약의 해지에 대한 설명으로 옳지 않은 것은?

★★★

① 투자성 상품 중에서 금소법상 청약철회가 가능한 대상상품은 고난도금융투자상품, 고난도투자일임계약, 고난도금전신탁계약, 비금전신탁이다.

② 청약의 철회는 투자자가 청약 철회의사를 표시하기 위하여 서면(전자우편, 휴대전화 문자메시지 또는 이에 준하는 전자적 의사표시 포함) 등을 발송한 때에 효력이 발생한다.

③ 금융소비자는 금융상품의 계약체결일로부터 5년 이내, 위법계약 사실을 안 날로부터 1년 이내인 경우 서면 등으로 계약의 해지를 청구할 수 있다.

④ 금융회사가 위법계약해지청구권을 수락하여 해지되는 경우에는 별도의 수수료, 위약금 등 계약의 해지에 따른 비용을 부과할 수 없다.

⑤ 투자성 상품은 계약서류를 제공받은 날로부터 10일 이내에 철회가 가능하다.

08 다음 중 특수한 형태의 집합투자기구에 대한 설명으로 옳지 않은 것은?

★★☆

① 환매금지형 펀드는 집합투자증권을 최초로 발행한 날부터 30일 이내에 집합투자증권을 거래소시장에 상장해야 한다.

② 종류형 펀드는 각 클래스별로 자산의 운용 및 평가방법을 다르게 할 수 없다.

③ 전환형 펀드는 투자자의 시장상황 판단 및 전망에 따라 다른 펀드로의 선택이 자유롭고, 전환 시 환매수수료를 징수하지 않는다.

④ 자펀드는 모펀드가 발행하는 집합투자증권 이외의 다른 집합투자증권을 취득할 수 없다.

⑤ 상장지수 펀드는 지수에 투자하는 인덱스 펀드의 특징을 가지고 있으므로 개별 종목에 대한 별도의 분석이 필요하지 않다.

09 다음 중 원금보장형 구조화 상품에 대한 설명으로 옳지 않은 것은?

★★★

① 방향성 수익추구형의 수익구조는 기초자산 가격 변동폭에 대한 참여율을 적용하면서 일정 배리어를 터치할 경우 낙아웃이 발생하는 구조가 가장 일반적이다.

② 참여율이란 기초자산의 상승 또는 하락에 대하여 펀드의 수익이 얼마만큼의 비율로 참여하는가를 나타내는 비율이다.

③ 하락수익추구형은 주가지수 하락 시 원본을 보존하면서 상승에 따른 참여율을 적용받는 구조이다.

④ 범위형은 기초자산 가격이 특정 범위 내에 있을 때는 사전에 정한 일정한 수익률을 지급하고, 기초자산 가격이 특정 범위를 벗어나는 경우에는 원금만 지급하는 구조이다.

⑤ 디지털형은 미리 정한 조건이 충족되면 수익을 지급하고, 그렇지 않으면 수익을 지급하지 않는 형태이다.

10 다음 중 스텝다운형 구조화 상품에 대한 설명으로 옳지 않은 것은?
★★☆

① 일정 단위의 평가기간마다 기초자산 가격을 평가하여 사전에 정한 상환조건을 만족하는 경우 조기상환일에 원금과 수익금을 상환하지만, 조건을 만족하지 못하는 경우에는 상환조건이 조금씩 낮아지는 구조이다.

② 기초자산의 변동성은 낮을수록 유리하고, 상관관계는 높을수록 유리하다.

③ 일반적으로 투자기간이 길수록 낙인 발생 시 원금회복가능성이 높다.

④ 조기상환 조건 평가가격이 높을수록, 평가 주기는 길수록 유리하다.

⑤ 다른 조건이 동일하다면 쿠폰 수익률이 높을수록 유리하다.

11 다음 중 신탁에 대한 설명으로 옳지 않은 것은?
★★☆

① 신탁은 기본적으로 위탁자와 수탁자 간의 특별한 신임관계에 기초하여 이루어지는 법률행위로 위탁자와 수탁자 간 신탁계약 또는 위탁자의 유언에 의해 성립한다.

② 신탁의 수익자는 위탁자가 지정해야 하며, 별도로 지정하지 않은 경우에는 위탁자는 수익자가 될 수 없다.

③ 미성년자, 금치산자, 한정치산자, 파산자 등은 수탁자가 될 수 없다.

④ 위탁자의 지위는 수탁자와 수익자의 동의를 받아야 제3자에게 이전 가능하다.

⑤ 신탁재산관리인은 수탁자가 불가피한 사정으로 사임 또는 기타 사유로 해임되었을 경우에 수탁자를 대신하여 임시적으로 신탁재산을 관리하는 자를 말한다.

12 다음 중 특정금전신탁에 대한 설명으로 옳지 않은 것은?
★☆☆

① 자산유동화증권은 특판형 특정금전신탁에서 기초자산으로 많이 이용하고 있는 것으로, 금융기관이나 기업 등이 보유하고 있는 자산을 표준화 및 특정 조건별로 집합화하고 이를 기초로 증권을 발행한 후 매각하여 자산을 현금화한 증권이다.

② 신탁기간은 5년 이상 장기만 가능하다.

③ 특정금전신탁에서 운용할 수 있는 기초자산의 종류에 대해 법률에서 특별하게 제한하고 있지는 않다.

④ 원칙적으로 신탁금액에는 제한이 없으나, 일반적으로 금융기관에서 자체적으로 최저 신탁금액을 일정 금액 이상으로 제한하고 있다.

⑤ 실적배당형 상품으로 예금자보호법에 의해 보호되지 않는다.

13 다음 중 대출 관련 주요 제도에 대한 설명으로 옳지 않은 것은?
★★☆

① 금융기관의 프라임레이트 연동대출 금리 구조는 프라임레이트에 대출의 개별 조건에 따른 가산금리를 더한 후 고객의 개별 조건에 따른 할인 금리를 차감하는 방식으로 산출된다.

② 재대출은 기존 대출의 상환을 위하여 기존 여신잔액 범위 내에서 동일한 채무자에게 동일한 과목의 여신을 신규에 준하는 절차에 따라 취급하는 것을 말한다.

③ 면책적 채무인수 방법에 의해 채무인수를 한 경우에는 기존 담보권을 이용한 재대출이나 대환대출 등은 취급이 가능하나, 기한연장은 불가능하다.

④ 한정근담보는 담보 약정 시 지정된 대출종류에 대하여 현재부터 미래에 완납할 때까지 지속적으로 책임을 부담하는 담보권으로, 기한연장이나 재대출 등이 가능하다.

⑤ 특정근담보는 담보 약정 시 지정된 대출과 관련하여 계속적으로 발생하는 대출을 담보하는 것으로, 동일대출의 기한연장은 가능하다.

14 다음 중 외화예금 상품에 대한 설명으로 옳지 않은 것은?
★★☆

① 전신환매매율은 자금의 결제를 전신환을 통해 실행하는 경우 적용되는 환율로, 자금의 결제가 1일 이내에 완료된다.

② 외화예금과 관련하여 적용되는 대고객 환율은 전신환매매율이라고 할 수 있다.

③ 외화정기예금은 예치금액에는 제한이 있으나, 이자율이 가장 높은 외화예금에 속한다.

④ 외화당좌예금은 영업활동을 위한 자금의 보관과 지급위탁을 목적으로 이용된다.

⑤ 외화적립식예금은 금융기관에 따라 예치건별로 일부 인출이 가능하며, 이 경우 예치건별로 예치기간에 해당하는 외화정기예금의 이율을 적용하게 된다.

15 다음 중 외화수표에 대한 설명으로 옳지 않은 것은?
★☆☆

① 외화수표는 추심후 지급을 원칙으로 하며, 외화수표의 추심에 있어서도 외국통화의 매매 시와 같이 미화 1만불 상당액을 초과 시 취득경위 입증서류를 받아야 한다.

② 추심전 매입은 일종의 여신행위에 속한다고 볼 수 있으므로 의뢰인의 신용상태, 외화수표의 종류, 거래실적, 수표의 취득경위 등을 면밀히 검토한 후 처리한다.

③ Personal Money Order는 발행은행이 지급은행의 역할을 수행할 뿐이며, 지급의무를 부담하지는 않는다.

④ 미국 국고수표는 미국 재무성이 발행하는 수표로, 발행일로부터 12개월이 경과하면 무효가 된다.

⑤ 수표상에 특정 통화표시가 없는 경우에는 지급지의 통화로 본다.

16 다음 중 신용카드에 대한 설명으로 옳지 않은 것은?
★★★

① 미성년자는 법정대리인의 동의에 의해 발급이 가능하며, 이때 법정대리인의 동의서와 미성년자의 소득증빙서류 등을 제출해야 한다.

② 신용카드의 초과한도란 일시적으로 잔여한도를 초과하여 물품을 구매하는 경우 1회에 한하여 승인하는 한도를 말한다.

③ 가족회원의 한도는 본인회원의 한도에 포함하여 관리한다.

④ 신용카드의 사고사유가 분실 및 도난인 경우 회원의 신고 시점 이후에 발생한 사용대금 및 신고 전 30일 이내에 발생된 카드사용에 대해서는 전액 카드사로부터 보상받을 수 있다.

⑤ 신용카드의 사고사유가 위·변조 및 명의도용인 경우 회원의 고의 또는 중과실로 비밀번호가 유출되었음을 카드사가 입증하는 때를 제외하고는 모두 카드회사의 책임으로 한다.

17 다음 중 주식과 투자에 대한 설명으로 옳지 않은 것은?
★★☆

① 증권은 주식보다 훨씬 포괄적인 의미를 내포한다.

② 주식은 기업에 일정 금액을 출자한 것을 표시한 것이다.

③ 회사가치가 주식이 갖는 가치와 반드시 일치하는 것은 아니다.

④ 투자로부터 발생되는 이익은 구입한 자산의 가치상승을 통해 발생하는 것으로 기업의 이익창출에 포함된다.

⑤ 주식투자는 투자자금의 제한이 없으며, 언제든 원하는 주식을 살 수 있고 팔아서 현금화할 수 있다는 장점이 있다.

18 다음 〈보기〉에 제시된 주가 결정요인 중 시장 내적 요인으로 올바르게 묶인 것은?
★★★

─────── 〈 보 기 〉 ───────	
㉠ 시장규제	㉡ 경기변동
㉢ 이자율	㉣ 사회적 변화
㉤ 수급관계	㉥ 투자자의 심리동향

① ㉠, ㉡, ㉢   ② ㉡, ㉢, ㉣

③ ㉠, ㉣, ㉤   ④ ㉡, ㉣, ㉤

⑤ ㉠, ㉤, ㉥

19 ★★★ 다음 중 발행시장과 유통시장에 대한 설명으로 옳지 않은 것은?

① 발행시장은 1인이나 소수의 집단인 증권 발행자와 다수 매수자의 결합인데 반해, 유통시장은 증권의 매수자와 매도자가 다수인 집단 경쟁체제이다.

② 유통시장의 실제 거래는 거래소시장을 중심으로 이루어진다.

③ 정부가 유통시장에서 공개시장조작을 통해 통화를 조절함으로써 금리와 물가의 안정을 기할 수 있다.

④ 유통시장에서 형성된 가격은 향후 발행될 증권가격을 결정하는 기준을 제공한다.

⑤ 투자자는 발행시장에서 모집 또는 매출에 대응해 최종적으로 유가증권을 취득함으로써 발행자에게 자금을 공급하는 역할을 한다.

20 ★★☆ 다음 중 경제변수와 주가에 대한 설명으로 옳지 않은 것은?

① 경제성장률이 높을 때는 주가가 상승하고, 경제성장률이 둔화될 때는 주식시장이 침체되는 것이 일반적인 현상이다.

② 단기적으로 통화량이 증가할 경우 실질소득이 감소하면서 주가 하락요인으로 작용한다.

③ 물가가 완만하게 장기적으로 상승하는 경우 주가에 긍정적으로 작용한다.

④ 일반적으로 이자율과 주가는 역의 상관관계를 갖는다.

⑤ 일반적으로 환율 상승은 주식시장에 긍정적, 환율 하락은 부정적으로 작용하지만 수입의존도가 높은 나라의 경우에는 정반대의 현상이 나타날 수 있다.

21 ★★★ 포터의 산업 경쟁구조분석 요인 중 기존 기업에게 가장 유리한 조건으로 옳은 것은?

① 진입장벽이 높은 경우

② 시장 내 다수의 강력한 경쟁기업이 진출해 있는 경우

③ 잠재적인 대체품이 많은 경우

④ 구매자가 점차 강력한 교섭력을 가지게 되는 경우

⑤ 공급자를 변경하는 데 소요되는 전환비용이 높을 때

22 ★★☆ 다음 중 경기변동과 주가에 대한 설명으로 옳지 않은 것은?

① 일반적으로 경기선행지수가 주가에 가장 민감하게 반응한다.

② 경기변동은 각 순환 과정의 주기와 진폭이 서로 다르게 나타난다.

③ 경기가 확장에서 수축, 또는 수축에서 확장국면으로 일단 반전되기 시작하면 경제는 일정한 방향으로 누적 확대현상을 보이게 된다.

④ 경제지표는 부문별 경기동향을 파악하는 데는 유용하나 흐름을 파악하기 어렵고, 개인의 주관에 치우치기 쉽다는 단점이 있다.

⑤ 계량모형은 경제의 여건이나 구조가 크게 변화해도 합리적 경제이론에 바탕을 두고 있기 때문에 신뢰도가 크게 떨어지지 않는 장점이 있다.

23 다음 중 제품수명주기 분석에 대한 설명으로 옳지 않은 것은?
★★★

① 산업의 주력제품이 수명주기상 어느 단계에 속해 있느냐에 따라 그 산업의 수익성과 위험 등을 통해 향후 발전가능성을 예측할 수 있다.

② 도입기에는 광고 등 판매촉진비와 생산비가 크기 때문에 손실이 발생한다.

③ 성장기에는 매출이 급성장함에 따라 이익의 대부분을 재투자하고 투자자금을 외부에서 조달하기도 한다.

④ 성숙기에는 제품단위당 이익은 아직 증가하지만 위험은 점차 감소한다.

⑤ 쇠퇴기에는 기업의 철수 또는 다른 업종으로의 사업다각화를 고려하게 된다.

24 다음 중 재무비율에 대한 설명으로 옳지 않은 것은?
★★★

① 자기자본이익률은 자기자본에 대한 순이익의 비율로 수익성 관련 재무비율에 속한다.

② 안정성 관련 재무비율에는 유동비율, 부채비율, 고정비율, 매출채권회수기간, 이자보상비율 등이 있다.

③ 유동성비율은 기업의 단기채무에 대한 지불능력을 판단하는 근거를 제공한다.

④ 이자보상비율은 기업의 영업이익이 지급해야 할 이자비용의 몇 배에 해당하는가를 나타내는 비율로, 이자보상비율이 높을수록 좋다.

⑤ 총자산증가율은 기업의 전체적인 성장규모를 측정하는 지표로, 인플레이션이 높은 기간에는 실질적인 성장률을 검토해야 한다.

25 다음 중 기업분석의 단점에 대한 설명으로 옳지 않은 것은?
★★☆

① 회계처리기준 중 어느 것으로 사용하느냐에 따라 재무제표가 달라질 수 있다.

② 기업의 진정한 가치를 파악하는 데 걸리는 분석시간이 길다.

③ 시장가격에 주관성이나 심리적 요인이 개입할 여지가 작다.

④ 새로운 정보가 출현하게 되면 기업가치를 제대로 평가할 수 없다.

⑤ 회계자료는 미래 이익의 예측능력에 차이가 있어 객관적이지 못하다.

26 다음 중 배당평가모형에 대한 설명으로 옳지 않은 것은?
★★☆

① 배당평가모형은 증권의 내재가치가 영속적인 미래배당흐름을 요구수익률로 각각 할인한 현재가치로 표시되는 것이다.

② 매년 일정한 금액의 배당이 발생하는 가장 단순한 모형을 제로성장 배당모형이라 한다.

③ 정률성장 배당모형은 한 기업의 배당이 g의 비율로 성장한다고 할 때 요구수익률이 일정하고, 요구수익률은 성장률보다 크다고 가정한다.

④ 항상성장모형에 의하면 요구수익률이 클수록 주가가 상승한다.

⑤ 배당평가모형에 몇 단계 성장률 변화를 반영하면 평가의 정확성이 높아지며, 이러한 몇 단계의 성장변화를 감안한 평가모형을 고속성장 배당모형이라고 한다.

27 요구수익률이 10%, 성장률이 5%, 올해 배당수입이 1,000원일 때 항상성장모형에 따른 주식의 가격을 계산한 값으로
★★★ 옳은 것은?

① 20,000원   ② 21,000원

③ 22,000원   ④ 23,000원

⑤ 24,000원

28 다음 중 주가배수평가모형에 대한 설명으로 옳지 않은 것은?
★★★

① 주가수익비율(PER)은 기업 수익력의 성장성, 위험, 회계처리방법 등 질적인 측면이 총체적으로 반영된 지표로 그 증권에 대한 투자자의 신뢰를 나타낸 것으로도 해석할 수 있다.

② 다른 조건이 동일하다면, 주가수익비율(PER)은 배당성향과 이익성장률이 클수록 커지고, 기대수익률이 클수록 작아진다.

③ PBR은 보통주의 한 주당 가치를 시장가격과 장부가치로 대비하여 본 지표이다.

④ PBR 계산을 위한 회계정보는 재무상태표상에서 쉽게 구할 수 있고, 부(−)의 EPS기업에도 적용 가능하다는 장점이 있다.

⑤ PER을 구성하는 요소들의 시점이 일치하기 때문에 수익력 해석이 용이하다.

29 다음 중 투자위험을 고려한 성과평가에 대한 설명으로 옳지 않은 것은?
★★★

① 샤프지수는 펀드의 베타계수만을 고려하지만, 트레이너지수는 전체 위험을 고려하는 표준편차를 사용하고 최소 1개월 이상의 수익률 데이터를 필요로 한다.

② 통상적으로 트레이너지수가 높을수록 펀드 성과가 좋은 것으로 평가한다.

③ 샤프지수가 높은 포트폴리오는 투자위험을 감수하면서도 그만큼 높은 초과수익률이 발생하기 때문에 포트폴리오 성과 또한 높게 나타날 가능성이 커진다.

④ 젠센지수는 포트폴리오의 실제수익률이 시장균형을 가정한 경우의 수익률보다 얼마나 높은지를 나타내는 지표이다.

⑤ 정보비율은 무위험자산과 소수의 주식 포트폴리오에 분산투자하고 있는 경우의 운용성과평가에 적절한 면이 있다.

30 다음 중 적극적 투자운용방법에 대한 설명으로 옳지 않은 것은?
★★☆

① 적극적 투자운용방법은 소수 정예종목에 집중 투자하는 경향이 있으며, 정보비용이 많이 드는 단점이 있다.

② 포뮬라 플랜은 최소한의 위험부담과 함께 경기변동에 탄력적으로 대응하는 방법이다.

③ 불변금액법은 투자 포트폴리오를 주식과 채권으로 한정한다고 가정할 때 위험자산인 주식투자금액을 일정하게 유지하는 방법이다.

④ 불변비율법은 비율이 임의적이고 거래비용이 많이 든다는 단점이 있다.

⑤ 변동비율법은 주식과 채권으로 포트폴리오를 구성했을 경우 주가가 높으면 주식비율을 높이고, 주가가 낮을 경우는 주식비율을 낮추는 방법이다.

31 다음 중 운용스타일에 따른 주식투자전략에 대한 설명으로 옳지 않은 것은?
★★☆

① 가치투자 스타일은 현재의 수익이나 자산의 가치가 상대적으로 싼 주식을 포착해 포트폴리오를 구성하는 전략이다.

② 일반적으로 경기 저성장기나 침체기에는 성장투자 스타일의 투자전략이 유리하다.

③ 혼합투자 스타일의 성과는 시장 전체의 평균적인 특성을 보여준다.

④ 성장투자 스타일의 투자위험은 기대했던 매출의 증가가 이뤄지지 않거나 예상보다 저조한 EPS의 증가율이 현실화되는 일이다.

⑤ 시가총액에 의한 스타일에서 소형주의 경우에는 대형주에 비해 애널리스트들의 분석이 적어 적정가격 대비 저평가된 기업을 찾을 기회가 많을 것이라는 기대가 있다.

32 다음 중 금리의 용어에 대한 설명으로 옳지 않은 것은?
★★☆

① 물가상승률을 고려하여 이자의 실질적인 가치를 반영하는 이자율을 실질이자율이라고 한다.

② 일반적으로 현재에 투자되는 금액을 기준으로 한 경우의 금리를 수익률, 미래에 지급되는 금액을 기준으로 한 경우의 금리를 할인율이라 표현한다.

③ 복리는 일정기간 경과하여 발생한 이자가 원금과 함께 재투자되어 추가적인 수익이 창출되는 방식이다.

④ 채권에서는 발행 시 최초 결정되어 명시되는 이자율로 액면가에 대한 연간지급률을 실효금리라 부른다.

⑤ 각국 중앙은행에서는 모든 금리의 기준이 될 수 있는 초단기금리를 인위적으로 결정하는데 이를 정책금리 또는 기준금리라고 부른다.

33 다음 중 시장금리의 하락 요인으로 옳은 것은?
★★☆

① 물가 하락

② 확장 재정정책

③ 시중자금 부족

④ 채권수급 악화

⑤ 주요 선진국 금리수준 상승

34 다음 중 주식과 비교한 채권의 특성으로 옳지 않은 것은?
★★★

특 성	주 식	채 권
① 자본형태	자기자본	타인자본
② 상환여부	불상환	정해진 만기 시 상환
③ 발행주체	주식회사	정부, 공공기관, 특수법인, 주식회사
④ 주요권리	원리금상환청구권	경영참가권, 이익배당권
⑤ 의결권	있음	없음

35 다음 중 채권의 발행방법 및 발행조건에 따른 분류에 대한 설명으로 옳지 않은 것은?
★★☆

① 최근 발행되는 대부분의 회사채는 무보증채로 발행되며, 무보증채는 대체로 보증채에 비해 금리가 다소 높게 형성되는 것이 일반적이다.

② 50인 이상의 불특정 다수 투자자들을 대상으로 하는 공모발행에서는 투자자들이 쉽게 이해할 수 있도록 일정한 규칙에 따라 발행되는 것이 일반적이다.

③ 만기까지의 이자를 지급하는 방식은 확정되어 있으나 이자를 받는 시점의 상황에 따라서 그 이자금액이 변동할 수 있는 채권을 변동금리부채권이라고 한다.

④ 채권을 발행한 후 어느 시점의 시장상황이 발행자 또는 투자자의 입장에서 그 채권의 존속이 불리해졌을 때 채권의 해지를 강제할 수 있는 권한을 투자자가 가진 채권을 콜옵션부채권이라고 한다.

⑤ 전환사채는 주가가 하락한다고 하더라도 회사가 부도나지 않는다면 보유한 채권의 원리금을 상환받을 수 있다는 장점이 있다.

36 다음 중 통안채에 대한 설명으로 옳지 않은 것은?
★★★

① 통안채는 통화안정화증권이라고도 하며, 한국은행이 시중의 통화량을 조절하기 위해 발행하는 채권이다.

② 통안채도 은행채이므로 금융채에 포함된다.

③ 통안채는 3년, 5년, 10년, 20년, 30년 등의 만기물로 발행된다.

④ 시중의 유동성을 흡수하기 위해서는 통안채 발행량을 만기량보다 많게 하고, 시중에 유동성을 공급하기 위해서는 통안채 발행량을 줄여 만기량보다 적게 한다.

⑤ 국채와 함께 신용등급이 부여되지 않는 무위험채권으로 분류된다.

37 다음 중 전환사채(CB)에 대한 설명으로 옳지 않은 것은?
★★☆

① 회사채로 발행되어 소정의 이자가 지급된다.

② 전환사채는 주가가 약정된 가격 이상으로 상승하면 권리를 행사함으로써 높은 수익률을 향유할 수 있다.

③ 전환사채는 증권사에서 공모하거나 증권사 사이트 등에서 장내매매로 거래하여 매입할 수 있다.

④ 일반채권에 비해 보장금리가 상당히 낮다는 단점이 있다.

⑤ 주식의 물량에 대한 부담이 없어 주가가 쉽게 상승할 수 있다는 장점이 있다.

38 다음 중 채권가격과 채권수익률의 관계에 대한 설명으로 옳지 않은 것은?
★★★

① 채권수익률과 채권가격은 반대로 움직인다.

② 같은 금리폭의 움직임이라도 금리가 하락할 때의 가격상승폭이 금리가 상승할 때의 가격하락폭보다 크다.

③ 만기가 긴 채권일수록 금리변동에 대한 가격 변동폭이 크다.

④ 금리변동에 따른 채권가격 변동폭은 만기가 길수록 증가하나 그 증가율은 체감한다.

⑤ 표면이자율이 높은 채권이 표면이자율이 낮은 채권보다 금리변동에 따른 가격 변동폭이 크다.

39 맥컬레이 듀레이션이 2.86년인 5% 수익률채권의 경우 수정듀레이션을 계산한 값으로 옳은 것은?
★★★

① 1.74년
② 2.72년

③ 2.85년
④ 3.17년

⑤ 3.75년

40 다음 중 수익률곡선에 대한 설명으로 옳지 않은 것은?
★★☆

① 우상향하는 수익률곡선의 경우 잔존만기가 길수록 듀레이션은 높아지므로 위험이 클수록 기대수익률이 높아야 한다는 경제학 이론에 부합한다.

② 유동성선호이론은 우상향 수익률곡선의 이유를 설명한다.

③ 향후 기준금리가 하락할 것으로 예상은 되지만 확신하기는 어렵다고 시장참여자들이 판단할 경우 수익률곡선은 수직형의 모습을 보일 수도 있다.

④ 우상향하지 않는 수익률곡선의 이유를 설명하는 이론으로는 시장분할이론이 있다.

⑤ 수익률곡선은 어느 특정한 이론에 의해 형성된다기보다는 여러 이론의 혼재된 힘들이 작용하여 형성되는 것이다.

41 다음 중 채권과 기업어음의 신용등급에 대한 설명으로 옳지 않은 것은?
★★★

① 일반적으로 BBB- 등급 이상을 투자등급 채권이라 하고, 그 미만을 투기등급 채권이라 한다.

② 회사채 A등급은 원리금 지급능력이 우수하나 장래의 경제여건 및 환경변화에 영향을 받을 수 있다.

③ 기업에서 발행하는 CP의 경우는 A1등급에서 D등급까지로 채권과는 다른 방식으로 신용등급을 표시한다.

④ 기업어음 A3등급은 회사채 BB 및 B등급 수준에 상응한다.

⑤ 회사채 BB등급은 원리금 지급능력에 당면한 문제는 없지만 장래안전을 단언하기 어려운 등급이다.

42 3년 만기 우리은행 복리채권 100억원을 5%에 매입하고, 2년 후 이 채권을 4%에 매각한다면 보유기간 2년 동안의
★★★ 투자수익률을 계산한 값으로 옳은 것은?

① 5%
② 5.5%

③ 6%
④ 6.5%

⑤ 7%

43 현재 채권시장에서 LH공사채 1년물의 수익률이 4%, 2년물 수익률이 5%, 3년물 수익률이 6%일 때, LH공사채 2년물과
★★☆　3년물 기대수익률은 각각 얼마인가?

① 2년물 기대수익률 : 4%, 3년물 기대수익률 : 5%

② 2년물 기대수익률 : 4%, 3년물 기대수익률 : 6%

③ 2년물 기대수익률 : 4%, 3년물 기대수익률 : 8%

④ 2년물 기대수익률 : 6%, 3년물 기대수익률 : 7%

⑤ 2년물 기대수익률 : 6%, 3년물 기대수익률 : 8%

44 다음 중 채권의 위험에 대한 설명으로 옳지 않은 것은?
★★☆

① 보유하는 채권의 듀레이션이 길면 길수록, 보유하는 채권의 금액이 많으면 많을수록 듀레이션위험은 증가한다.

② 투자자산의 현금흐름이 투자자의 상황과 맞지 않아 생기는 듀레이션위험을 미스매칭위험이라고 한다.

③ 신용위험이란 채권발행자의 신용도 하락으로 인해 채권의 가격이 절대적 또는 상대적으로 하락할 가능성을 의미
한다.

④ 주로 신용등급이 낮을수록, 단기물일수록 유동성이 떨어지는 경향이 있다.

⑤ 통상 콜옵션부채권은 만기일 도래 전 시장금리가 급락하면 발행자가 이자부담을 줄이기 위해 중도상환을 강제한다.

45 다음 중 채권의 매매행태에 따른 투자전략으로 가장 적절하지 않은 것은?
★★☆

① 만기보유전략　　　　　　　　　　② 인덱싱전략

③ 교체매매전략　　　　　　　　　　④ 단기매매전략

⑤ 중도매각전략

46 다음 〈보기〉에서 적극적 투자전략으로 올바르게 묶인 것은?
★★★

─────────〈보 기〉─────────

㉠ 사다리형 만기전략　　　　　　　　㉡ 매칭전략

㉢ 딜링전략　　　　　　　　　　　　㉣ 교체매매전략

① ㉠, ㉡　　　　　　　　　　　　② ㉡, ㉢

③ ㉠, ㉢　　　　　　　　　　　　④ ㉢, ㉣

⑤ ㉡, ㉣

47 다음 중 장내파생상품의 특징에 대한 설명으로 옳지 않은 것은?
★★☆

① 거래단위, 결제월, 결제방법 등의 계약명세가 거래소에 의해 표준화되어 있다.

② 투자자는 파생상품거래 시 상대방의 신용상태를 반드시 파악해야 한다.

③ 장내파생상품거래에서는 최종거래일 이전에 거래당사자가 원할 경우 언제든지 계약에서 벗어날 수 있도록 하기 위해 반대매매를 제도적으로 허용하고 있다.

④ 선물시장에는 전일의 선물가격과 당일의 선물가격과의 차이에 해당하는 금액을 익일에 결제하도록 하는 일일정산제도가 있다.

⑤ 파생상품거래 시 거래소 회원사는 위탁자로부터, 거래소는 회원사로부터 반드시 증거금을 징수하도록 하고 있다.

48 다음 중 선물과 선도의 차이점에 대한 설명으로 옳지 않은 것은?
★★★

① 선물은 가격이 시장에서 형성되지만, 선도는 거래당사자 간에 협의로 형성된다.

② 선물은 증거금을 납부하고 일일정산이 이루어지지만, 선도는 은행 간 거래에는 증거금이 없고 대고객의 경우 필요에 따라 증거금을 요구한다.

③ 선물의 만기일은 특정월의 특정일이고, 선도의 만기일은 거래당사자 간에 협의로 정해진다.

④ 선물은 대부분이 실물인수도이지만, 선도의 실물인수도 비율은 매우 낮다.

⑤ 선물의 거래금액은 표준단위이지만 선도의 거래금액에는 제한이 없다.

49 다음 중 주식 관련 선물에 대한 설명으로 옳지 않은 것은?
★★☆

① 주가지수선물은 주식시장을 대표하는 주가지수를 거래 대상으로 하고, 거래비용이 저렴하여 분산투자가 잘 이루어진 주식 포트폴리오의 가격변동 리스크를 헤지하는 데 유용하다.

② 수익률곡선이 우상향하는 일반적인 상황에서 순보유비용이 양(+)인 선물가격은 현물가격보다 높게 형성되며, 만기일이 멀수록 선물가격이 높게 형성된다.

③ 약세 스프레드전략은 스프레드가 축소될 것으로 예상하는 경우 원월물을 매수하고 근월물을 매도한다.

④ 액티브 주식운용자는 주가가 상승할 것으로 예상하는 경우 베타가 높은 주식의 비중을 늘림으로써 주식 포트폴리오의 시장리스크를 증가시킨다.

⑤ 주식 포트폴리오의 보유자는 지수선물을 매도함으로써 장래의 가격하락 리스크를 제거할 수 있는데 이를 매도헤지라 한다.

50 다음 중 한국국채선물에 대한 설명으로 옳지 않은 것은?
★★☆

① 거래대상은 표면금리 연 5%, 6개월 이표지급 방식의 3년/5년/10년 만기 국고채권이다.

② 거래단위는 액면가 1억원이며, 가격은 액면가 100원을 기준으로 표시된다.

③ T-Bond 선물 등 대부분의 국채선물과는 달리 현금결제방식을 택하고 있다.

④ 최종결제일은 최종거래일로부터 7영업일 이후 12시이다.

⑤ 거래소는 각 결제월별로 3개 이상의 국고채를 최종결제가격 기준현물로 지정하여 해당 결제월의 거래개시일 이전에 발표한다.

51 국채선물 3년물의 듀레이션은 2.5년, 국채선물 10년물의 듀레이션은 5년으로 가정할 때, 향후 수익률곡선의 스티프닝
★★★ 을 예상하는 투자자가 국채선물을 이용하여 실행하는 수익률곡선 전략으로 옳은 것은?

① 단기물인 국채선물 3년물을 100계약 매수하는 경우 장기물인 국채선물 10년물은 50계약을 매도한다.

② 단기물인 국채선물 3년물을 100계약 매수하는 경우 장기물인 국채선물 10년물은 100계약을 매도한다.

③ 단기물인 국채선물 3년물을 100계약 매수하는 경우 장기물인 국채선물 10년물은 50계약을 매수한다.

④ 단기물인 국채선물 3년물을 100계약 매수하는 경우 장기물인 국채선물 10년물은 100계약을 매수한다.

⑤ 단기물인 국채선물 3년물을 100계약 매수하는 경우 장기물인 국채선물 10년물은 25계약을 매도한다.

52 다음 중 해외투자와 환리스크관리에 대한 설명으로 옳지 않은 것은?
★★☆

① 달러/원 환율이 선물환 계약 체결 당시의 선물환율보다 낮아지면 환차손이 발생한다.

② 선물환매도로 환리스크를 헤지한 후 주가가 상승하는 경우에도 환리스크에 노출된다.

③ 해외주식투자의 경우 미래의 주식가치를 예측할 수 없고 펀드를 통해 고객자산을 운용하는 경우 고객의 환매시기와 액수를 미리 알 수 없기 때문에 환리스크 헤지가 쉽지 않다.

④ 주가와 환율이 반대방향으로 움직이는 경우에는 주가와 환율 간의 공분산이 음(-)이 되어 포트폴리오의 리스크가 감소된다.

⑤ 해외주식투자에 수반되는 환리스크를 헤지한 이후 원화가치가 지속적으로 상승한다면 환차손이 발생하고, 원화가치가 하락한다면 환차익이 발생하게 된다.

53 다음 중 옵션투자에서 이익이 발생하는 원천에 대한 설명으로 옳지 않은 것은?
★★☆

① 양(+)의 델타는 기초자산 가격이 상승할 경우 이익이 발생함을 의미하고, 음(-)의 델타는 기초자산 가격이 하락할 경우 이익이 발생함을 의미한다.

② 콜옵션과 풋옵션 매수의 감마는 모두 음(-)이다.

③ 델타가 0이고 감마가 양(+)인 포지션은 기초자산 가격의 변화에 대해 이익을 보며 그 변화폭이 클수록 큰 이익을 볼 수 있음을 의미한다.

④ 베가는 선물가격의 변동성에 대한 옵션가격의 민감도를 설명한다.

⑤ 쎄타는 시간가치감소를 측정하는 것으로 콜옵션 또는 풋옵션의 매수는 음(-)의 쎄타를 가지며, 시간이 지남에 따라 가치가 소멸된다.

54 다음 중 장외옵션인 캡과 플로어에 대한 설명으로 옳지 않은 것은?
★★★

① 캡이란 계약상의 최고금리 이상으로 기준금리가 상승하면 캡 매도자가 캡 매수자에게 차액만큼을 지급하기로 하는 계약이다.

② 캡은 금리에 대한 콜옵션이다.

③ 플로어란 계약상의 최저금리 이하로 기준금리가 하락하면 플로어 매도자가 플로어 매수자에게 차액만큼을 지급하기로 하는 계약이다.

④ 결제일에 플로어 매도자가 플로어 매수자에게 지불하는 금액은 행사금리와 기준금리의 차이에 일정한 명목원금을 곱한 액수가 된다.

⑤ 칼라 매수에 수반되는 비용은 일정한 상한 행사금리를 가진 캡의 매수비용보다 크다.

55 다음 중 통화옵션에 대한 설명으로 옳지 않은 것은?
★★☆

① 통화옵션은 불리한 환율변동으로부터의 손실위험을 제거할 수 있을 뿐 아니라 유리한 환율변동으로부터 이익기회도 유지할 수 있다.

② 현재 외국통화를 보유하고 있거나 앞으로 외환대금수취 등으로 외국통화를 보유하게 될 경우라면 환율 하락에 대한 리스크를 회피하기 위해 콜옵션을 매수하면 된다.

③ 통화옵션은 계약기간 또는 만기일에 특정 외국통화를 사전에 정한 환율로 매입하거나 매도할 수 있는 권리이다.

④ 풋옵션을 매수하는 경우에는 환율의 하한선을 결정하는 효과를 가져온다.

⑤ 환율의 상한은 콜옵션의 행사가격에서 프리미엄을 더한 값이 된다.

56 다음 중 구조화 상품에 투자함으로써 얻게 되는 이점에 대한 설명으로 가장 옳지 않은 것은?
★★☆

① 투자자의 요구사항을 적절히 충족시키도록 구조화 상품의 리스크 및 손익구조가 설계된다.

② 시장상황에 따라 시장수익률보다 높은 수익률을 얻을 수 있다.

③ 투자자의 니즈를 고려한 구조화가 가능하기 때문에 일반 금융상품에서는 얻을 수 없는 특이한 형태로 손익구조를 설계할 수 있다.

④ 구조화 상품에 투자함으로써 기존에 노출된 리스크를 제거할 수 있다.

⑤ 접근이 용이하지 않은 시장의 경우 구조화 상품의 투자를 통해 대체투자가 가능하다.

57 다음 중 주식연계 구조화 상품의 유형별 투자전략에 대한 설명으로 옳지 않은 것은?
★★★

① 옵션 스프레드전략은 시간가치소멸효과가 없어 옵션포지션의 장기보유가 가능하고, 옵션포지션의 손익이 기초자산 가격의 변동성과 독립적이다.

② 디지털옵션 구조는 원금비보장형 상품에 많이 활용되는 형태 중 하나이다.

③ 리베이트가 없는 녹아웃구조는 은행의 정기예금 수준에 해당하는 확정금리에 보너스금리를 지급하는 형태이다.

④ 낮은 리베이트의 녹아웃구조는 주가지수가 상방 베리어에 도달하여 수익률이 급락하는 경우라도 정기예금보다는 높은 수준으로 리베이트를 설계함으로써 리베이트가 없는 구조에 대한 투자자들의 불만을 해소하는 상품이다.

⑤ 대부분의 조기상환형 구조는 옵션의 매도가 내재되어 있고, 원금비보장형의 구조를 가진다.

58
★★☆

다음 〈보기〉에서 설명하는 금리연계상품의 투자전략으로 옳은 것은?

─── 〈보 기〉 ───

매 이표지급 시점 직전일에 기준 충족 여부에 따라 상이한 이표를 지급하는 것으로, 발행채권의 기준금리가 사전에 정한 범위 안에 머무르면 높은 이자를 지급하고, 범위를 벗어나면 낮은 이자를 지급한다.

① 변동금리채권
② 역변동금리채권
③ 이중변동금리채권
④ 금리상하한 변동금리채권
⑤ 레인지채권

59
★★★

주식 A의 표준편차가 0.12, 주식 B의 표준편차가 0.22이고, 두 주식의 공분산이 0.012라면 상관계수를 계산한 값으로 옳은 것은?

① 0.4
② 0.05
③ 0.045
④ 0.5
⑤ 0.55

60
★★☆

다음 중 투자설계 프로세스 6단계의 단계별 내용에 대한 설명으로 옳지 않은 것은?

① 1단계에서 재무목표를 설정하면서 유의할 점은 고객이 제시하지 않은 잠재적인 필요는 고객의 프라이버시 보호를 위해 감안되지 않아야 한다는 것이다.
② 2단계에서 FP는 고객의 위험에 대한 감내도를 제대로 파악하는 것이 매우 중요하다.
③ 4단계에서 FP는 투자정책서에 기술된 고객의 위험 감수도에 따른 투자성향에 일관된 투자 포트폴리오가 구축되도록 해야 한다.
④ 5단계 투자실행 시 FP는 고객의 실행부담을 줄이기 위한 현실적인 대안을 제공할 필요가 있다.
⑤ 6단계 투자성과에 대한 점검은 일정 주기별로 이루어져 고객에게 보고된 후 투자 포트폴리오의 수정이 이루어져야 한다.

61
★★★

다음 중 투자자의 효용과 무차별곡선에 대한 설명으로 옳지 않은 것은?

① 위험회피성향이 클수록 무차별곡선의 기울기는 더 완만한 형태를 띠게 된다.
② 위험회피자라고 해서 모두 동일한 무차별곡선을 갖는 것은 아니다.
③ 투자자의 기대효용은 기대수익률이 높을수록, 예상되는 위험이 작을수록 커진다.
④ 무차별곡선은 위쪽에 위치할수록 더 큰 효용을 갖는다.
⑤ 무차별곡선이 양의 기울기를 갖는다는 것은 위험이 증가할 때 기대수익도 함께 증가해야 동일한 효용을 유지할 수 있다는 의미이다.

62 다음 중 위험자산의 효율적 프런티어와 최적 포트폴리오 선택에 대한 설명으로 옳지 않은 것은?
★★★

① 지배원리란 위험이 동일한 투자대상들 중에는 기대수익이 높은 것을 선택하고, 기대수익이 동일한 투자대상들 중에는 위험이 가장 작은 것을 선택하는 원리를 말한다.

② 포토폴리오의 위험은 개별자산 위험을 투자비중으로 가중평균한 것보다 작거나 같다.

③ 두 자산의 상관관계가 작거나 음(−)이면 포트폴리오 위험이 증가한다.

④ 효율적 프런티어상의 포트폴리오들은 동일한 표준편차에 대해 가장 높은 기대수익률을 제공하거나, 동일한 기대수익률에 대해 표준편차가 가장 낮은 포트폴리오들이므로 효율적으로 분산투자되었다고 할 수 있다.

⑤ 효율적 프런티어와 무차별곡선이 접하는 포트폴리오가 위험자산의 최적 포트폴리오가 된다.

63 A회사 주식의 기대수익률이 12%, 국채수익률이 2%라면 A회사 주식의 위험프리미엄은 얼마인가?
★★☆

① 2% ② 5%

③ 10% ④ 12%

⑤ 15%

64 다음 중 자본시장선(CML)에 대한 설명으로 옳지 않은 것은?
★★★

① 자본시장선은 체계적 위험이 완전히 제거된 프토폴리오이다.

② 균형시장에서 자본시장선의 위험보상비율 값은 모든 투자자에게 동일하다.

③ 자본시장선의 기울기는 위험 1단위에 대한 위험보상의 정도를 나타낸다.

④ 무위험자산이 존재할 때 포트폴리오의 기대수익률과 위험 간의 선형관계를 나타내는 효율적 투자기회선이다.

⑤ 자본시장선은 시장 포트폴리오를 위험자산으로 사용한 자본배분선을 말한다.

65 시장포트폴리오 수익률이 8%, 무위험수익률이 2%, 주식 A의 베타가 1.0라고 할 때 증권시장선(SML)상 주식 A의 기대수익률을 예측한 값으로 옳은 것은?
★★★

① 4% ② 8%

③ 10% ④ 13%

⑤ 15%

66 다음 중 포트폴리오 전략의 종류에 대한 설명으로 옳지 않은 것은?
★★☆

① 단순매입보유전략을 통해 시장위험은 감소시키고 투자자는 기업고유위험만을 부담하게 된다.

② 인덱스전략은 특정 종목을 선택하기 위한 분석이 필요 없고, 상대적으로 저렴한 비용으로 투자할 수 있다.

③ 시장예측전략은 시장예측을 통해 우월한 수익을 줄 수 있다고 판단되는 자산군은 선제적으로 포트폴리오 내 비중을 높이고 그렇지 않은 자산군의 비중은 낮추는 전략이다.

④ 증권선택전략을 통해 적극적 투자자들은 시장 평균 이상의 초과수익을 얻고자 한다.

⑤ 단순매입보유전략과 인덱스전략은 소극적 전략에 해당한다.

67 다음 〈보기〉의 질문에 대한 대답에 해당하는 고객의 투자전략 매트릭스로 옳은 것은?
★★★

〈보 기〉

- 시장예측에 의한 선제적인 자산배분은 성공할 수 있는가? 예
- 증권분석에 의해 수익은 높고 위험은 낮은 우수한 증권선택이 가능한가? 아니오

① 제1사분면 투자관   ② 제2사분면 투자관

③ 제3사분면 투자관   ④ 제4사분면 투자관

⑤ 선택사항 없음

68 다음 중 벤치마크가 가져야 할 속성에 대한 설명으로 가장 옳지 않은 것은?
★★★

① 벤치마크를 구성하고 있는 종목명과 비중이 명확하게 표시되어야 한다.

② 투자자가 현재 벤치마크를 구성하는 종목에 대한 경험과 지식이 있어야 한다.

③ 적극적인 운용을 하지 않을 경우에 벤치마크의 구성종목에 투자하여 보유할 수 있어야 한다.

④ 원하는 기간마다 벤치마크 자체의 수익률을 계산할 수 있어야 한다.

⑤ 벤치마크는 평가기간이 시작되기 전에 미리 정해져야 한다.

69 다음 중 위험을 고려한 투자성과의 평가지표에 대한 설명으로 옳지 않은 것은?
★★★

① 동일한 운용기간을 대상으로 샤프지수를 비교해야 한다.

② 트레이너지수는 상품선택 시 광범위하게 활용되지만 투자 규모가 크고 광범위한 분산투자를 하는 연기금에 보다 적합하다.

③ 샤프지수가 높을수록 위험 대비 초과수익이 높으므로 투자성과가 좋다고 평가할 수 있다.

④ 샤프지수는 체계적 위험인 베타 1단위를 부담할 때 초과수익이 얼마인지를 구하는 지표이다.

⑤ 젠센의 알파는 뮤추얼펀드를 맡아서 운용하는 개별 펀드매니저의 증권선택 능력을 측정할 때 유용하게 활용된다.

70 펀드 A의 수익률이 10%, 시장포트폴리오 수익률 5%, 무위험수익률 3%, 펀드의 베타가 1.5일 때 펀드 A의 젠센의
★★★ 알파를 계산한 값으로 옳은 것은?

① 1.5%   ② 2%

③ 2.5%   ④ 3%

⑤ 4%

제2과목 비금융자산 투자설계(30문항)

71 다음 중 용도지역에 대한 설명으로 옳지 않은 것은?
★★☆

① 도시지역은 주거지역, 상업지역, 공업지역, 녹지지역으로 나뉜다.

② 용도지역은 토지의 이용 및 건축물의 용도, 건폐율, 용적률 등을 제한하지 않는다.

③ 용도지역은 서로 중복되지 아니하게 도시·군관리계획으로 결정한다.

④ 제2종 전용주거지역은 공동주택 중심의 양호한 주거환경을 보호하기 위해 필요한 지역이다.

⑤ 준주거지역은 주거기능을 위주로 이를 지원하는 일부 상업기능 및 업무기능을 보완하기 위해 필요한 지역이다.

72 다음 중 도시형생활주택에 대한 설명으로 옳지 않은 것은?
★☆☆

① 도시지역 중 허용지역에만 건축할 수 있다.

② 분양가 상한제는 적용되지 않는다.

③ 단지형 연립은 연립주택 중 원룸형 주택을 제외한 주택이다.

④ 단지형 다세대는 다세대 주택 중 원룸형 주택을 포함한 주택이다.

⑤ 원룸형은 세대별 독립된 주거가 가능하도록 욕실과 부엌을 설치하고 하나의 공간으로 구성된 주택이다.

73 건축물이 지하 2층에서 지상 4층이다. 대지면적은 400m²이고, 각 층의 바닥면적은 100m²이라고 할 때 용적률은 얼마
★★☆ 인가?

① 100%　　　　　　　　　　　② 150%

③ 200%　　　　　　　　　　　④ 250%

⑤ 300%

74 새로운 형태의 주택 중 단위세대를 대지의 경사도에 맞추어 쌓아올린 것으로 아래층 세대의 지붕을 위층 세대가 정원
★☆☆ 으로 활용하는 방식은?

① 타운하우스　　　　　　　　② 테라스하우스

③ 게스트하우스　　　　　　　④ 서비스드레지던스

⑤ 쉐어하우스

75
★★★

주택담보대출 원리금 상환액은 물론, 다른 부채의 원리금 상환액을 모두 합한 금액을 연간소득으로 나눈 비율은 무엇인가?

① DSR   ② LTV
③ DTI   ④ RTI
⑤ ABS

76
★★★

다음 중 등기사항증명서의 을구에 포함되지 않는 것은?

① 지상권   ② 지역권
③ 전세권   ④ 경매신청
⑤ 저당권

77
★★☆

다음 중 토지이용계획확인서에서 확인할 수 없는 것은?

① 해당 토지의 지목과 면적
② 용도지역·지구·구역
③ 개별공시지가
④ 토지거래허가구역
⑤ 토지등급

78
★★☆

다음 중 개별공시지가에 대한 설명으로 옳지 않은 것은?

① 개별공시지가는 토지 관련 국세 및 지방세의 부과기준이 된다.
② 개별공시지가는 매년 1월 1일 가격을 기준으로 동년 5월 31일에 결정·공시한다.
③ 개별공시지가에 대해 이의가 있는 자는 개별공시지가의 결정·공시일부터 30일 이내 서면으로 시장·군수 또는 구청장에게 신청할 수 있다.
④ 시·군·구에서는 이의 신청기간이 만료된 날부터 3개월 이내에 이의신청을 심사하여 그 결과를 신청인에게 서면으로 통지해야 한다.
⑤ 개별공시지가는 부동산 공시가격 알리미에 접속하거나 각 시·군·구청 홈페이지에서 열람할 수 있다.

79 다음 중 도시·군 기본계획에 대한 설명으로 옳지 않은 것은?
★☆☆

① 상위계획인 종합국토계획·광역도시계획의 내용을 수용한다.

② 장기적으로 시·군이 공간적으로 발전하여야 할 구조적 틀을 제시하는 종합계획이다.

③ 목표연도는 계획수립시점에서 20년을 기준으로 하되, 연도의 끝자리는 0 또는 5년으로 한다.

④ 수립대상은 특별시, 광역시, 시, 군이며 광역시 안에 있는 군도 포함된다.

⑤ 시장·군수는 타당성 여부를 5년마다 전반적으로 재검토하고 정비해야 한다.

80 다음 중 상가건물임대차보호법에 대한 설명으로 옳지 않은 것은?
★★★

① 임대인은 임차인이 2기 이상 차임의 연체가 있을 경우 계약의 갱신을 거절할 수 있다.

② 임대인은 10년 내 정당한 사유 없이는 갱신거절이 불가하다.

③ 임차인은 임대차기간이 만료되기 6개월 전부터 1개월 전까지의 사이에 계약의 갱신을 요구할 수 있다.

④ 임대차 존속기간은 1년이다.

⑤ 임차인은 대항력과 확정일자를 갖추면 우선변제권이 발생한다.

81 다음 중 부동산시장의 영향요인에 대한 설명으로 옳지 않은 것은?
★★★

① 금리가 상승하면 부동산 시장은 상대적으로 투자수요의 위축이 일어날 수 있다.

② 수요와 공급을 부동산시장에 적용할 때는 부동산 특성인 국지성을 통해 분석해야 한다.

③ 가격상승기에 사용하는 부동산 규제책의 영향력이, 가격하락기에 사용하는 부양책보다 효과가 더 크다.

④ 대출규제는 국회의 동의를 받지 않고 시장에 즉시 대응할 수 있는 강력한 규제책으로 활용된다.

⑤ 유동성은 금융시장과 주식시장, 부동산시장 간 시차에 따라 지분을 공유하지 않는다.

82 다음 중 해외 부동산 투자에 대한 설명으로 옳은 것은?
★★★

① 투자자가 해외 부동산에 투자하는 경우 송금액 한도는 300만달러 이하여야 한다.

② 해외 부동산을 취득하는 경우 한국은행에 신고하여 수리를 받아야 한다.

③ 신고대상 부동산은 주거 이외 목적 부동산과 거주자 또는 거주자의 배우자가 해외에서 1년 이상 체재할 목적의 주거용 주택이다.

④ 분양 계약에 의한 부동산의 취득은 주거 목적도 포함된다.

⑤ 해외 부동산 처분 후 3개월 이내에 지정거래외국환은행에 처분보고서를 제출해야 한다.

83 1991년부터 2005년까지 15년 동안 부동산 하락을 경험하였으며, 그 후부터 현재까지 부동산시장의 안정세를 유지하고 있는 국가는?
★☆☆

① 일 본   ② 미 국
③ 중 국   ④ 한 국
⑤ 유 럽

84 다음 중 금융정책에 대한 설명으로 옳지 않은 것은?
★★☆

① 금리정책은 부동산 가격 조절 목적으로 직접 사용하지 않는다.
② 고금리는 부동산가격을 상승시키는 역할을 한다.
③ 대출정책은 주택이나 토지정책 등에 비해 효과가 크고 빠르다.
④ 대출정책은 금리정책보다 직접적으로 부동산시장에 영향을 준다.
⑤ 부동산시장의 활성화를 위해 대출규모와 대상을 확대하는 정책을 쓰기도 한다.

85 다음 중 시대별 부동산정책이 잘못 연결된 것은?
★★☆

① 김영삼 정부 – 부동산 실명제
② 김대중 정부 – 부동산 전매제한 폐지
③ 노무현 정부 – 다주택자 양도세 중과 제도
④ 박근혜 정부 – 보금자리주택 공급 확대
⑤ 윤석열 정부 – 임대인의 미납국세열람의 실효성 강화

86 다음 중 종합부동산세를 신설한 정부는?
★☆☆

① 김영삼 정부   ② 김대중 정부
③ 노무현 정부   ④ 이명박 정부
⑤ 박근혜 정부

87 ★★☆ 다음 중 계약갱신청구권에 대한 설명으로 옳지 않은 것은?

① 임차인은 계약갱신청구권을 1회 행사할 수 있다.

② 갱신되는 임대차 존속기간은 2년이다.

③ 임대인은 실거주를 이유로 갱신을 거절할 수 있다.

④ 임대인은 임차인이 임대차기간이 끝나기 6개월 전부터 2개월 전까지 계약갱신을 요구하는 경우 정당한 사유 없이 거절하지 못한다.

⑤ 계약 갱신 시 증액은 3% 이내로 한다.

88 ★☆☆ 다음 중 국토교통부 등 정부 발표자료에 대한 설명으로 옳지 않은 것은?

① 국토교통부 등 정부 발표자료에는 실거래가격, 주택거래량, 미분양주택, 지가변동률이 있다.

② 거래침체가 극심한 상태에서의 실거래가는 급매물 수준의 낮은 가격일 가능성이 높다.

③ 일반적으로 거래량이 증가하면 가격이 상승하는 동행률은 대략 70% 정도이다.

④ 미분양주택은 국토교통부에서 조사를 통해 매월 초에 전월기준 자료를 발표한다.

⑤ 전국의 지가변동률은 해당지역의 토지시장 추이를 나타내는 지표이다.

89 ★★★ 다음 중 부동산 투자의 특징으로 옳지 않은 것은?

① 장래 기대수익은 비유동적이며, 확정적이다.

② 일반적인 투자수단에 비해 자본이 비교적 많이 든다.

③ 건물 등의 감가상각에 의한 절세효과를 기대할 수 있다.

④ 투자대상물은 도난·멸실의 위험이 거의 없다.

⑤ 부동산 개발을 할 경우 개발이익이 발생할 수 있다.

90 ★★☆ 어떤 부동산의 연평균 예상수익이 3천만원이고 요구수익률이 20%인데 이 부동산의 시장가치는 현재 3억원이다. 투자가치와 기대수익률은?

① 투자가치 : 5천만원, 기대수익률 : 5%

② 투자가치 : 1억 5천만원, 기대수익률 : 10%

③ 투자가치 : 2억원, 기대수익률 : 15%

④ 투자가치 : 2억 5천만원, 기대수익률 : 20%

⑤ 투자가치 : 3억원, 기대수익률 : 25%

91 다음 중 부동산 투자 시 레버리지 활용에 대한 설명으로 옳지 않은 것은?

★★☆

① 레버리지는 높은 비용의 부채를 이용하여 투자자의 수익을 증대시키는 것을 말한다.

② 레버리지 비율이란 총자본에 대한 부채의 비율이다.

③ 기대수익률보다 대출이자율이 높으면 자기자본 대비 투자수익률이 낮아진다.

④ 대출이자는 소득세 납부 시 지급이자로 처리되어 경비로 공제받을 수 있다.

⑤ 대출금 자체는 자금출처 조사에 대비한 조달자금 증빙의 역할을 한다.

92 다음 중 부동산 가치분석에 대한 설명으로 옳은 것은?

★★★

① 가치는 대상 부동산에 대한 과거의 값이지만 가격은 현재의 값이다.

② 가격은 사람이 느끼는 주관에 중점을 둔 것이다.

③ 가치는 매수인이 매도인에게 지불하는 금액이다.

④ 가격은 시장에서 실제 지불한 과거의 값이며, 가치는 현재의 입장에서 장래 기대하는 편익을 평가한 값이다.

⑤ 주어진 시점에서 부동산에 대한 가치는 하나밖에 없지만 가격은 무수히 많다.

93 다음 중 부동산의 경제성 분석 및 재무성 분석에 대한 설명으로 옳지 않은 것은?

★★★

① 투자자 입장에서는 미래의 현금보다는 현재의 현금흐름을 선호한다.

② 저당상수란 현금의 현재가치를 기준으로 매기 지불 또는 수령할 금액을 결정할 때 사용하는 비율이다.

③ 순현가법에서는 할인율로 내부수익률을 사용한다.

④ 내부수익률법에서 독립적인 투자안의 경우 내부수익률이 요구수익률보다 작으면 투자가 기각된다.

⑤ 내부수익률법은 비전통적 투자사업의 경우 동일한 투자대안에 대해 두 개 이상의 내부수익률이 동시에 생길 수 있다는 약점이 있다.

94 다음 중 부동산 포트폴리오 전략에 대한 설명으로 옳지 않은 것은?

★★★

① 포트폴리오 이론을 부동산 시장에 적용하는 데는 일정한 한계가 있다.

② 부동산 투자는 분할에 많은 곤란이 따르므로 그 특성상 불가분성의 특징이 있다.

③ 포트폴리오 이론은 장기시장보다는 단기시장에 적합한 이론이다.

④ 위험과 수익이 비례관계에 있다고 할 때 그 위험은 시장의 체계적 위험을 의미한다.

⑤ 자산 수가 많도록 구성하면 체계적 위험은 줄어들지만 비체계적 위험은 줄어들지 않는다.

95 다음 중 부동산 의사결정과 전략수립에 대한 설명으로 옳지 않은 것은?
★★☆

① 부동산은 감가상각을 한다.

② 부동산에 대한 수요와 공급은 시장에서 쉽게 조정된다.

③ 부동산은 한 번 잘못된 투자를 하면 원상회복이 어렵다.

④ 부동산 투자에 대한 의사결정을 할 때는 투자목적을 명확히 하고 투자전략을 수립하여 입안해야 한다.

⑤ 부동산 투자는 장기적인 고려에 의해 결정해야 한다.

96 다음 중 분양 투자전략에 대한 설명으로 옳지 않은 것은?
★★☆

① 주택청약 종합저축은 최초 청약 시 국민주택과 민영주택을 선택할 수 있다.

② 청약예금은 예치금을 수도권인 경우 1년, 지방인 경우 6개월을 예치해야 1순위가 된다.

③ 투기과열지구 내의 전용면적 85㎡ 초과하는 민영주택의 경우 가점제 80%, 추첨제 20%로 운영된다.

④ 분양권의 경우 주택공급자 및 수분양자 모두 신고의무가 존재한다.

⑤ 청약통장은 내 집 마련 이외의 투자의 수단으로 활용하는 것은 바람직하지 않다.

97 다음 중 토지거래허가를 요하지 않는 경우가 아닌 것은?
★☆☆

① 건물에 대한 소유권 이전계약

② 토지에 대한 전세권·임차권·저당권 설정계약

③ 증여·사용대차 등의 무상계약

④ 상속 및 유증

⑤ 부담부 증여

98 다음 중 부동산 자산관리 운영방식에 대한 설명으로 옳은 것은?
★★☆

① 직접관리방식은 과도기적 관리방식이다.

② 직접관리방식은 기밀유지 및 보안이 불완전하다.

③ 위탁관리방식은 전문성이 결여되어 있다.

④ 위탁관리방식은 관리요원의 건물·설비에 대한 애착이 강하다.

⑤ 혼합관리방식은 책임소재가 불분명하고 전문관리업자의 전문성을 충분히 활용할 수 없다.

99 다음 중 보유 부동산 자산분석에 대한 설명으로 옳지 않은 것은?
★★☆

① 지역 분석은 인근 시장의 지역경제 환경, 인구의 특성, 교통흐름과 편의시설, 인근 개발지역 환경 등을 분석한다.

② 부동산 개별 분석이란 보유 부동산에 대한 분석과 계획을 말한다.

③ 대체방안 분석은 최대유효 이용상태가 되도록 하는 부동산 자산가치에 대한 분석방안이다.

④ 재무적 분석은 각 대체방안을 실행함에 있어 '비교 편익 분석방법'을 통해 검정한다.

⑤ 시장경쟁 분석은 대상 부동산이 갖는 경쟁 부동산과의 장단점을 평가하기 위한 것이다.

100 다음 중 리츠에 대한 설명으로 옳지 않은 것은?
★★☆

① 자기관리형 리츠는 「상법」상 주식회사 형태로 일반법인과 같이 주주총회, 이사회, 감사를 두어야 한다.

② 자기관리형 리츠는 상근임직원이 있어 직접관리하지만, 위탁관리형 리츠와 구조조정형 리츠는 위탁관리한다.

③ 국내 리츠는 미국 리츠처럼 개발사업·단기매매에 제한이 없고, 법인세가 면제된다.

④ 위탁관리형 리츠는 「신탁업법」을 근거로 프로젝트별 개별펀드 형태로 운영되며, 투자방식은 수익증권 취득방식이다.

⑤ 구조조정형 리츠는 한시적인 Paper Company 형태이며, 기업구조조정부동산에 투자한다.